# 形而上学

〔德〕鲍姆加通 著
贾红雨 译

Alexander Gottlieb Baumgarten
**METAPHYSICA**
本书据 Halae Magdeburgicae 1757 年拉丁文第四版并参考其他版本译出

# METAPHYSICA

## ALEXANDRI GOTTLIEB BAVMGARTEN

PROFESSORIS PHILOSOPHIAE.

---
EDITIO IIII.
---

HALAE MAGDEBVRGICAE
IMPENSIS CAROL. HERMAN. HEMMERDE
1757.

鲍姆加通《形而上学》第四版

# 目　　录

致友善的听众［第一版前言］(1739) ……………………………… 1
第二版前言(1743) …………………………………………………… 5
第三版前言(1750) …………………………………………………… 17
纲目 …………………………………………………………………… 29

**形而上学导论** ……………………………………………………… 37

## 第一部分　存在论

导论 …………………………………………………………………… 41
第一章　存在物的内在普遍谓词 …………………………………… 43
　　第一节　可能的事物 …………………………………………… 43
　　第二节　关联 …………………………………………………… 47
　　第三节　存在物 ………………………………………………… 51
　　第四节　整一物 ………………………………………………… 61
　　第五节　秩序 …………………………………………………… 63
　　第六节　真 ……………………………………………………… 66
　　第七节　完满 …………………………………………………… 68
第二章　存在物的内在选言谓词 …………………………………… 71

第一节　必然与偶然 ·················································· 71

　　第二节　可变与不可变 ·············································· 78

　　第三节　实在与否定 ·················································· 81

　　第四节　个别与普遍 ·················································· 85

　　第五节　整体与部分 ·················································· 88

　　第六节　数学上的强度的诸第一原理 ··························· 91

　　第七节　实体与偶性 ················································ 100

　　第八节　状态 ·························································· 104

　　第九节　简单与复合 ················································ 110

　　第十节　单子 ·························································· 112

　　第十一节　有限与无限 ············································· 116

第三章　存在物的关系谓词 ················································ 122

　　第一节　同与异 ······················································ 122

　　第二节　同时性 ······················································ 127

　　第三节　前后相继 ··················································· 132

　　第四节　原因与结果 ················································ 135

　　第五节　效果因 ······················································ 139

　　第六节　有用性 ······················································ 145

　　第七节　其余种类的原因 ·········································· 147

　　第八节　标记与被标记物 ·········································· 150

## 第二部分　宇宙论

导论 ················································································ 155

第一章　世界概念 ······························································ 156

|  第一节　肯定性的世界概念 ………………………………… 156
|  第二节　否定性的世界概念 ………………………………… 163
| 第二章　世界的部分 ………………………………………………… 168
|  第一节　世界的简单部分 …………………………………… 168
|  第二节　物体的最初生成 …………………………………… 173
|  第三节　物体的本性 ………………………………………… 182
| 第三章　世界的完满性 ……………………………………………… 185
|  第一节　最好的世界 ………………………………………… 185
|  第二节　世界中的诸实体的相互作用 ……………………… 189
|  第三节　自然物 ……………………………………………… 197
|  第四节　超自然事物 ………………………………………… 201
|  第五节　超自然事物的假定可能性 ………………………… 204

## 第三部分　心理学

导论 ………………………………………………………………… 213
第一章　经验心理学 ……………………………………………… 214
　第一节　心灵的实存 ………………………………………… 214
　第二节　低级认知能力 ……………………………………… 219
　第三节　感官 ………………………………………………… 226
　第四节　想象力 ……………………………………………… 235
　第五节　洞察力 ……………………………………………… 240
　第六节　记忆 ………………………………………………… 243
　第七节　创作能力 …………………………………………… 247
　第八节　预见 ………………………………………………… 250

第九节　判断 ............................................................ 254
　第十节　预期能力 ...................................................... 257
　第十一节　标识能力 .................................................. 260
　第十二节　理智 ........................................................ 262
　第十三节　理性 ........................................................ 269
　第十四节　漠然性 ...................................................... 274
　第十五节　愉快与不愉快 ............................................ 277
　第十六节　欲求能力 .................................................. 282
　第十七节　低级欲求能力 ............................................ 289
　第十八节　高级欲求能力 ............................................ 295
　第十九节　自发性 ...................................................... 301
　第二十节　任意 ........................................................ 304
　第二十一节　自由 ...................................................... 310
　第二十二节　心灵与身体的相互作用 .............................. 317
第二章　理性心理学 ...................................................... 320
　第一节　人类心灵的本性 ............................................ 320
　第二节　心理学体系 .................................................. 330
　第三节　人类心灵的起源 ............................................ 334
　第四节　人类心灵的不朽性 ........................................ 337
　第五节　死后状态 ...................................................... 340
　第六节　动物心灵 ...................................................... 347
　第七节　人之外的有限精神 ........................................ 348

## 第四部分　自然神学

导论 ............................................................................ 353

# 目　录

## 第一章　神的概念 …………………………………… 354
### 第一节　神的实存 …………………………………… 354
### 第二节　神的理智 …………………………………… 374
### 第三节　神的意愿 …………………………………… 384

## 第二章　神的作为 …………………………………… 399
### 第一节　创世 ………………………………………… 399
### 第二节　创造的目的 ………………………………… 405
### 第三节　操持 ………………………………………… 408
### 第四节　神的决定 …………………………………… 417
### 第五节　启示 ………………………………………… 419

## 索引 …………………………………………………… 425

## 译后记 ………………………………………………… 462

# 致友善的听众
# ［第一版前言］(1739)

如果现在要做的就是按照传统习惯为本书写一个前言，那么除了**你**(我近乎想说本书，就是专门为**你**而写的)谁是我要招呼的对象呢？在**你**面前，我用不着辩护在无数的名称相似的著作之后又出现一本形而上学；自亚里士多德的被无数次使用的"物理学之后"(μετὰ τὰ φυσικά)以来有多少这类著作，我不甚了解，正如我不知道创世以来有多少在我之前的人一样。面前的这本完全只是为了有益于**你**而呈献、奉献、贡献的形而上学，努力使自己可以被称为这种用意的第一本形而上学。在我招呼**你**的时候，我实际上是在招呼那些勇于面对一切困难的天纵之才，他们是与我处于友好竞争中的诤友，想要穿过人类学识的前廊和专业逻辑的大厅，进入最里面的认知的诸第一根源的圣殿。想到这一点的人就能轻易地明白，首先，我为何不打算在这里书面地重复我通常在逻辑学的讲课中处理过的东西，其次，我为何决定不把我在讲授相互关联的推理时口头自由讲述要求有的例子、质疑、历史展望以及其他一些注解也添加到付印的文本中。但没有这些内容，人们或许就会问，除了一种相当干瘪的形而上学骨架外，他们还能获得什么？但倘若骨头足够牢固、足够合适地被组织在一起,我觉得我就真的会祝贺自己。只要**你**来,不仅看,而且听,骨架上就会长出血和肉,长出覆盖它的皮肤,这位良好的女士①也不会缺少颜色或生命,如果**你**没有什么其他想法的话。当我最终把**你**表象为**友善的听众**——就像我上面简短地描述的那样——的时候,我直接忽略这样一些人的不友善的窃窃私语,他们想破坏**你**带给我的、我因此而郑重感谢**你**的那种善意,并寻找一个我不知道多么晦涩的争论点。直到今天也不乏在哲学相关论题上首先想听我课的人,这些人通过自己的经验向或者将向受教育的人表明,他们充分理解了并足够清楚地了解了我公开对他们讲授的东西或形成文字的东西。只要活着的证人现在或将来容许被援引为这一点的证明,我就没有理由后悔做出的决定,即决定遵守我不仅为了学习、同时也为了提升学习者而定下的规则:人们讲授的所有东西,应这样来组织,也即能让一个中等天赋的人(他只是一定程度上信任必然先于所讲的学说的讲授活动,并对所处理的对象只有中等程度的兴趣)能够清楚明白地了解所说的内容。当我依此规则来组织我整个讲座时,我既没有获得什么新的规则,因为它就是新的,也没有摒弃什么旧的规则,因为它似乎就是被复述的东西。我就我的论题听过、读过的东西,我加以了思考,并将其转变成我自己的东西,当然,应该像正直的人所做的那样以一种正当的方式将其转变为自己的东西。尽管没有被要求这样做,现在我也要公开地把每个人自己的东西还给他,同时为**你**和我自己保留合乎秩序地传承下来的使用权及收益权。我尤其不愿否认的是,我对

---

① 比喻性说法,指形而上学。——本书脚注,除特别说明者之外,均为中译者注,以下不再一一标注。

（我在这本小册子或无论哪本小册子里告知**你**的）真理的认知，深受莱布尼茨、沃尔夫、比尔芬格和罗伊施[①]等人的思想的影响，德国形而上学的高尚的和极为著名的革新得归功于我们当中的这些人。什么样的源泉是如此清澈，以至于水底的一些小石子不就被看清了吗？因而在哲学研究时我远离盲目的赞同，同样，我也更加高兴于我知道自己不是那种不要脸的人：他们不仅尽可能地隐藏、对他人隐瞒自己知识的主要来源，还把来源弄得混乱不清，并伪称来源是有害的或伪称自己受到了不幸命运的捉弄，以便在不知情的人那里轻易地唤起这样一种印象，即他们所教授的东西源自于他们自身，而别人与他们从同一个源泉汲取的东西，则是别人从他们那里拿去的。**友善的听众**，**你**现在知道了来源，**你**可以去查证，如果我所做的还没有让**你**满意，在确凿来源的基础上**你**可以更正我或许出于无知而犯下的错误。

至于说写作方式，那么我越是尽可能多地顾及纯粹的语言丰富性所具有的魅力，我就越是因为我目前的研究性质以及此外有关哲学文体的严格律令而显得远离了语言的丰富性，包括在这本书里都是如此；如果我没有成功，我就越加热切地、尽可能地处处都追求它。但追求说话的魅力，追求丰富多彩的修饰，替代流传下来的和至少在形而上学中固定下来的词汇而运用新的写法，放弃西塞罗在

---

[①] 比尔芬格(Georg Bernhard Bilfinger, 1693—1750)和罗伊施(Johann Peter Reusch, 1691—1758)都是莱布尼茨-沃尔夫学派代表，前者的代表作为《有关神、人的灵魂、世界以及事物的一般心理作用的阐释》(*Dilucidationes philosophicae, de deo, anima humana, mundo et generalioribus rerum affectibus*, Tubingae: Cottae, 1725, Editio Nova 1740, 1763, 1768)，后者著有《形而上学体系》(*Systema Metaphysicum*, Jena 1734, 1743, 1753)。

致友善的听众［第一版前言］(1739)

其相当纯粹的语言中所表述的事物规定性——这类事情我认为完全不是我的任务，那些既不会在概念方面也不会在音韵方面庆祝自己胜利的人，也不会将之视为我的任务。但倘若对拉丁语行家的耳朵来说某事物还可以被表述得读起来更不费劲，同时又一样地简洁并与词语的通常用法一致，那么我请求原谅。我希望我不必为排字错误而请求原谅。由于这本书不是在我的住地而是在另一个城市付印的，所以想尽快返回的邮差基本上不会给我所希望的悠闲的校订时间；通读最终的校样，对我来说也基本上是不允许的。由此可能造成的违背我意愿的遗憾，将友善地阅读这本书的**你**，借助于附录中的严重错误清单[①]，当能避免。如果读者当中的有些人不能被我礼貌得体地算作我的听众，我也可以希望他们的学识给我带来莫大的神益，我也会尊重他们公正的评判，我会认真对待他们的责难，无疑也会热烈欢迎他们的反驳。无论谁在重大问题上持有不同的意见，我都请求他一件事：如果我受真理和义务的力量所迫——据我现在可以做出判断的——说了或写了他们不认同的东西，我或许没有考虑到他们会受到伤害。如果他不能容忍我所教授的东西，他就应该用宗教所容许的武器与之做斗争；但他应该容忍无非想避免被指责怀有敌意的人，无非对自己无意被卷入争吵中而感到痛苦的人。但**你**，我的朋友，我哲学努力的陪伴者，**最为尊敬的听众**，或许能愉快地运用我的学说，公正而善意地顾及我那贫乏的力量并保持着对我的友爱，倘若我值得的话。

1739年4月，于哈勒

---

[①] 第一版附有错误清单。

# 第二版前言(1743)

　　这本薄薄的小册子的第二版我似乎又不得不在远离出版地的地方着手处理了。尽管可能的印刷错误似乎有理由被原谅,但我仍希望,我于此地为减少错误而付出的辛劳以及我(带着应有的感激必须提到的)在哈勒的朋友的勤奋不是徒劳的——在付印的过程中,他不辞辛劳地校订着。与此同时,我也并非如此不理智地想把我已经碰到的和新出现的错误推卸给印刷者。我清楚地记得,带着怎样的质疑和犹豫,我几乎想说,带着怎样的沮丧,我在文稿上落下了最后一笔,在它第一次出版的时候。倘若读者和批评者的友善这次也超越了我少许的期望,我会再次感到高兴,因为我无法否认之前在听到和读过博学之士的(比我的评价更为)温和评价后,我感到了无比的高兴。倘若这些博学之士当中还有一些人仍能予以肯定性的评论乃至有时褒扬性的评价,那么此刻,我想了解一切用来表达谦逊和对他们的感激的话,有些话我已经详细地表述过,有些话如果我还没有说出,那些了解生活的人亦可轻易地推断出来。据我所知,有位批评者,他在莱比锡的拉丁语刊物《博学之士的研究》[①]的"附录"(第4卷,第6章,第266页及其后)中对我的形而

---

　　① 《博学之士的研究》(*Acta Eruditorum*,1682—1782),欧洲的第一份科学杂志,

上学做了一个相当广泛的复述,并予以了一个我受之有愧但又倍感荣耀的评价,同时他也增添了一些注释,这些注释公开地表明,他对我的有些论题并不满意。他是谁,我依然不知晓。但基于他在非常著名的刊物上发表论文这一事实,我猜他是一个极为著名的人。

我更希望看到,他没有把我的话与他的注释相混淆,而让还没有读过我著作的人对两者完全无法区分。当他把那些指责我晦涩的人称作"嫉妒的白痴"时,那是他的话,而不是我的话。当他说"否定充分根据律的人声称实存着一个世界,即便他们否认它有一个包含有宇宙生成之根据的创作者",这是他的看法,而不是我的看法。"由于他们不容许有简单的元素,所以他们错失了最卓越的论证,即论证世界应被理解为被创造出来的"——这是他说的,而不是我说的,等等。

在一些地方,该著名人士通过改换我的话而把意思也改变了,以至于导致了这样一种印象,即我似乎说的是某种其他的东西。"作为他物的规定性而实存或者能够这样实存的某物",他说被我称为"偶性",并且他还补充说,"所以,不能作为他物的规定性而实存的某物就将是实体"。这两句话十分明显地与我在§191中所说的相矛盾。对我来说,实体是可以实存的某物,即使它不是他物的规定性(不是特征、特性、谓述)。但只能作为他物的规定性(特征、特性、谓述)而实存的东西,我才称之为"偶性"。亚里士多德和经院学者、他的追随者以及笛卡尔,实际上也包括斯宾诺莎,他们在

---

(接上页)月刊,1682年由门克(Otto Mencke, 1644—1707)于莱比锡创办,所用语言为拉丁语,主要发表一些新著作、书评、文章和注释,涉及的主要是自然科学家的研究,但也包括人文和哲学领域的研究。

定义上越少地偏离真理,我就越是乐于抓住机会对如此构思的定义给出自己的阐释——斯宾诺莎从一个或许被人们视为几乎无限小的错误出发而制造出了一个会导致宗教毁灭的灾难性工具,斯宾诺莎因而为卢克莱修的话的真理性提供了一个光辉的例证:

原子的偏离是小的。①

亚里士多德说过,"实体是这样的东西,它不是被主词说出的,也不能被归给主词"。索勒在其杰出的《形而上学》中说,"实体是所有谓词的最终主词",又说"实体不是被他者说出的,而是相反"②。那些推崇父辈、祖辈哲学的较近时代的作者当中受人尊敬的埃庇努斯③先生(我们不提其他人)认为,一定的实体,似乎作为基础性的东西无疑寓居于他物中;所以他称"实体为凭借自身而实存的存在物,也即是说,实体要么显然不寓居于他者中,要么寓居于一个他者中,但以这样一种方式,即他者是它的部分或部分之一,并且,它可以与他者分离,不带有他者也能实存"。这种解释我尽

---

① "原子的偏离是小的"(Parvum est clinamen principiorum),不是字面引用。卢克莱修写道:"原子的一个微小的偏离导致了它(id facit exiguum clinamen principiorum)"。(*De rerum natura*, Ⅱ: 292.)这是卢克莱修关于意志的方案:心灵原子的微小但自由的偏离构成了意志。——英译注

② 索勒(Ernst Soner, 1572—1612),德国医学家、哲学家。其《形而上学》具体指《亚里士多德〈形而上学〉第 12 卷注解》(*Commentarium in libros XII Metaphysicae Aristotelis*, Editus a Johanne Paulo Felwinger, Jena 1657)。引文出自第 302、303 页。——德译注

③ 埃庇努斯(Franz Albrecht Aepinus, 1673—1750),德国哲学家、神学家,代表作为《哲学导论》(*Introductio in philosophiam*)。

管没有化为己用，但就他的这个解释来说，我也并没有像这个著名的先生强加于我的那样把实体视为不能作为他者的规定性或谓词而实存的东西。就我的判断而言，这个概念无关乎某事物能否作为他物的规定或谓词而实存，也无关乎它能否不作为他物的规定而实存，而是关乎它能否在不作为他物的规定或谓词的情况下而实存。与受人尊敬的埃庇努斯一致，就很多的实体而言，我认同第一种情况，所以我不能认同第二种并非就个别实体而言的情况。但第三种情况对所有的实体有效，且仅对实体有效，所以我把第三种情况视为所谓的定义性的特征，我借以解释早已众所周知的"凭借自身而持存"这一术语的特征。为了清楚明晰地把握同样的内容，笛卡尔在其《第四组答复》（我使用的版本，第107页）中补充道："也就是说，无需其他实体的帮助就能实存的"；在《哲学原理》（第1部分，§15)，他说，"关于实体，我们能够理解的无非是这样实存着的事物，即它无需任何他物便能实存。实际上，我们只能想到唯一一个不需要任何他物的事物，也即神。我们察觉到，任何他物只有借助于神的同时性的帮助才能实存。所以，'实体'这个名称不能在相同的意义上被赋予神和这些其他的事物"，等等。倘若笛卡尔曾想公开地这样说，那么他必然要说的无论如何都会是，根据他自己的定义，神之外就不再有什么实体了。因为没有人——请允许我这么认为——会同意安东尼·勒·格兰德[①]的看法，即，据此定义，一块石头就是一个实体，当他在《哲学教学，依据勒内·笛卡尔的诸原

---

[①] 安东尼·勒·格兰德（Antoine le Grand, 1629—1699），法国哲学家、天主教神学家，笛卡尔哲学的支持者和普及者，作为传教士在伦敦活动，对笛卡尔哲学在英国的传播与接受贡献巨大。

理》（我使用的版本，第 28 页）中说，"实体是这样的东西，即，它不需要其他的实体，以便能够实存，比如神、石头、天空"。通过诸如此类的实体描述，借助于密切关联的推理，很容易推出斯宾诺莎从他的定义中推导出的所有东西，当他在十分杰出的遗著《伦理学》第一页的"界定三"中把实体称为这种东西，即"其概念的形成无需借助他物的概念"。如果人们赞同笛卡尔定义的大部分内容，那么实体就将是那种无需借助他物（比如主体）而能实存的东西。但这样一来，被创造的实体也就可以被包括进来了，斯宾诺莎的整个大厦就将全部坍塌。为了让"主体"一词不至于对我们形成阻碍，我避免使用该词，并这样来表述整个事情：实体是这样的存在物，它无需是他物的规定就能实存。因而我的看法是，没有什么被创造的实体不通过他物对它的规定或作为他物的结果而能实存。不过，"被规定者"完全能够与"规定"或"谓词"概念区别开来，所以哲学家不必为音节或长元音的协调一致而担忧。所有被创造的实体都无需是他物（哪怕神）的规定或谓词就能实存，神实存，而无需是他物的谓词。所以神也可以这样实存。这样，我们就有了这样的一种定义，它既不像笛卡尔的定义那样唯独指向神，也不像那样一些人（这些人把实体称为一种持续的和可变样的事物）的定义那样唯独指向被创造的实体。

不过还是让我们回到那位著名人士的评述吧。有关我对狭义的不可区别的事物的同一性原理的证明，他的报道陈述的是§270给出的完全一致性的否定原理之证明，与此同时他必然要求读者已然了解了§271的内容——§271是对完全类似性的否定原理的证明，而该原理按照他的解释在他引述的那段文字中已然得到了证明。

或许不那么出名的原理，比如结果原理、完全非类似性的否定原理以及完全相同性的否定原理，更值得被关注。我在§281中把"地点"称为"与外在于它的他物同时的现实事物的位置"。但他却说我把地点称为"与外在于它的他物同时的事物的现实位置"。我认可偶然性的地方，被他说成是在否定盲目的偶然性；这个著名人士说，"我抛弃了偶然性"。我在§413中针对富有生气的力所说的，他说我讲的是一般的力；如果真是这样，那么我就犯错了。我从来没有基于对完全同质的物质的否定而推出整体物质的运动；然而他把这一点也强加给了我。在§773中我阐明了，凭借传承的繁衍可以有两种发生方式，而无需将凭借传统的产生包括进来。第二种方式并非人们在创造这里通常理解的那种方式，也不能被正当地称作"凭借传承的繁衍"。关于共创之假设——依据该假设，心灵通过传承而得以繁衍，我的表述并不是这样的，即心灵由神创造，而是这样的，即父母的心灵在此过程中所发挥的作用并不少。

我们来看看那位著名人士

用羽毛笔划下的斜斜的黑色的一笔。

我按照惯例把"混乱"称作联系的差异性。他认为联系的差异性出现在磁石的相互联系的诸部分中，但这些部分尽管如此却不能被称为"混乱的"。这个著名人士似乎把差异事物的联系——如果存在这种联系的话——与联系的差异性及秩序的差异性混为一谈，而这些方面我们本该小心谨慎地加以区别的。磁石的不同的诸部分天然地相互联系于某种或某些秩序中，也即，穿透这些部分并从这些部分中流溢出来的东西,可以作用于铁,能使自由转动的罗盘针向北或向南转动,能吸引同类的部分,排斥不同类的部分。假设磁石被粉碎或被火烧毁,其众多的部分也总是相互联系的,但是以不同方式相互联系。于是在这些部分中存在的就是联系的差异性、混乱、背后的作用机制的损毁,而一块靠近火的磁石会消失,就像一个彗星会消失一样[①]。我想毫不犹豫地认可,着眼于目的来解释一个既定的混乱现象,大多数情况下并非是不合适的。但或许对解释来说必然的东西,对定义来说却并不因此也是必然的。

针对十分著名的完满性定义却也存在着一个广泛的反对意见:有时候不同东西在整一物中的协调一致却并不意味着完满性,比如死亡的时候人类身体中的各种流体的协调一致性,或者将房屋吹倒的统一协作的风。我不否认,在我第一次从事于存在论问题的研究时,我同样也近乎把完满性界定为一个实在性中的诸多实在性之间的协调一致,而如果我并非完全错了,那么在这一点上我与那位著名人士本该更容易达成一致。不过这里我还是想说明我为何没有改动尊贵的沃尔夫的定义。既然我现在再次受到这样的指责,即我并没有制定出而是带着感激之心从沃尔夫那里继承了一个定义,那么请允许我对我的两个辩护做个解释,也即我对一些事物做出不一样的界定仅仅是因为我想要改变和创新,还是说我经过了深思熟虑,我应该维持还是更改一个定义。公正的法官由此或许就会得出

---

[①] "而一块靠近火的磁石会消失,就像一个彗星会消失一样"(flammaeque nimis propinqui magnetis parvus aliquis cometa):这句话意思不明。伽里克的德译本给出的猜测的是:"而一块靠近火的磁石[的力]会消失,就像一个[靠近太阳的]彗星会消失一样。"

这样的结论，即，在国家法律方面极为擅长的约翰·雅可比·莫塞尔[①]在陈述我年龄的时候也会犯错，正如他在他的《关于哲学，特别是沃尔夫哲学与神学的联系的思考》§6中乐于提到我时所犯的错误那样。在我的这本著作的§138中，我证明了一切存在物都是实在的，在§140中证明了实在性只能与实在性、在§139中证明了否定只能与否定相互协调一致。所以，在沃尔夫对完满性的定义中被提及的、可以被称为完满性的决定根据或焦点的那一个存在物是实在的，因为按照§141该存在物是存在物，且是整一物，所以这一点也就无需在定义中特别地加以指明。由于对一个存在论专家来说显然的是，只有实在性能与这个实在性协调一致，所以我并不认为我需要按照逻辑学家的通常规则而将这一点特意地添加到§94的定义中——逻辑学家的通常规则是："充分地相互规定的特征并没有进入到定义中。"在神自身之中的一切事物都是实在的。所以神具有的整一性的诸多部分之间的协调一致是神的一切谓词或规定在最高整一体中的协调一致。有限物中总有一些实在性及否定性。就诸实在性必然在整一物中相互协调一致而言（但它们只能在一个实在物中协调一致），一切有限物都具有完满性。就我称作否定性的那些东西没有实在性便不可能存在而言，就它们尽管如此却又必然存在于一切有限物中而言（但它们并不与实在性协调一致），一切有限物都带有不完满性。我现在不需要去谈论那位著名人士的例子，直到这一点被证明，即死亡和房子被吹倒事件中存在实在性和

---

[①] 约翰·雅可比·莫塞尔（Johann Jakob Moser, 1701—1785），德国法学家，德国宪法的先驱，图宾根大学的法学教授。

完满性。逻辑学家可能会说,从医学的或建筑学的完满性的否定并不能有效地推出对一切完满性的否定,包括对宇宙论的乃至存在论的完满性的否定。以形而上学的眼光来看待事物的人,必然会追求一种更为广阔的视野——更广阔是相较于这种人而言的:对这种人来说,

> 天际线展开来也不过是三个臂膀的大小[①]。

恶(我按照尊贵的莱布尼茨称之为形而上的恶)被叫作恶,在那位著名的人士看来是不合适的,尽管他不久就撤回了他的看法,也即当他给出理由的时候:"哲学家的名词定义是任意的。"不过我想以哲学的一切神圣性恳求所有评判我著作的人,不要把我算作那一类人:那一类人误解了逻辑学家的这个规则,却又认为自己完全有权敢于做任意之事,当他们炮制出与传统意义对立的定义时。当我们维持较好地确立的词的意义时,或者当我们自己来确立词的意义时,或者当我们把似乎流变不定、摇摆不定的意义固定起来时,我们必须要聪明而谨慎地避免我们的任意。以这样一种方式,而不是以盲目的任意这种方式,我相信,任何与形而上的善对立的东西,都要被称作形而上的恶或这样一种不完满的根源。由于神的最高完满性实际上是一种形而上的善,所以就这一点而言,也即在有限物那里,最高完满性甚至是由于有限物自身的本质而被抛弃,一个不完满性就被设定了,这个不完满性的根源并非不合适地被称为形

---

① 出自维吉尔的《牧歌》(第三章,第105行)。

而上的恶,只要这种恶是绝对必然的。

我在§389中说过,如果我们这个世界是一个实体,那么"无限实体就不是唯一的实体了",因为我们已经证明世界必然实存于有限实体之外。那位著名人士承认自己并不想理解这是什么意思,于是他认为这里可能存在一个印刷错误。实际上这里并没有印刷错误,无论是我还是印刷者犯下的。在§§388—391中,我反驳了形而上学的斯宾诺莎主义,这种主义声称无限实体或神是唯一的实体。与这种观点相反,我在§389中陈述的观点是:"无限实体不是唯一的",也即不是唯一的实体,正如我们通常会说,我们行星体系中的太阳不是唯一的,也即不是唯一的太阳,或者法国国王不是唯一的,也即不是唯一的国王。§390以如下完全清楚明白的字眼结束:"无限实体不是唯一的实体。"§391是这样开头的:"无限的力不是唯一的力。"尽管我因而认为我足够清楚地为所有并非只是匆匆浏览某一行字句的人呈述了我的观点,但我还是在这一版的§389中添加了"实体"一词。当我在括号中为"精神世界"一词添加"优雅领域"一词时,那位著名人士指责我说,尽管有的精神并不属于优雅领域,而我却仍把精神世界称作"优雅领域"。所以首先我要澄清,在紧接着要加以界定的术语后面,我在括号中添加了其他一些术语(这些术语在他人那里与要界定的术语是同义的),这也使这些术语较容易地被理解,但我并没有把插进括号中的这些术语(这些术语的缺陷我在我的讲课中通常也都会提到)轻率地吸收为我自己的东西。同样,我也确实从来没有把事物的本质称作事物的"自然"。因为这样会导致巨大的混乱。但其他人却这样做了。有关于此我说的已经够多了。众所周知,由于莱布尼茨把一切精神都称为

"优雅领域"。所以我也就添加了这一短语。除非从形而上的意义来讲，否则我是不会认可那位著名人士的反对的。在对术语进行哲学理解时，认为优雅领域之外的精神不是该领域的成员和同伴是错误的。因为普遍的社会法律，尤其是哲学意义上的国家法律告诉我们，并非因为想脱离，造反者就能脱离最高统治者的统治以及与他的联系；他们仍然是臣民以及法律和应当意义上的臣属者，无论这种臣属关系是不是他们想要的。优雅领域的情况也是如此。

至于这个新版本，我更愿意将篇幅压缩而不是像人们通常所做的那样将其扩充。但在事后的检查中我并没有碰到我可以适当删除的空虚词藻，如果我不想对重要事物的细目动用剪刀的话。不过，对形而上学的诸基本特征的一个纲要来说，这些细目是不必要的。但我绝对不想删掉我在形而上学-数学部分中添加的东西，因为长久以来我了解到这种细目是付诸厥如的，而我的经验则告诉我，这种细目常常能为考察开启一个似乎全新的领域，该领域能为思考者的毋庸置疑的独一无二的乐事，即把握神及神圣事物，提供成千上万次的机会，如果思考者去思考所有真正实在的和肯定的事物中的最高者的话。这些部分我通过不同的字体加以标识，以便它们可以更容易地被了解到，如果有人想检视或者干脆跳过这些部分的话。我并非只做了少许的改动，尤其是在有关灵魂不朽的理论那里。较长的章节被我分成诸多较短的章节，因为在我的讲课过程中被证实为有利的事情是，切分成的较小章节更能达成目标，而对一件事情的处理并不是经过漫长的几个小时一气呵成的。我添加了一些新的定义和证明，比如在有关认知的完满性的地方，在有关思维着的物质和前定和谐的地方——关于前定和谐，我既在其一般的意义上也在其心理学的意义上将之从一个假定改变成一个定理。这一次我同样也没有添加注解；因为有关于此，我在第一版前言中所表述的观点没有发生变化①。我被请求将这类注解加以单独的呈现。我认为这是更为正确的做法。实际上，很多的这类注解在我的手稿中就已经有了，但我从未承诺要将其发表出来。我惊讶于之前莱比锡春季书展的目录在我毫不知情的情况下预告了这类注解，就好像对这类注解的预告本该在这次书展上出现似的。一些人也公开地好意劝导我用撰写形而上学和伦理学的类似方式来撰写逻辑学、自然法或实践哲学的其他章节。不过，除非有一个出版商，他给出合理的条件并答应在我的居住地付印我的著作（这样我就能校订我的著作，而这一点现在几乎被我视为是必须的），我才会著述；只要我越加冷静地看到，要付出巨大的辛劳来著述，而我的讲课给我留下的空闲很少，我就越加坚信，科学世界可以毫无损失地放弃我的微不足道的著作。

1742 年 9 月 14 日，于奥德河畔法兰克福

---

① 在第一版前言中，鲍姆加通说过："其次，我为何决定不把我在讲授相互关联的推理时口头自由讲述要求有的例子、质疑、历史展望以及其他一些阐释也添加到付印的文本中。"

# 第三版前言(1750)

倘若还有一些人认为我的文字是有些价值的，那么现在呈现在人们面前的就是我十年前写就的、经过新的完善工作的第三版《形而上学》。我增加了章节的数目，增添了很多的标题。我做了些改动，也添加了一些内容。但我不想重复我在前两版前言中说过的内容，因为这些内容，公正的批评者可以在之前的前言中读到，而我并不能强求不公正的批评者现在去阅读它们。对不公正的批评者，在他们对我的无论哪种著作的检验中，我是有所领教的。在我因为他们做出的是不公正的评判而不予回应时，他们当中的有些人就指责我的沉默。我们可以看一个例子。在我已出版的第一篇文章也即博士论文中，我把诗说成是"完满的感性言说"。我至今都认为我的这种说法是正确的。但有个批评者却写道，我把诗称为"完满的感性言说"，然后他把"完满的"一词即使在哲学初学者那里也众所周知的意义，歪曲成一种日常的意义——按照这种意义，"完满的"在随意的闲聊中有时候可以被替换成"完全的"。"感性的"一词的意义，我实际上做过明确的界定。但这位先生也赋予该词一种完全不同的意义——按照这种意义，那些粗俗愚钝的德国人有时候把粗俗的甚至下流的戏谑中的言辞也称为"特别感性的"。在第三次对词及其意义做了恶意的歪曲之后，他又无聊地调侃了起来，但他的调侃切中的并非他根本不想了解的我的论点,而是他构想出来的且不公正地附加给我的观点的幻象。所以我当然会保持沉默。对这种可悲的非难,即使现在我也不想浪费口舌,如果我在不了解我的其他人那里并没有给他们留下这种印象的话,即我优先处理的是更为重要的事务,在这些事务背后或许就隐藏着我的一个不足,也即我没有自我辩护的武器。所以我利用这次机会,公开地乞求神不要赐予我如此多的闲暇,使我将时间浪费、挥霍在我所卷入的此类空洞无物的争吵中,我乞求他不要让真正的荣誉概念在我这里深深地陷落,以至于我把攻击看得很重要,也即,立即去攻击任何反对我的评论或文章,并发动永远也不会有胜利者的战争。无论胆大妄为的伤害性的攻击何时被击退,都不会缺乏这样一些人(一直以来都不缺乏这样的人,他们在公开场合被感激性地提及),尽管我没有要求或委托过他们,但他们的做法我是赞同的,即,像礼貌得体的绅士那般,为我或更准确地说为我说出的真理而著述,从而对一位朋友表明了他们的效劳,并通过更为有效的方式(无疑比我只是为了自己的事情而花费时间来著述,从而达到的效果更为有效),花费几小时来驳斥此类非难。

对并非故意非难的那些不同观点我有不同的看法。请允许我提及曾经参加我课程的一个学生所写的反对哲学家的东西。我想对他说,我不著述回应,是因为他认为我对某东西的证明并不怎么正确——这是他的自由①。使我极为不高兴的是,如果他还记得的

---

① 鲍姆加通秉承沃尔夫关于哲学研究的自由观:"一个在哲学研究上拥有自由的哲学家是这样来界定、判断和证明自己的观点的,即对他自己来说这样做似乎是正确的;他绝不会让自己被命令[……]在他的判断中不根据自己的而是根据别人的思考来行

## 第三版前言（1750）

话，他违背自己的良心而一般性地说道，哲学家在其科学的起始点那里承诺的是完全的和最高的确定性，但除此之外，更重大而坚实的东西实际上并没有被考虑到。但人们实际上并不能毫无问题地这样来说我，这一点我吁求在课堂或奥德河畔法兰克福的那些听过我讲授哲学课的人为我作证。倘若我通常即兴讨论的本书中的无论哪个论题果真属于他说的那种情况的话，那么我不仅不会像其他人那样用更多的笔墨来进一步讨论，也不会去强调这些论题，相反，即使在这种情况下我对它们的解释仍是明显克制的，正如人们说的那样，尤其是在对它们进行哲学研究或逻辑梳理时。之后我还提醒说，最高的确定性不可与完全的确定性相混淆，真正完全的确定性不可与那些完全显得是所谓的演证的东西相混淆，最高的确定性根本不属于人类，完全的确定性并没有像那些智者——这些人在第一序列的诸星辰那里并不能把真正的光与虚假的光区分开来——认为的那样伸展得如此远，即使在数学和哲学领域中亦是如此。

现在我想谈一下尤其与我们手头的这本著作相关的一些情况。人类事务的领域转变得多么快啊，多么突然啊！我还不满四十岁，却已然经历了一定的哲学（我说的是莱布尼茨-沃尔夫哲学）被武器攻击的事情，而这种武器一开始被大多数人视为几乎是神圣不可侵犯的，不久又被他们评判为无效的。因而此后不久，这种哲学却

---

（接上页）事［……］或者［……］把别人关于某个论题的论据所提供的论点解释为有效的，而这个论点恰又是他觉得极为可疑的。在哲学研究上拥有自由的人，必须以自己的而不是他人的判断为准，如果他要教授哲学的话。"（*Discursus praeliminaris de philosophia in genere*, §151, Anm.）主张这种权利的人，必须也同时要承认哲学对手的这种权利，而这就是鲍姆加通明确践行的。——德译注

似乎获得了胜利。但这种哲学现在又渐渐受到相同论调的攻击，这些论调由于对一定的人群来说显得是新的，所以又被他们评判为极为有力的。在我参加过去数年里热门的、在哈勒进行的反对沃尔夫的课程时，当一个善良的老者质疑充分根据律以及简单存在物的普遍有效性时，大多数人几乎无法抑制地发出笑声；他们认为老者所陈述的哲学观点非常荒谬。我们来看看吧！改头换面的相同论调现在甚至被前几年还张开双臂拥抱我们提到的那种哲学的人当中的某些人重新拾起。了解人性的人，就不会对此感到惊讶。无论我们基于先入为主的成见而采纳了什么样的观点，幸运地构思出了什么样的坚如磐石的确定学说，即便它们是完全正确的，我们或早或晚，也即当我们严肃地去追求真理时，都必然会再次去检验它们，这样一来，它们最终又变得不确定甚至可疑了。如果我们自己不抽出时间去思考，这些反对当初被接纳的学说的老论调就会因其新颖性而为人接纳；如果这里还附带一个希望，即通过不同寻常的东西来使自己出名，如果我们不像第一次面对某学说时那样谨慎地给出我们的赞同的话，那么这些论调就会把我们推向对立的学说。当我仔细思考此类事情的时候，我倒是更加坦然面对生活的命运了。与这种哲学研究方式对立的人日益增多，不过我几乎比这些人自己的学说更早地考虑了对这种哲学的可能反驳。所以，经过长时间的谨慎的对真理的追求，我吸纳了这种哲学的一些东西，准确地说，相当多的东西。在我教学生涯的最初那些年，当我于某地不得不讲授这些东西的时候，由于此地当时还不允许借助此类大人物的威望作为对我们提到的哲学的庇护（不像现在有些人认为这是许可的那样），所以对我来说更为必要的是，在我公开地接纳这些大人物的学说之前，对我不得不教授的那些内容的内在论证重新加以仔细的审视和思考。不过现在使我获益的是，我的观点不再摇摆，也无需加以根本性的改变，当然，如果真理的力量迫使我做出改变，我自然也乐于做出改变。其他人可能会质疑被认为是莱布尼茨哲学标志的关于认知的第一原理，可能会质疑其哲学针对单子或简单存在物而确立的关于变化的第一偶然原理。我曾经否定、质疑、思考过这两个原理，并最终承认它们是正确的。反对这两个原理的正确性的大多数推理，作为新东西被重新兜售的这些推理，"我已经长时间地思考过"。我们来看看第一个原理的情况。人们说被攻击的不是这个原理本身，而是它的普遍有效性，就像曾经真有一个伊壁鸠鲁式的人梦见的那样，一切事物都是无根据的。而莱布尼茨为哲学新添的、被人们攻击的一切东西，似乎正是这个普遍有效性。我认为这是对的，即该普遍有效性不仅适用于所有的实存事物同时也适用于所有的可能事物，毫无例外。你要求证明或毋宁说演证。但哪一种演证呢？如果我把根据律归为未被演证的命题，那么什么才是你完全确信的命题呢，如果你理解的只是术语的话？我不会反对你对确信的否定。但假如你甚至连术语都没有理解，因而比如把根据与充分根据、肯定根据与否定根据、最好的根据与不那么好的根据、合法根据与不合法的根据、你知道的根据与你不知道的根据相混淆了呢？一个古代的说法："一半大于整体。"不过大多数人通常会把后面这句话视为无法演证的命题："整体大于它的任何一个部分。"如果我说"一切可能的东西都有根据"是一个同一命题呢？如果人们从来不会主张不怎么显然的事情呢？但命题本应该是带有演证的。我基于那些只有在体系中才会得出的诸命题应该给出了演证，就像我通过§20中的最后几句论述所提示的那样。但不以自然地跟随而来的结论为前提的演证在任何时候都是首选项，如果人们能够给出这样的演证的话。我认为我在§20中才稍微详细地加以呈现的演证就是这种类型的。我了解到，一些有识之士对我的演证的质疑有两种路数。首先，有些人认为一切可能事物的根据在演证中已然被预设了，但该根据是成问题的。好吧，让我们来看看我遭受的指责即"被预设"是什么意思吧。在我看来，我只预设了这样的事物，也即它被我判定为实存着的或至少可能的。请让我们读完演证，以便看看，在做出间接的演证之前，也即，在我指明没有根据的某事物是矛盾的之前，我于其中是否把可能事物的根据也只是视为可能的。当我说要么有要么没有根据时，我并没有预设该根据，甚至也没有判定我通过该选言判断而明确陈述的东西，也即它要么是不可能的要么是可能的，是可能的。所以，在整个演证中，我把一切可能事物的根据视为完全未确定的，我也没有肯定其可能性，直到演证的结论最终告诉我们，根据是必然的。我请你，杰出的人，跟我说说，你是否会认为我在你这里已然预设了学识，当我说你要么有学识要么没有学识时。另一种路数是那些不满意于§20中的演证的人所采取的；他们通过比较摧毁了我的演证，因为他们认为，正如逻辑学家们说的那样，通过我所采用的同样的演证方式，他们也可以证明我所主张的东西是错误的。为了这些人，我现在想对我在口头讲课中通常说到的东西（也即人们依据我的判断，通过阅读本书，单单根据§20中的阐述就能充分回想起的东西）做个补充——我在口头讲课中说，倘若没有什么东西是可能事物的根据，也就没有什么东西能使我们知道该事物为何是可能的了（§14）。使人们能够得知某事物为何是可能的的东西，本身也能够被认知，是可认知的和可表象的。所以，倘若没有什么东西是某事物的根据，也就没有什么东西是可表象的，也就不存在某事物了（§8 作为上述内容的基础）。现在我自己制造了一个有关比较的例子，这个例子的结论我自己认为是错误的，但我坚信，通过此例子，我就使反对意见失去了效力：让我们来假设，一切可能的事物都具有广延。我否定该命题的普遍有效性，你也否定，但你却声称该命题似乎可以像一切可能事物的根据那样得到同样的演证，你由此做出推论说，对一切可能事物的根据的演证也并非是无懈可击的。你对证明的类似性的阐释如下：一切可能的事物要么有要么没有广延（§10）。这一点我是认可的。如果它有广延，它的广延就是某东西（§8）。这一点我也认可。如果它没有广延，它的广延就是无（§7）。我认可。所以，一切可能事物的广延要么是无，要么是某东西（§10）。这一点我也认可。倘若无是某个可能事物的广延，无就成了某东西了。现在这里是罗德斯岛，你无法违背规律地跳过去①；你的任务是，你必须以同样的显然性，从你的大前提来证明结论的正确性，正如我以同样的显然性，部分地通过这本书中的论述，部分地通过现在这种正式方式来呈现的从我的大前提中得出的结论那样。不过我认为你并没有这样做，而我的演证及与我的演证形成比较的任何其他的演证之间的区别就在于这一点。即使我把某个可能事物的广延设定为无，设定为不可能的或不可表象的，也就是说，即使我认可你最后

---

① "现在这里是罗德斯岛，你无法违背规律地跳过去"（Hic iam est Rhodus, hic, ne saltum illegitimum committas）：鲍姆加通这里应是戏仿《伊索寓言》中的句子"这里是罗德斯岛，你跳吧"（Hic Rhodus, hic saltus）。

的假定命题的前提，我也看不出我为何不得不接受其结论——该结论我认为是荒谬的，除非你以同等的确信证明，某个可能事物的广延虽然必定是不可能的，但同时又是可表象的，就如我证明过的那样：某个可能事物的根据正是由于被称为"根据"（由于你否定了普遍的根据律，所以你不得不称之为"无"），因而必须被承认为可认知的和可表象的，必须被承认为某东西和可能的。

这里我需要简短地说到一些反对意见，这些反对意见虽然并不专门针对我的演证，但却针对了其中被证明的真理。人们反对说：如果根据律是普遍的，那么（1）事物的诸第一性特征就会有一个根据，而这样一来，就会有某种先于第一性东西的东西。我的回答是：我们并没有就此陷入喜剧诗人的揶揄中：

> 我嘲笑他。他说他是第一个知道的人，但他一无所知。

我们必须总是把根据与基于个别经验而尤为熟悉的根据区分开来。事物的相对而言的第一性特征，也即与人的认知、准确地说与人的清楚认知相关的第一性特征是有根据的，尽管就该根据的其他谓述而言我们对该根据并不如此熟悉，以至于我们可以将其与其他根据能够充分地区分开来。所以，在清楚而明晰的人类认知中的第一个东西之前，总有某种人们只能加以晦暗认知的东西。优秀家族的那些最初创立者也具有比自己更早的祖先。但绝对第一的存在物作为这样的存在物既不抽象，也不反思，它从来不会朝着绝对第一性的诸特征回溯，因为它最为明晰地从一切事物而认知了一切事物。

（2）人们反对说，通过充分根据律，我们可能会把一个事物本不具有的属性添加给该事物。我的回答是：让我们避免一个新的歧义吧。一个属中的任何一个最好的东西与合法的东西，在日常语言用法中都有权使用其所属的那个属的名称，而不怎么好的东西与不怎么合法的东西则必须放弃使用该属的名称，就好像它们不配拥有该名称一样，尽管这个属的定义仍然是对它们适用的。比如人们会说到一个没有任何德行的贵族，他因而就不是贵族，人们会说到一名胆小的逃兵，他因而不是士兵，说到一位凶残地对待自己子女的父亲，他因而就不是什么父亲。对通常只把最好的与合法的根据才称为"充分的"的人来说，依据充分根据律而发生，但却不正确地发生的东西，是"矛盾"（παράδοξον）。仅仅因为有些人无缘无故地恨，你就否认一切偶然的东西都有其原因吗？或者让我们不玩弄语言上的小把戏来提问：当我为某个事物添加了错误的属性时，我的错误不就是一种缺乏吗（这种缺乏可以从一个充分的缺失性的根据来理解）？我对这个问题的回答是肯定的，我在我的错误中看到了充分的缺失性的根据，凭借这种根据，我把原本并非本质的某东西视为某事物的本质。对这个错误来说，又有一个充分的缺失性的根据，也即精神的幻觉——精神将事物的真正本质与其虚假本质搞混了，精神最终缺失了敏锐性。对逻辑学家而言的一个例子就是许多逻辑学家都犯过的一个错误：他们认为这是第四种推理形式的一个属性，即，如果第一种推理的大前提被设定，第四种推理就产生了[①]。这个错误基于一个错误地、混淆地被认知的关于第四种推理的

---

① 四种推理形式在传统逻辑学中被简洁地称为"四种逻辑形式"。亚里士多德在

实在定义,根据该定义,第四种推理就成了第一种推论的颠倒。

(3)人们反对说,这样一来,错误也有其充分的根据了。我的回答是:错误如果不是存在于真实的客体中,就无疑存在于混淆了真与假的主体中。一系列错误当中的相互关联的错误的第一充分根据就是正统的辩论家们早已承认的"初始的错误"（πρῶτον ψεῦδος）。

(4)人们反对说,这样一来,事物的本质也就有其充分的根据了。我的回答是:事物在构成事物的诸本质规定性中具有该根据,正如整体在其诸构成部分中具有其根据一样;而如果这些本质规定性的充分的内在根据不在这些本质规定性所构成的事物中,那么其充分的内在根据就存在于这个成问题的事物之外,无疑最终存在于最高的理智中。神的本质因而就是其一切内在完满性,因为任何一个完满性都处于根据与结果的相互关系中,只要任何一个最高完满性都可以被理解为是出自其他的最高完满性的。

(5)人们反对说,这样一来,带有自发性的存在物的力的邪恶运用,也就有其充分的根据了。这是甚至最近的神正论者们也加以邪恶发挥的一个核心的论争。好吧,现在让我们来假定,自由就是这样一种能力,即有时候没有充分根据地做出某种决定。由此我们得到了什么?你说:在先前的状态中没有其充分根据的罪恶,对犯罪者来说是完全可以避免的,所以罪恶很大程度上可以归罪于实施者。但这两种说法我都不认可。如果不可避免的意思就是,在先前

---

(接上页)《前分析篇》中已经强调了第一种形式的优先地位。其他形式的推理被证明为第一种形式的变种。——德译注

的状态中有其充分根据的一切东西都不能被归罪,那么无论是基于成问题的自由概念还是基于我们的自由概念,罪恶的不可避免性都是一样的,也即是说它在先前的状态中并不缺乏一个充分的根据。因为其最切近的充分根据就将是我们已经描述过的能力,在先前状态中已然现成存在的能力;在这个能力哪一次无充分根据地对准某事物时,该事物不可能无充分根据地实存,该事物在该能力(也即无充分根据而决定某事物的能力)中有其充分根据;但这里,力的运用是没有充分根据的。这里,至少力的运用(如果不是力的运用的结果的话)是可以合理地归因于我们的。什么叫做"合理地",朋友,对此你有不同的看法吗?理性在我们这里能看到罪责以及力的邪恶运用被谴责是有其根据(而这根据又被说成是没有根据的)的吗?我应该作为实施者而受到惩罚吗,也即作为有根据地实施了该罪行或滥用了力的人而受到惩罚,但我的罪行或对力的滥用转瞬又被说成是没有根据的?对通过盲目的偶然而发生的事情,我又能做什么?最为公正的法官难道不能因为单纯的偶然而免除我的罪责吗?来吧,你们律师,无论你们当中有多少人是律师,你们对这个疑难问题是否有所决断。一个相当年轻的人,来自一个叛国的家庭,他要为叛国的罪行承担罪责。一般人不清楚通常的惩罚是否适用于他,因为他似乎是被迫处于与他的国家的敌对状态的。控告人咄咄逼人,并证明这个年轻人完全是罪有应得的,因为他对国家的敌对是通过单纯的偶然而发生的。对我来说,如下的看法似乎更合适一些:为了邪恶目的而对力加以自由的运用,在未使用的,但本该为了善而加以运用的力中有其充分的根据。因为任何一个实体,任何一个精神,总是主动的。未使用的但本该为了善而加以运用个的力，在有限的、受限的任意和自由中有其充分根据——这种任意和自由在道德上既可以是清醒的，也可以不操心于善的事情而沉睡着，但从道德上开始沉睡的那一刻起，这种任意和自由实际上对反面也即对罪行是负有罪责的，因为其缺乏正义感。

  但读者不应长久驻留于这种临界问题。这样我也就不必放弃我的义务了：请容许我对那些著名的有声望的人致以少许的感激之辞，他们当中的有些人确保了这本小书的完善、出版，其他一些人则在不同的高校把他们认为有价值的这本微不足道的书中的内容引入了他们那极高水平的讲课中。

1749 年 9 月 12 日，于奥德河畔法兰克福

# 纲 目

Ⅰ）形而上学导论（§1-3）

Ⅱ）论述

1）存在论（第一部分）

A）导论（§4-6）

B）论存在物的谓词

（a）内在谓词

α. 内在普遍谓词（第一章）

（א）可能的事物（第一节，§7-18）

（ב）关联（第二节，§19-33）

（ג）存在物（第三节），其规定性

𝔄. 要么是实在性，要么是否定性（§34-36）

𝔅. 要么是外在的，要么是内在的（§37, 38），它们

a. 要么是本质性的规定性，要么是结果规定性（§39-66）

b. 要么是量，要么是质（§67-71）

（ד）整一物（第四节，§72-77）

（ה）真，包括：

𝔄. 秩序（第五节，§78-88）

𝔅. 真（第六节，§89-93）

(ג) 完满（第七节，§94-100）

β. 内在选言谓词（第二章）

(א) 必然与偶然（第一节，§101-123）

(ב) 可变与不可变（第二节，§124-134）

(ג) 实在与否定（第三节，§135-147）

(ד) 个别与普遍（第四节，§148-154）

(ה) 整体与部分，包括：

𝔄. 整体与部分（第五节，§155-164）

𝔅. 数学上的强度的诸第一原理（第六节，§165-190）

(ו) 实体与偶性，包括：

𝔄. 实体与偶性（第七节，§191-204）

𝔅. 状态（第八节，§205-223）

(ז) 简单与复合

𝔄. 一般而言（第九节，§224-229）

𝔅. 特别就单子而言（第十节，§230-245）

(ח) 有限与无限（第十一节，§246-264）

(b) 外在谓词或关系谓词（第三章）

α. 同与异（第一节，§265-279）

β. 同时性和前后相继

(א) 同时性（第二节，§280-296）

(ב) 前后相继（第三节，§297-306）

γ. 原因与结果

(א)一般而言(第四节, §307-318)

(ב)特别而言,包括

    𝔄. 效果因(第五节, §319-335)

    𝔅. 有用性(第六节, §336-340)

    ℭ. 其余种类的原因(第七节, §341-346)

δ. 标记与被标记物(第八节, §347-350)

2) 宇宙论(第二部分)

A) 导论(§351-353)

B) 论世界

(a) 世界概念(第一章)

α. 肯定性的概念(第一节, §345-379)

β. 否定性的概念(第二节, §380-391)

(b) 世界的部分(第二章)

α. 简单部分(第一节)

(א)一般而言(§392-401)

(ב)特别就精神而言(§402-405)

β. 复合部分

(א)从元素生成(第二节, §406-429)

(ב)本性(第三节, §430-435)

(c) 世界的完满性(第三章)及其

α. 基底,最好的世界及其

(א)观念(第一节, §436-447)

(ב)诸实体的相互作用及其解释体系(第二节, §448-465)

β. 世界的手段

(ב)自然物(第三节，§466-473)
(ㄅ)超自然事物
    𝔄. 一般而言(第四节，§474-481)
    𝔅. 特别就超自然事物的假定可能性而言(第五节，§482-500)

3)心理学(第三部分)

A)导论(§501-503)

B)论心理学

(a)经验心理学(第一章)，论心灵的

α. 实存(第一节，§504-518)

β. 诸能力

(ב)认知能力

    𝔄. 低级认知能力

      a. 一般而言(第二节，§519-533)

      b. 特别就以下方面而言：

    感官(第三节，§534-556)

    想象力(第四节，§557-571)

    洞察力(第五节，§572-578)

    记忆(第六节，§579-588)

    创作能力(第七节，§589-594)

    预见(第八节，§595-605)

    判断(第九节，§606-609)

    预期能力(第十节，§610-618)

    标识能力(第十一节，§619-623)

    𝔅. 高级认知能力

a. 一般就理智而言(第十二节，§624-639)

　　b. 特别就理性而言(第十三节，§640-650)

(ᄀ)欲求能力

　　𝔄. 一般而言，包括

　　a. 漠然性(第十四节，§651-654)

　　b. 愉快与不愉快(第十五节，§655-662)

　　c. 欲求能力与厌恶能力(第十六节，§663-675)

　　𝔅. 特别就以下方面而言：

　　a. 低级欲求能力(第十七节，§676-688)

　　b. 高级欲求能力

　　1)意愿与不愿(第十八节，§689-699)

　　2)自由，以及

　　A. 作为其前提的

　　a)自发性(第十九节，§700-707)

　　b)任意(第二十节，§708-718)

　　B. 其本性(第二十一节，§719-732)

γ. 与身体的相互作用(第二十二节，§733-739)

(b)理性心理学(第二章)，论心灵的

α. 本性(第一节，§740-760)

β. 与身体的相互作用(第二节，§761-769)

γ. 起源(第三节，§770-775)

δ. 不朽性(第四节，§776-781)

ε. 死后状态(第五节，§782-791)

ζ. 与非人类的心灵相比较：

(א)动物心灵(第六节,§792-795)

(ב)精神心灵(第七节,§796-799)

4)自然神学(第四部分)

A)导论(§800-802)

B)论神

(a)神的概念(第一章),其中考察的是

α.神的实存(第一节),涉及

实在性(§803-820)

整一性(§821)

真(§822)

必然性(§823-827)

神圣性(§828-829)

实体性(§830)

全能(§831-837)

简单性(§838)

不可变性(§839-842)

无限性(§843-845)

唯一性(§846-848)

永恒性(§849-850)

不受动(§851)

本性(§852-860)

不可衡量性(§861)

不可把握性(§862)

β.神的理智(第二节)

实存（§863-865）

对象（§866-878）

从不出错（§879）

主观确定性（§880-881）

智慧（§882-888）

全知（§889）

γ. 神的意愿（第三节）

(א) 相适性（§890-894）

(ב) 自由（§895-899）

(ג) 不可探究性（§900）

(ד) 正当性（§901-902）

(ה) 善良

    𝔄. 可靠性（§903-905）

    𝔅. 正义

    a. 报酬正义（§906-907）

    b. 惩罚正义（§908-916）

(ו) 不偏袒（§917-918）

(ז) 真诚（§919-925）

(b) 神的作为（第二章）

α. 创造（第一节）

(א) 对象（§926-941）

(ב) 目的（第二节，§942-949）

β. 操持（第三节）

(א) 维持（§950-953）

(ב)参与(§954-962)

(ג)掌控(§963)

(ד)恶

    A. 阻止(§964-968)

    B. 容许(§969-970)

(ה)立法(§971-975)

(ו)决定(第四节，§976-981)

(ז)启示(第五节，§982-1000)

# 形而上学导论

## §1

**形而上学**是关于人类认知的诸第一根源[①]的科学。

## §2

属于形而上学的有存在论、宇宙论、心理学和自然神学。

## §3

**自然的形而上学**[metaphysica naturalis]指单单通过使用[②]形而上学领域中的事物而获得的关于这些事物的认知。为了(1)概念的发展、(2)对第一定理的规定和理解、(3)诸证明的确定性及其相互间的关联,给自然的形而上学增补§1中所界定的**人工的形而上学**[③]是有益的。

---

[①] principium 本义为事物或认知的根源,故该词将视中文习惯分别译为"原理"或"根源"。

[②] usus 兼有"使用"和"习惯"的意思。这里参照迈耶(Georg Friedrich Meier)的德译本(*Metaphysik*, Jena: Scheglmann, 2004)以及福格特(Courtney D. Fugate)与希莫斯(John Hymers)合作的英译本(*Metaphysics*, London[and others]: Bloomsbury, 2013)而译之为"使用"。

[③] 自然的或天然的形而上学(metaphysica naturalis),人工的或技艺的形而上学(metaphysica artificialis)。同样,鲍姆加通也把"感性学"(aesthetica,一般译为"美学")划分为"天然感性学"和"人工感性学"两个部分(参见:Aesthetica, §17)。

第一部分

## 存在论

# 导　　论

### §4

**存在论**［ontologia］[a]（存在智慧、形而上学——参见 §1：一般形而上学、建筑术、第一哲学）是关于存在物的一般谓词的科学。

[a] die Grund-Wissenschaft［根本-科学］

### §5

存在物的一般谓词是人类认知的第一根源，所以存在论（§2）有理由被归入形而上学（§1，4）。

### §6

存在论（§4）包括存在物的（一）内在的谓词：(1)单个事物所具有的一般谓词，(2)选言谓词——两个选言谓词只能有一个可以为单个事物所具有；(二)相对的谓词。

# 第一章　存在物的内在普遍谓词

## 第一节　可能的事物

### §7

无，也即否定的（参见 §54）、无法被表象的、不可能的、悖谬的（荒谬的，参见 §13）、包含矛盾或导致矛盾的、背反的东西，就是 A 并且-A；也就是说，不存在具有相互矛盾的诸谓词的主词，或者说，没有什么东西既存在又不存在。0 = A+ 非 A。这个定理叫作矛盾原理，是绝对的第一原理。

### §8

非无的东西就是**某东西**[ aliquid ]<sup>a</sup>：可以被表象的东西，也即一切不包含矛盾的东西，一切并非同时是 A 和-A 的东西，都是**可能的东西**[ possible ]<sup>b</sup>（§7）。

<sup>a</sup> etwas[ 某事物 ]　<sup>b</sup> Möglich[ 可能的 ]

### §9

A 并且-A 不是某东西（§8），所以它是无，是某种矛盾的东西

(§7)，也就是说，一个包含有矛盾的主词是不具有谓词的，或者说：既是又不是的东西，就是无，A + -A = 0。

## §10

任何一个可能的事物要么是 A，要么是-A，要么两者都不是（§8）。但两者都不是的东西，就是无，因为它应是这两者中的某一个（§9）。所以，任何一个可能的事物要么是 A，要么是-A，或者，任何一个主词都具有相互矛盾的两个谓词中的一个。这个定理叫做两个相互矛盾的谓词的排中律。

## §11

任何可能的 A 是 A，或者说，任何东西都是它所是的东西，或者说，所有的主词都是它自己的谓词。如果人们否认这一点，那么某个可能的 A 就成了-A（§10），成了同时既是 A 又不是 A 的东西或无（§7）——这种东西是不可能的（§9）。这个定理叫做设定原理或同一性原理。

## §12

设定不可能的东西会**导致矛盾**[ oritur contradiction ][a]。一个不仅看似如此而且实际也是如此的事物，是**真正的**[ verum ][b]；一个仅仅看似如此但实际并非如此的事物，叫做**看似的**[ apparens ][c]。所以，产生的矛盾要么是真正的矛盾，要么是看似的矛盾。

    [a] Entsteht ein Widerspruch［产生一个矛盾］  [b] Wahr［真的］  [c] nur scheinend［仅仅显得是］

## §13

同时设定 A 和-A 会导致矛盾（§9, 12）。同时设定 A、B 和-A，也就设定了一个不可能的东西（§9），因而会导致矛盾（§12）。前一种矛盾叫做**明显的矛盾**［patens］[a]（直接的、不经中介的和显然的），后一种矛盾叫做**隐蔽的矛盾**［latens］[b]（间接的、隐藏的、中介的和隐含的）。如果某事物中的真正矛盾是明显的，那么该事物就是**荒谬的**［absurdum］[c]（不协调的）。

[a] Ein offenbarer［明显的矛盾］　[b] Ein versteckter Widerspruch［隐蔽的矛盾］　[c] offenbar falsch［明显错误的］

## §14

**根据**（参见 §640，条件、假设）是这样的东西，它使人们明白为何有某事物存在。有根据的东西，或某事物是其根据的东西，叫做该根据的**结果**［rationatum］[b]，叫做该根据的**依赖者**［dependens］[c]。使某东西成为根据或结果或同时成为两者的谓词，叫做**关联**［nexus］[d]。

[a] ein Grund［根据］　[b] seine Folge, das in ihm gegründete［它的结果，在它那里被奠基的东西］　[c] das von ihm abhängende［依赖于它的东西］　[d] der Zusammenhang, die Verknüpfung［关联，联系］

## §15

一个事物如果不是通过与那些处于它之外的事物的关联来考察的，那么该事物就是**就其自身来考察的**［spectatur in se］[a]。对某事物来说，如果甚至连通过其自身来考察都是不可设想的，那么该事物就是**本身**(内在、全然、绝对、凭借自身)**不可能的**[impossiblile in se]<sup>b</sup>。如果对某事物来说,就其自身来考察是可能的,那么该事物就是**本身**[内在、绝对、凭借自身、全然]**可能的**[possibile in se]<sup>c</sup>。

 <sup>a</sup> wird an und vor sich betrachtet[就其自身来考察]  <sup>b</sup> an und vor sich, innerlich, schlechterdings unmöglich[本身、内在、完全地不可能的]  <sup>c</sup> an und vor sich, innerlich, unbedingt möglich[本身、内在、无条件地可能的]

### §16

如果某事物在与那些处于它之外的事物的关联中也是可能的,那么该事物就是**假定**(关系性地、相对地、外在地、通过他物、就其与某事物的关系而言)**可能的**[possibile hypothetice]<sup>a</sup>。

 <sup>a</sup> bedingt, äusserlich möglich[有条件地、外在地可能的]

### §17

如果某事物只是在与那些处于它之外的事物的关联中是不可能的,那么该事物就是**假定**(关系性地、相对地、外在地、通过他物、就其与某事物的关系而言)**不可能的**[impossibile hypothetice]<sup>a</sup>。

 <sup>a</sup> bedingt, äusserlich, in einem gewissen Zusammenhang unmöglich[有条件地、外在地、在某种关联中不可能的]

### §18

没有什么绝对不可能的东西是假定可能的(§15,16)。所以,没有什么假定可能的东西是绝对不可能的。所有假定不可能或可能的东西,都是本身可能的(§17,15)。所以,绝对不可能的东西既

第一章　存在物的内在普遍谓词

不是假定可能的,也不是假定不可能的。有些绝对可能的东西却是假定不可能的。

## 第二节　关联

### §19

处于关联中的可能事物,即是说,自身之中包含有一个关联或某个关联属于它的可能事物,是**关联物**[ connexum ][a]（有根据的事物）；不可能处于关联中的事物是**无根据的事物**[ irrationale ][b]（非关联物、无关联的事物）。所以无根据的事物要么是本身不可能的,要么就是假定不可能的(§15,17)。

[a] zusammenhängend, verknüpft[关联着的,有关联的]　　[b] ungereimt[不合理的]

### §20

一切可能的事物要么有要么没有根据(§10)。如果它有根据,它的根据就是某事物(§8)。如果它没有根据,它的根据就是无(§7)。所以,任何可能事物的根据要么是某事物,要么是无(§10)。假如无是某个可能事物的根据,那么,从无出发,人们就应能认识到为何有该事物存在(§14),无本身因而也就成了可以被表象的(§8),成了某事物(§14,8),而有些可能的事物则成了不可能的了(§7,8作为§9的前提)。所以,一切可能事物的根据都是某事物,即是说,一切可能的事物都是有根据的,就是说,没有什么事物是无根据的,也就是说,如果某事物被设定,它的根据也就被设定了。

这个定理叫做根据律,人们从§265和§279那里也能得出这个原理,如果人们一方面进行抽象,另一方面又避免循环的话。

### §21

单个事物在某事物中的根据是该单个事物的**充分的**(完全的、完整的)**根据**[ ratio sufficiens ][a],有些事物在某事物中的根据只是一个**不充分的**(不完全的、部分的)**根据**[ insufficiens ][b]。

[a] der zureichend Grund[充分的根据]　[b] der unzulängliche[不充分的根据]

### §22

没有什么事物是不具有充分根据的,或者说,如果某事物被设定了,它的充分根据也就被设定了。一切可能的事物都有其根据(§20),所以,一切可能的事物都有一个充分的根据(§21)。这个定理叫做充分根据律(即相称原理)。

### §23

所有可能的事物都是一个根据,或者说,没有什么事物是没有结果的,没有什么东西是无成果或无回报的,没有什么东西是完全不结果、闲置多余或无成效的,也就是说,如果某事物被设定了,它的结果也就被设定了,因为任何可能的事物要么有要么没有结果(§10)。如果它有结果,它的结果就是某事物(§8);如果它没有结果,它的结果就是无(§7)。所以任何一个可能事物的结果要么是无,要么是某事物(§10)。倘若无是某个可能事物的结果,那么这个结果

## 第一章 存在物的内在普遍谓词

就应该可以从这个可能事物出发而得到认知(§14),无因而就成了某事物(§8),而有些可能的事物则成了不可能的了(§7,8 作为 §9 的前提)。这个定理叫做结果原理。

### §24

所有可能的事物都是根据,也是结果(§20,23),因而也就是通过相互的关联(§14)而被联系在一起的,都是有根据的(§19),既是先天可认知的,也是后天可认知的。这个定理叫做双向(由因推果和由果溯因)关联原理。

### §25

根据 A 作为根据 B 的根据就是结果 C 的根据。从 B 的这个根据 A 出发可以得知为何有 C(§23),所以 A 是 C 的根据(§14)。

### §26

C 这个结果作为结果 B 的结果,就是根据 A 的结果(§25,14)。

### §27

某个 B(C 取决于 B)的根据 A 是这个 C 的**间接**(彼岸的、遥远的)**根据**[ratio mediate][a]。非间接的根据就是**直接**(切近的)**根据**[ratio immediate][b]。

[a] mittelbarer und entfernter[间接的、遥远的根据]　[b] unmittelbarer und nähster Grund[直接的、切近的根据]

## §28

**居间根据**［ratio secundum quid］<sup>a</sup>（中间根据）是自身还有一个遥远根据的根据；没有遥远根据的根据叫做**最终**（终极）**根据**［simpliciter talis］<sup>b</sup>。某事物的**根据和结果**［rationes et rationata］因而要么被视为**相互从属的**［subordinate］<sup>c</sup>，要么被视为**相互并列的**［coordinata］<sup>d</sup>。

<sup>a</sup> der Zwischen-Grund［居间根据］ <sup>b</sup> der letzte Grund［最终根据］ <sup>c</sup> untereinander［相互从属的根据和结果］ <sup>d</sup> neben einander stehende Gründe und Folgen［相互并列的根据和结果］

## §29

设定了结果，其根据（§20, 14），也即某个充分的根据（§22）也就被设定了；或者说，从结果可以推出其根据，也即推出其充分的根据。

## §30

设定了根据，也即某个充分的根据（§21），也就设定了它的结果（§23）；或者说，从根据，也即从一个充分的根据可以推出它的结果。

## §31

取消了根据，也即充分根据，也就取消了其结果，因为设定结果意味着设定根据（§29）。

## §32

取消了结果,也就取消了其根据,也即其充分的根据,因为设定根据意味着设定结果(§30)。

## §33

如果 A 和 B 与一个第三者 C 相关联,那么此三者就是相互关联的。如果 A 与 C 相关联,而 C 又与 B 相关联,那么,在 A 之中就有这样一种东西,该东西人们通过 B 能得知它为何存在,所以,A 与 B 相关联(§19)。

# 第三节 存在物

## §34

被设定为 A 或 -A 的某事物是**确定的**[determinator][a]。但只是被设定为要么是 A 要么是 -A 的某事物是**不确定的**[indeterminatum][b]。换句话说,如果在一个主词这里,就两个相互矛盾的谓词而言,并没有什么东西被设定,那么这个主词就这两个谓词而言,就是不确定的,除非其中一个谓词被归给该主词;而如果其中一个谓词在这个主词中被设定了,那么该主词就是确定的。可以被确定的东西叫做**可确定的**[determinabile][c]。所以,人们可以设定它是 A 或 -A 的某事物,是可确定的。

[a] bestimmt[确定的]　[b] unbestimmt[不确定的]　[c] bestimmlich[可确定的]

## §35

规定活动①的根据是**规定者**[determinans]ᵃ。所以，一切充分的根据充分地规定着，不充分的根据不充分地规定着(§34，21)。所以，设定了规定者，也就设定了被规定者(§30，反之则参见§29)。取消规定者，也就取消了被规定者(§32，反之则参见§31)。

ᵃ das Bestimmende[规定者]

## §36

通过规定活动而在主词中被设定下来的东西(特征与谓词)，叫做**规定性**[determinationes]ᵃ；规定性有正面的、肯定的(§34，10)，如果这种规定性是真正的，那么它就是**实在性**[realitas]；也有否定的规定性(§34，10)，如果这种规定性是真正的，那么它就是**否定性**[negatio]ᵇ。看似的否定性是**隐蔽的实在性**[realitas cryptica]，看似的实在性是**空无**[vanitas]ᶜ。

ᵃ Bestimmungen[规定性]　ᵇ Verneiungen[否定]　ᶜ Eitelkeit[空无]

## §37

可能事物的**规定性**要么是本身可表象的，即使人们还没有通过关联来观察它，因而是**绝对的**[absolutae]ᵃ，要么是那种只有在关联中来看(§10)才可表象的规定性，因而是**相对的**[respectivae]ᵇ

---

① 动词 determino 视情况译为"确定"、"决定"或"规定"，其名词和形容词形式采用相应译法。

## 第一章 存在物的内在普遍谓词

(需要他者的)。可能事物的相对的规定性叫做**相对性**[ respectus ]<sup>c</sup>(关系、与他物有关联的事物[ τὰ πρός τι ]、广义的关系,指向内或指向外的)。不可表象的相对性——如果可能事物就其自身来看的话——是**关系**[ relationes ]<sup>d</sup>(狭义的,指向外的)。可能事物的关系是**其外在的规定性**[ determinationes externae ]<sup>e</sup>(相对的、指向外的、外来的),其余一切关系则都是其**内在的规定性**[ internae ]<sup>f</sup>。

<sup>a</sup> dem möglichen an und vor sich betrachtet schon[ 就可能事物自身来看的规定性 ] <sup>b</sup> beziehungs-weise zukommende Bestimmungen[ 从关系的角度出发而被赋予的规定性 ] <sup>c</sup> Beziehungen[ 关系 ] <sup>d</sup> Verhältnisse[ 关系 ] <sup>e</sup> äussre[ 外在的规定性 ] <sup>f</sup> innre Bestimmungen[ 内在的规定性 ]

### §38

如果 B 中的东西也在 A 中,那么 A 和 B 就是**相同的**[ eadem ]<sup>a</sup>。不相同的东西,就是**不同的**[ diversa ]<sup>b</sup>(不一样的)。

<sup>a</sup> einerley[ 一样的 ] <sup>b</sup> verschieden[ 不同的 ]

### §39

可能事物的内在**规定性**[ determinations ]要么作为绝对的内在规定性而是其余内在规定性的根据,要么不是(§10)。前一种规定性是**第一性的**[ primae ](首要的)或**本质性的**[ essentialia ]规定性<sup>a</sup>。

<sup>a</sup> die ersten oder wesentlichen Bestimmungen[ 第一性的或本质性的规定性 ]

## §40

可能事物中的本质规定性的集合,或者说,可能事物的内在可能性,就是**本质**[essentia]ᵃ(事物的存在,形式性根据、本性(参见§430)、所是、形式、整体形式、"实体"[οὐσία]、"本质"[τίνοτις]、实体(参见§191)、存在物的第一性概念)。

ᵃ das Wesen(本质)

## §41

可能事物的内在规定性,即本质的结果,是其**内在的结果规定性**[affectiones]ᵃ。

ᵃ innere folgende Bestimmungen[内在的结果规定性]

## §42

非本质性的内在规定性,是本质的结果(§39,40),因而也就是结果规定性(§41)。

## §43

设定了可能事物的本质,也就设定了其结果规定性(§41,30)。

## §44

设定了可能事物的结果规定性,也就设定了它的某种本质(§41,29)。

## §45

取消了本质，也就取消了结果规定性（§41, 31）。

## §46

取消了结果规定性，也就取消了本质（§41, 32）。

## §47

可能事物的一切内在规定性都是相互关联的，一个与另一个相关联。单个的结果规定性实际上与本质规定性相关联（§39），本质规定性与本质相关联（§40,14），所以，任何一个规定性都与其他规定性相关联（§33）。

## §48

存在着**普遍的关联**［nexus universalis］[a]（和谐）——普遍关联存在于单个的事物之间。

[a] ein allgemeiner Zusammenhang［普遍的关联］

## §49

可能事物的内在规定性之间存在着普遍的关联（§47, 48）。

## §50

结果规定性在本质中有其根据（§41），因而有一个要么充分的要么不充分的根据（§21, 10）。前一种结果规定性是**属性**［attributa］[a]，后一种则是**模态**[modi]<sup>b</sup>（可谓述的或逻辑性的偶性（参见§191），附属的、第二性的谓词）。

   <sup>a</sup> Eigenschaften[属性]   <sup>b</sup> Zufälligkeiten[偶然性]

### §51

**属性**[attributa]要么在一切本质规定性中要么只是在某些本质规定性中有其充分的根据（§50, 10）。前一种情况下的属性是**特殊属性**[propria]<sup>a</sup>，后一种是**普遍属性**[communia]<sup>b</sup>。

   <sup>a</sup> besondre[特殊的]   <sup>b</sup> gemeine[普遍的]

### §52

可能事物的任何一个规定性要么是一个本质规定性（§39），要么是一个属性，要么是一个模态（§42），要么是一个关系（§37）。

### §53

一切可能的事物都是着眼于可能性来规定的（§34, 8），所以，本身可能的事物是着眼于内在可能性来规定的（§15）；由于内在可能性是本质（§40），所以，一切可能的事物都有一个本质，并且是着眼于本质来规定的。所以，完全无规定的东西就是一个无（§7）。

### §54

除了着眼于本质（§53），可能事物要么也是、要么不是着眼于自身中的所有共可能的结果规定性来规定的（§34, 10）。在前一种情

第一章　存在物的内在普遍谓词

况下,可能事物叫做**现实的**[actuale]ᵃ,在后一种情况下则叫做**缺失性的**[privativum](仅仅可能的)**不存在**[non ens]ᵇ(无,参见§7)。

ᵃ würcklich[现实的]　ᵇ das bloss mögliche, ein mögliches Nichts[单纯可能的、一个可能的无]

### §55

**实存**[existentia]ᵃ(现实物,参见§210,现实性)是某事物中共可能的结果规定性的总和,也就是本质或内在可能性的补充物——就本质不过被视为规定性的总和而言(§40)。

ᵃ Würklichkeit[现实性]

### §56

可能事物的一切内在规定性要么属于该事物的本质,要么属于该事物的实存(§55,42)。

### §57

所有现实的事物都是内在地可能的(§54),或者说,设定了实存,也就设定了内在可能性(§55,40);从存在可以推出能存在。

### §58

没有什么内在地不可能的东西是现实的(§57);取消了内在可能性,也就取消了现实性(§55,40),或者说,从不能存在可以推出不存在。

## §59

有些可能的东西并非现实的(§54),或者说,尽管设定了可能性,现实性也可以被取消,或者说,从能存在推不出存在。

## §60

有些不现实的东西是可能的(§59);取消了现实性,并不意味着取消了所有的可能性,或者说,从不存在不能推出完全的不能存在。

## §61

就实存方面而言可确定的可能事物,就是一个**存在物**[ ens ][a]。

[a] Ding[事物]

## §62

就实存方面而言无法确定的可能事物(§61)应是一个**非存在**[ non ens ][a](否定物,参见 §54)。但非存在是不可能的(§10),并且,即便非存在看似是一个存在物,它也只是一个虚构的存在物[ ens fictum ][b](理性推理物,参见 §647)。

[a] ein Unding[一个非物]  [b] ein erdichtetes Ding[一个虚构物]

## §63

一切存在物都是可能的(§61),都有一个充分的(§22)根据(§20)和一个结果(§23),因而是双重关联的(§24),都有一个本质

(§53）及本质规定性（§40），因而也都具有结果规定性（§43），处于普遍的关联中（§49）。存在物的所有规定性要么是本质规定性或属性，要么是模态或关系（§52）。设定了存在物，也就设定了其本质，因而也就设定了其所有的本质规定性。取消了本质，也就取消了存在物。取消本质规定性，也就取消了本质，因而也就取消了存在物本身（§53，40）。最后，存在物的所有内在规定性要么属于该物的本质，要么属于其实存（§56）。

## §64

存在物的本质充分地规定了其属性（§35，50），因而设定了其本质也就设定了其属性（§35）。所以，设定了存在物，也就设定了其属性（§63），取消了其属性，也就取消了该存在物及其本质（§35，63）。

## §65

存在物的模态并不能通过本质而得到充分的规定（§50，35），所以，模态并不是就实存方面来规定的（§55）。所以，就现实的模态而言，存在物通过本质并没有被确定下来（§34，54），也就是说，某种模态能否存在，并不影响事物的本质。

## §66

实存与本质并不冲突，实存就是实在性（§36），与本质兼容（§50，55）。

## §67

对差异性的认识就是**区分**[ distinctio ][a]，在区分活动中，区分的根据是**不同之处**[ discrimen ][b]（不同、特征或广义的区别性特征，参见§350，标志或区别性标志）。由于存在物的所有规定性都是这样的东西，即，通过它我们可以得知，该物既不是不确定的，也不是其他方式之下确定的（§36，34）。所以，任何一个规定性都是存在物的一个不同之处（§38，14）。

[a] Unterscheidung [ 区分 ]  [b] Unterschied, Merkmahl, Kennezeichen, Unterscheidungs-Zeichen [ 区别、特征、标志、区分标志 ]

## §68

存在物的不同之处要么是外在的也即相对的，要么是内在的（§67，37）；内在的不同之处要么是属于本质的本质规定性，要么是属于实存的（§56）偶然规定性，也就是说，它要么是绝对的，要么是相对的（§37）。

## §69

内在的不同之处可以通过一个就其自身来观察的存在物来表象（§68，37），因而也就可以通过某种方式来认知或**被给定**[ dari ][a]。我们要么能够不借助他者（即不借助他者的同时存在）、不借助与他者的关系来**把握**[ concipere ][b] 和**理解**，也即明晰地认知被给定者，要么不能。在前一种情况下，被给定者是**质**[ qualitas ][c]，在后一种情况下，它是**量**[ quantitas ][d]。

第一章　存在物的内在普遍谓词

[a] angegeben werden［被给定］ [b] begreifen und verstehn［把握和理解］ [c] Beschaffenheiten［性状］ [d] Grössen［大小］

### §70

那些就质而言的相同事物,是**类似的事物**［similia］[a] ∽,就量而言的相同事物是**相等的事物**［aequalia］[b] =,就这两方面而言的相同事物是**完全一致的事物**［congruentia］[c] ≌;那些就质而言的不同事物是**不类似的事物**［dissimilia］[d] ≁,就量而言的不同事物是**不相等的事物**［inaequalia］[e] ≠,就这两方面而言都不同的事物是**完全不一致的事物**［discongruentia］[f] ≄。

[a] ähnlich［类似的］ [b] gleich［相等的］ [c] gleichartig［同类的］ [d] unähnlich［不类似的］ [e] ungleich［不相等的］ [f] ungleichartig［不同类的］

### §71

仅仅类似的东西不是完全一致的,因而就量而言,它们是不同的;所以,量是单纯类似事物的内在的不同之处(§70)。

## 第四节　整一物

### §72

存在物的某些同时被设定的规定性如果被取消,那么这些规定性也就**被分开了**［separantur］[a]。所以,如果同时被设定的诸规定性并没有被取消,那么它们就是**不可分的**［inseparabiles］[b]。

ᵃwerden getrennt［被分开］　ᵇunzertrennlich［不可分的］

### §73

设定了存在物，也就设定了其本质（§63），因而也就设定了本质规定性的集合（§40）；所以，设定了存在物，也就同时设定了其所有的本质规定性，也即不可取消的本质规定性（§63，40）。所以，存在物的诸本质规定性本身就是不可分的（§72，15）。**整一物**［unum］ᵃ指其规定性不可分的那些事物，而**先验的整一物**［transcendentaliter］ᵇ指的则是其规定性本身就不可分的那些事物。所以，任何一个存在物都是一个先验的整一物。

ᵃEins［一］　ᵇwesentlich eins［本质性的一］

### §74

一方面相同、一方面又不同的整一物 A 和整一物 B（以及整一物 C，等等），就是**复多物**［multa］ᵃ。我们思考的一切事物，要么是复多物，要么不是（§10）。前一种情况下的规定性就是范畴上的**复多性**［multitude］ᵇ（诸多性），后一种情况下的则是范畴上的**整一性**［unitas］ᶜ。

ᵃViele［许多］　ᵇdie Vielheit, Mehrheit［复多性、诸多性］　ᶜdie Einheit［一体性］

### §75

存在物的每一个规定性都是一个整一物（§73），它们一方面相同，就其都是同一个存在物的规定性而言，一方面又不同（§38），因而又是复多物(§74)。所以,就其自身来看的存在物中可以有复多性(§69),复多性是其内在的不同之处(§37)——不同之处我们是无法认知的,如果我们不借助某个他物的话(§74, 38)——,复多性因而是一个量(§69)。

### §76

由于规定性的不可分性意味着分开是不可能的(§72),所以,不可分性要么是绝对的,要么是假定的(§15, 16)。所以,整一性要么是绝对的,要么是假定的(§73)。

### §77

所有不是复多的事物,都是**独一无二的**[unicum]<sup>a</sup>(排他性的整一物)。

[a] Einzig[独一无二的]

## 第五节 秩序

### §78

如果复多物被并列地或前后相随地设定,那么它们就**被联系了起来**[coniunguntur]<sup>a</sup>。诸多物的这种联系要么是相同的,要么是不同的(§10, 38)。前一种联系是**协调**[coordination]<sup>b</sup>,其相同性叫做**秩序**[ordo]<sup>c</sup>。关于秩序的科学曾经是一种广义的音乐。

[a] verbunden warden［被联系了起来］ [b] zusammenordnen［协调］ [c] Ordnung［秩序］

## §79

诸多物的联系中的差异性就是**混乱**［confusio］[a]（无序）。不可分的东西的联系就是**合一**［unitio］[b]。

[a] Unordnung und Verwirrung［无序和混乱］ [b] Vereinigung［合一］

## §80

所有的**规定性**都有其根据（§20, 36），那些可以通过某个确定的根据来认知的规定性，叫做**合乎根据的**［rationi conformis］[a]（适合于根据的，与根据一致的）。

[a] dem Grunde gemäss［合乎根据的］, übereinstimming und zukommend［适合的、一致的］

## §81

如果设定了 A 就取消了 B, 那么 A 和 B 就是**对立的**［opposita］[a]。

[a] entgegen gesetzt, mit einander streitend［相互对立的，相互争执的］

## §82

一个规定性如果与另一个合乎根据的规定性对立，那么该规定性就与根据对立（不合根据，与根据不一致），或者它就是一个**有缺陷的东西**［defectus］[a]。

[a] Mangel［缺陷］

## §83

一个命题如果表述了一个合乎根据的规定性，那么该命题就是一个**标准**［norma］<sup>a</sup>（规则、法则），**广义地讲**，它就是合乎根据的规定性的表象。

<sup>a</sup> Richtschnur, Gesetz［准线、法则］

## §84

有规定性的地方，就有法则（§83，80）。

## §85

通过与他物的联系来确定的存在物的关系，就是该存在物的**位置**［positus］<sup>a</sup>。所以，有位置的地方就有法则（§84，37）。

<sup>a</sup> Stelle［位置］

## §86

位置是通过联系来确定的，所以联系之中有法则（§85），相同的联系中有相同的法则（§38）。所以，在一个秩序中，诸多事物与同一根据相一致地被联系了起来（§83，78）。A 和 B 中都有的东西，就是两者**共有的东西**［commune］<sup>a</sup>。A 中有而 B 中没有的东西，就是 A 相对于 B 而言**特有的东西**［proprium］<sup>b</sup>。所以，一个秩序中存在着共同的法则。

<sup>a</sup> Gemein［共同的］　<sup>b</sup> Eigen［特有的］

## §87

不同的联系中有不同的法则(§86,38)。所以,混乱中是没有共同法则的(§79,86)。

## §88

如果一个秩序的法则是唯一的,那么该秩序就是**简单的**[simplex]<sup>a</sup>,如果一个秩序中有诸多的法则,那么该秩序就是**复合的**[ordo compositus]<sup>b</sup>。

[a] Eine einfache[一个简单的秩序] [b] zusammengesetzte Ordnung[一个复合的秩序]

## 第六节 真

## §89

**形而上的**(实在的、客观的、物质的)**真**[veritas metaphysica]<sup>a</sup>就是整一物中的诸多东西之间的秩序;存在物的本质规定性和属性中的真是**先验的真**[veritas transcendentalis]<sup>b</sup>。

[a] die metaphysische Wahrheit[形而上的真] [b] die nothwendige metaphysische Wahrheit[必然的形而上的真]

## §90

由于一切存在物的诸规定性都是相互联系的——本质规定性的联系依据的是矛盾原理(§40,7),属性及偶然规定性的联系依据的是矛盾原理(§64,7)和根据律(§20)及充分的根据律(§22,50),模

第一章　存在物的内在普遍谓词　　　　　　　　67

态的联系依据的是矛盾原理(§65,7)和根据律(§42,20),本质规定性和结果规定性的联系依据的是结果原理(§23,41),因而依据的是共同的规则(§83,86)——,所以,一切存在物都是先验意义上的真东西(§89)。

### §91

与先验的真对立的混乱,是**客观的梦想**[ somnium obiective sumptum ]ª①(参见 §593)。梦想聚集在一起,就是**虚构的世界**[ mundus fabulosus ]ᵇ(参见 §354)。

ª ein Traum, das Geträumte[梦,梦想之物]　ᵇ das Land der Wünsche[愿望之乡]

### §92

**一般**(普遍)**原理**[ principium catholica ]ª(参见 §307,311)是诸单个存在物共有的东西。形而上的真东西是依据(§90,80)一般原理(§7,20,22,23)来规定的,与一般原理相一致的被规定者就是形而上的真东西(§89)。所以,**形而上的真**可以被界定为存在物与一般原理的一致性。

ª allgemeine Grund-Sätze[一般性的根本命题]

---

① 在鲍姆加通那里,就梦想的内容、也即就梦想涉及的客体来看,梦想叫做"客观的梦想"(somnium obiective summptum,字面意思为"就客体方面来看的梦想"),就梦想是主体做出的而言,它叫做"主观的梦想"(somnium subiective summptum,也即"就主体方面来看的梦想",参见 §593)。

## §93

**客观确定性**［certitudo obiectiva］[a]（参见 §531）就是存在物中的真的可把握性。由于任何一个存在物的真都可以被清楚地认知（§90，8）。所以，一切存在物都是客观上确定的。

[a] Gewissheit der Dinge［事物的确定性］

## 第七节 完满

### §94

如果诸多东西一起构成了整一物的充分根据，那么诸多东西就是**一致的**［consentiunt］[a]。一致性本身即是**完满性**［perfectio］[b]，具有一致性的整一物，就是**完满性的规定根据**［ratio perfectionis determinans］[c]（完满性的焦点）。

[a] übereinstimmen［一致］  [b] Vollkommenheit［完满性］  [c] Grund oder Brennpunct der Vollkommenheit［完满性的根据或焦点］

### §95

在完满性中，诸多东西是依据同一个根据而被规定的（§94，80），因而在完满性中存在着秩序（§78）和完满性的共同规则（§86）。

### §96

如果**完满性**的规定只有唯一一个根据，那么完满性就是**简单的**［simplex］[a]；如果其规定根据是诸多事物，那么它就是**复合的**［composita］[b]（§88，95）。

# 第一章　存在物的内在普遍谓词

ᵃeine einfache［一个简单的完满性］　ᵇeine zusammengesetzte［一个组合的完满性］

## §97

相互对立的**诸规则**叫做**冲突**［collidi］ᵃ；由相互冲突的完满性的诸规则所导致的缺陷叫做**例外**［exceptio］ᵇ，也就是说，这种缺陷要么是真正的缺陷，要么是看似的缺陷（§12）——情况取决于这些标准是否在真正的对立中是相互冲突的，抑或只是在一个看似的对立中是相互冲突的（§81）。

ᵃmit einander streitende Richtschnuren［相互冲突的准则］　ᵇAusnahme［例外］

## §98

诸本质属性的一致性是（本质性的）**先验的完满性**［perfectio transcendentalis］ᵃ，诸结果规定性的一致性是**偶然的完满性**［accidentalis］ᵇ；两种一致性都是**内在的完满性**［interna］ᶜ。诸关系的一致性是**外在的完满性**［externa］ᵈ。

ᵃwensentliche［本质性的］　ᵇinnre ausserwesentliche［内在非本质的］　ᶜinnre［内在的］　ᵈäussre［外在的］

## §99

一切存在物的本质规定性都与该存在物的本质相一致（§63，40），属性亦是如此（§50，94）。所以，一切存在物都是先验意义上完满的东西。

## §100

**好东西**［bonum］<sup>a</sup> 就是这样的东西，即，设定了它也就设定了完满性。所以，一切存在物都是先验意义上的好东西（§99）。

<sup>a</sup> guth［好］

# 第二章　存在物的内在选言谓词

## 第一节　必然与偶然

### §101

**必然事物**[necessarium][a]就是其对立面为不可能的那些事物；非必然的事物就是**偶然的事物**[contingens][b]。

[a] notwendig[必然的]　[b] zufällig[偶然的]

### §102

这样的事物，即其对立面是本身不可能的，是**本身**(形而上的、内在的、绝对的、几何学的、逻辑的)**必然的事物**[necessarium in se][a]。这样的事物，即其对立面只是外在地不可能，是**假定的**(有条件的)**必然事物**[necessarium hypothetice][b]。存在物的规定性如果使该物成为必然的，那么，该规定性就是该物的**必然性**[necessitas][c]。所以，必然性要么是**绝对的**[absoluta][d](后果的绝对必然性)，要么是假定的[hypothetica][e](后果的假定必然性)。具有前一种必然性的事物是本身必然的，具有后一种必然性的事物只是假定必然的。

ᵃ an sich, schlechterdings, unbedingt, nothwendig [自在的、全然的、无条件的、必然的] ᵇ bedingt nothwendig [有条件的必然的] ᶜ Nothwendigkeit [必然性] ᵈ die schlechterdings so genannte (unbedingte) [全然所谓的（无条件的）] ᵉ die bedingte [有条件的]

## §103

可能性包含对立面（§81，7），所以，存在物的可能性是该物的必然规定性（§101），内在可能性就是内在的必然性，外在可能性就是外在的必然性（§102）。

## §104

这样的事物，即其对立面是绝对可能的，是**本身**（自身、内在）**偶然的事物** [contigens in se]ᵃ；这样的事物，即其对立面也只是假定可能的，是**外在的**（假定的）**偶然事物** [extrinsecus contingens]ᵇ。存在物的规定性如果使该物成为偶然的，那么该规定性就是该物的**偶然性** [contingentia]ᶜ。所以，偶然性要么是绝对的 [absoluta]ᵈ——通过这种偶然性，某事物至少是本身偶然的——，要么是**假定的** [hypothetica]ᵉ——通过这种偶然性，某事物就是假定偶然的。

ᵃ an sich, schlechterdings (unbedingt) [自在的、全然的（无条件的）] ᵇ auch bedingt und äusserliche zufällig [也是有条件的和外在偶然的] ᶜ Zufälligkeit [偶然性] ᵈ die unbedingte, schlechterdings so genannte [无条件的、全然所谓的] ᵉ die bedingte [有条件的]

## §105

没有什么绝对必然的东西会在某种模态下是偶然的（§102，

104)。所以，在某种模态下为偶然的一切事物都不是绝对必然的。一切假定必然的东西，都是本身偶然的（§18）。所以，有些本身偶然的事物是假定必然的。所有假定偶然的事物同时也是本身偶然的事物（§104）。

### §106
事物的本质在事物中是绝对必然的（§40，103）。

### §107
取消了本质规定性，取消了属性，也就取消了本质（§63，64），因而也就设定了存在物的内在不可能性（§81，40）。所以，本质规定性和属性都是存在物的绝对必然的规定性（§103）。

### §108
相反的模态在存在物中是绝对可能的（§65，81），所以，模态是存在物的本身偶然的（§104）、因而并非绝对必然的（§105）规定性。存在物中相反的绝对必然的规定性在该物中是绝对不可能的（§102）。所以，存在物中绝对必然的规定性在该物中是绝对可能的，因而，这种规定性在这个就其自身来观察的存在物中是可表象的（§15）。相反，关系在就其自身来观察的存在物中是不可表象的（§37）。所以，没有什么存在物的关系是绝对必然的，一切关系都是偶然的（§101）。

### §109
由于某事物那里的实存的对立面是可能的（§54，55），所以，实存要么是绝对必然的,要么是本身偶然的(§102,10)。如果一个存在物的实存是绝对必然的,那么该存在物就是一个**必然的存在物**[ens necessarium]<sup>a</sup>;如果一个存在物的实存是内在偶然的,那么该存在物就是一个**偶然的存在物**[ens contingens]<sup>b</sup>。

<sup>a</sup> das nothwendige Ding[必然事物]　<sup>b</sup> ein zufälliges Ding[一个偶然事物]

### §110

必然存在物的所有内在规定性都是绝对必然的,无疑,这种规定性要么属于本质,要么属于实存(§56)。正如本质一样,实存在必然存在物那里同样是绝对必然的(§109,106)。

### §111

必然的存在物是没有模态的(§110,108)。所以,有模态的事物是偶然的存在物(§109)。

### §112

所有偶然的存在物都有模态。因为假设某个偶然的存在物没有模态,那么该物的所有结果规定性都将是绝对必然的(§52,107),它的实存因而也将是绝对必然的(§55作为§109的前提)。

### §113

整一物的诸规定性是不可分的(§73),所以,它的诸规定性中的任何一个规定性的对立面都是不可能的(§72,81);所以,整一物的诸规定性都是必然的(§101)，准确地说，它们在绝对的整一物中是绝对必然的，在假定的整一物中是假定必然的(§102,76)。合而为一的诸东西(§79)要么是本身必然地相互联系的，要么是假定(§102)必然地相互联系的。

### §114

必然事物只在唯一一种模态和方式下是可规定的，因为它要么是 A，要么就是-A；可规定性的第三种模态或方式是不可能的(§10)。现在假设某个必然的东西通过 A 而是可规定的，那么，-A 作为这个规定性的对立面(§81)就是不可能的(§101)。所以，除了这个唯一的 A 之外，不存在可规定性的更多的其他模态和方式(§77)。如果只通过唯一一种模态和方式可规定的东西是 A，那么，其对立面就是-A(§81)，但这个对立面是不可能的(§77)；如果只通过唯一一种模态和方式可规定的东西是-A，那么，其对立面就是 A，但这个 A 是不可能的(§77)。没有第三种情况(§10)。所以，只通过唯一一种模态和方式可规定的东西的对立面是不可能的，所以，这个东西本身是必然的(§102)。偶然的东西不是必然的，因而也不是那种只通过唯一一种模态和方式可规定的东西；但偶然东西的可规定性的模态和方式也不能多于两种(§10)。所以，偶然东西是两种模态下可规定的东西。在两种模态和方式下可规定的东西不是必然的，因而是偶然的(§102)。所以，(1)**必然的东西**可以被定义为仅仅通过唯一一种模态来规定的东西，(2)**偶然的东西**可以被定义为通过两种模态来规定的东西，(3)**必然性**可以被定义为可规定性的唯一模态，(4)**偶然性**可以被定义为可规定性的两种模态。

§115

这样的假定的整一物自身之中包含有可分的诸规定性(§76,18),所以,它的整一性是内在偶然的(§104)。

§116

先验的整一性是绝对必然的(§73,102),所以它没有对立面(§102,15)。

§117

由于秩序的对立面是混乱(§79,78),是没有实现的联系(§78,81),所以,在那些仅凭自身就必然地相互联系的、处于相同模态下的诸事物中(§102),存在着绝对必然的秩序。所以,在没有绝对必然的联系和联系同一性的地方,秩序是本身偶然的(§104)。

§118

先验的真就是本质规定性和属性中的秩序(§89),因而也就是那种通过自身(§78,107)和相同模态(§7,22)的必然联系中的秩序;所以,先验的真是绝对必然的(§117),没有对立面(§102,15)。

§119

整一物中的复多东西之间的秩序——这些复多东西之间的相互无联系或混乱在存在物中是内在地可能的——,是一个本身偶然的真(§117,89)。

## §120

客观的梦想和虚构的世界是非存在物(§118,91),即便它看似是一个存在物,它也只是一个虚构的存在物(§62)。

## §121

完满的反面是**不完满**[imperfectio][a],也就是(1)简单的不一致,也即**缺失意义上的不完满**,如果整体来看复多东西当中有某些东西并不是整一物的根据的话;就是(2)冲突,也即**对立意义上的不完满**,如果整体来看复多东西当中有某些东西与整一物相一致、有些东西却与整一物的对立面相一致的话(§81,94)。

[a] Unvollkommenheit[不完满]

## §122

如果在某事物中,不一致、因而也包括冲突是本身不可能的,那么该事物的完满性就是绝对必然的(§121,102)。相反,如果在某事物中,不一致及冲突是本身可能的,那么该事物的完满性就是本身偶然的(§104,121)。

## §123

先验的完满性是绝对必然的(§122,94),因而它没有自己的对立面,即不完满(§121,102)。

## 第二节　可变与不可变

### §124

**事物前后相继**[succedunt][a]（前后相随），指一事物跟在另一事物之后实存。使存在物前后相继的规定性，就是存在物的**前后相继性**[successio][b]。

[a] folgen aufeinander[前后相继]　[b] die Folge[跟随性]

### §125

其规定性前后相继的事物是**变化的**[mutatur][a]：因而，其规定性可以前后相继的事物是**可变的**[mutabile][b]（可改变的）；其规定性不能前后相继的事物是**不可变的**[immutabile][c]（固定的、不可改变的、持久的）。而存在物中的规定性的前后相继本身就是该物的变化，同时也是其规定性的**变化**[mutatio][d]。

[a] wird verändert[发生变化]　[b] veränderlich[变化的]　[d] unveränderlich[无变化的]　[d] Veränderung[变化]

### §126

存在物的变化要么是内在方面的**内在变化**[interna][a]，要么是**外在变化**[externa][b]，也即相对的关系变化（§125，37）。

[a] eine innre[内在的变化]　[b] äussere Veränderung[外在的变化]

## §127

存在物的**可变性**[mutabilitas]<sup>a</sup>，也即存在物中的变化可能性，要么是绝对的(§125，15)，要么是假定的(§125，16)。存在物的**不可变性**[immutabilitas]<sup>b</sup>，也即存在物中的变化的不可能性，要么是绝对的(§125，15)，要么是假定的(§125，17)。

<sup>a</sup> Veränderlichkeit[可变性]   <sup>b</sup> Unveränderlichkeit[不可变性]

## §128

没有什么本身不可变的东西是假定可变的。所以，没有什么假定可变的东西是绝对不可变的。一切假定不可变的东西都是本身可变的。一切假定可变的东西也都是本身可变的。所以，绝对不可变的东西既不是假定可变的，也不是假定不可变的。有些绝对可变的东西是假定不可变的(§127，18)。

## §129

可变之物的诸规定性可以前后相继(§125)，所以，可变之物可以通过多种模态来规定(§74，34)。必然之物不能通过多种模态来规定(§114)。所以，必然之物是不可变的(§125)。

## §130

绝对必然的东西是绝对不可变的，假定必然的东西是假定不可变的(§129，127)。

## §131

没有什么可变的东西是必然的(§129),所以,一切可变的东西都是偶然的(§101),也就是说,本身可变的东西即是本身偶然的东西,假定可变的东西就是假定偶然的东西(§104,127)。

## §132

事物的本质(§106)、本质规定性及属性(§107),必然存在物的实存(§109),它的一切内在规定性(§110),它的先验整一性(§116)、真(§118)和完满性(§123),都是绝对的和内在不可变的(§130,126)。

## §133

存在物自身中的诸模态,就其自身来看,是能够前后相继的(§124,65),所以,诸模态自身连同它们所处的存在物,都是绝对可变的(§125,127)。由于一切偶然的存在物都有模态(§112),所以,一切偶然的存在物都是绝对地和内在地可变的(§126)。存在物的诸关系是内在偶然的(§108)。所以,存在物中的诸关系,就其本身来看,是能够前后相继的(§124,104)。所以,关系在任何一个存在物中都是绝对可变的(§127)。一切存在物,就它的一切关系而言,都是可变的(§125)。

## §134

本质不是可变的(§132),因而,一切偶然存在物就其实存而言都是可变的(§133,56)。所以,偶然存在物的实存是可变的(§125),

所以它的实存不是什么本质规定性，也不是什么属性（§132），但无疑是一个内在规定性（§55），因而是一个模态（§52）。如果某事物的实存是一个模态，那么该事物的实存就是绝对可变的（§133），因而也是内在偶然的（§131）。如果某事物的实存是一个模态，那么该事物就是一个偶然的存在物（§109）。所以，**偶然存在物**可以被界定为其实存是一个模态的存在物。

## 第三节　实在与否定

### §135

设定了否定性，也就取消了实在性（§36, 10）。所以，否定性和实在性是相互对立的（§81）。实在性本身以及实在性寓于其中的存在物，叫做**实在的**[ entia realia ][a]或肯定性的东西。相反，否定性则叫做**否定性的东西**[ entia negativa ][b]。

[a] etwsa bejahendes［肯定的东西］　[b] etwas verneinendes［否定的东西］

### §136

单纯否定性的存在物将会是一个没有实在性、因而也没有可能性（§8）、关系性（§19）、现实性（§55）、整一性（§73）、真（§89）和完满性（§94）存在于其中的东西。所以，单纯否定性的存在物并不是存在物，即便它看似是一个存在物，它也只是一个虚构的存在物（§62）。所以，既然一切存在物中都有某种实在性，因而一切存在物都是实在的（§135）。

## §137

由于一切存在物都是实在的(§136),所以,存在物中要么完全没有否定性,要么既有某种否定性,又有该存在物的实在性(§10),也就是说,这种否定性要么是绝对必然的,要么是本身偶然的(§102,104)。前一种否定性是**狭义的否定性**[negatio stricte dicta]<sup>a</sup>(狭义的否定性存在物),后一种否定性是**缺失性**[privatio]<sup>b</sup>或某种缺失性的存在物。否定性的本质规定性和属性是狭义的否定性(§106,107),否定性的模态是缺失性(§108)。

<sup>a</sup> eine Verneinung in engerer Bedeutung[一种狭义的否定] <sup>b</sup> eine Beraubung[缺失]

## §138

没有什么缺失在存在物中是绝对必然的(§137,105),因而,缺失并不是什么内在的本质规定性或属性(§107)。所以,缺失是模态(§52)。所以,必然存在物没有内在的缺失(§111),有缺失存在于其中的存在物都是偶然的存在物(§111)。

## §139

否定性的存在物作为这样的东西不是肯定性的(§135)。但倘若这种存在物与某种实在性相一致,那么它就将是一个实在性(§94,36);所以,否定性的存在物作为这样的东西,与实在的存在物中寓居的某个实在性(§137)是不一致的。

## §140

实在性作为这样的东西只与实在性相一致。作为单纯实在性的结果——这本身就是一个实在性(§36,14)。

## §141

一切存在物都是完满的(§99)和实在的(§137),因而,其完满性作为这样的东西就是实在性与整一物之间的一致(§94,140)。

## §142

在存在物中设定了否定性,也就设定了不一致(§141,139),因而也就设定了不完满性(§121)。所以,在存在物中设定了狭义的否定性,也就设定了绝对必然的不完满性(§137)。

## §143

存在物的绝对必然的不完满性要么是该物的属性,要么是其本质规定性(§107,108)。但由于实在性中没有否定性的充分根据(§139),所以,存在物的属性中没有不完满性,如果该物的本质规定性中没有不完满性的话(§50),存在物的本质规定性中也没有什么不完满性,如果该物的结果规定性中没有不完满性的话(§23)。

## §144

在存在物中设定了缺失性,也就设定了不完满性(§142),也即设定了一个本身偶然的不完满性(§138)。

### §145

没有不带偶然完满性的本质完满性(§98,140),也没有不带本质完满性的偶然完满性(§98);没有不带偶然不完满性的本质不完满性,也没有不带本质不完满性的偶然不完满性(§143,98)。本质完满性与本质不完满性不是对立的(§81,142)。

### §146

通过设定某事物,该事物的不完满性也就被设定了——这样的事物就是**坏东西**[malum][a],所以,否定性是恶(§142),它要么是狭义的否定性,也即**形而上的恶**[malum metaphysicum][b],设定了这种恶,也就设定了绝对必然的不完满性(§142),要么缺失性是**偶然的恶**[malum contingens][c](广义的物理上的恶,参见§778),设定了这种恶,也就设定了本身偶然的不完满性(§144)。

[a] Das Übel, Böse[邪恶、丑恶]  [b] das schlechterdings nothwendige[完全必然的东西]  [c] das zufällige[偶然的东西]

### §147

设定了存在物的实在性,也就设定了存在物的完满性(§141),所以,实在性就是善(§100);也就是说,绝对必然的实在性是**形而上的善**[bonum metaphysicum][a],本身偶然的实在性是**偶然的善**[bonum contingens][b](广义的物理性的善,参见§787)。

[a] das schlechterdings nothwendige[完全必然的善]  [b] das zufällige Guthe[偶然的善]

# 第二章 存在物的内在选言谓词

## 第四节 个别与普遍

### §148

存在物中共可能的一切规定性的集合，就是该物**完整的规定性**[omnimoda determinatio]<sup>a</sup>。所以，存在物要么是完全确定的东西，要么不是(§10)。前一种情况下的存在物是**单个物**[singulare]<sup>b</sup>（个体），后一种情况下的是**普遍物**[universale]<sup>c</sup>。任何一个单个物，与所有不怎么确定的事物相比，都叫做**低级事物**[inferius]<sup>d</sup>；而不怎么确定的事物，与低级事物相比，则叫做**高级事物**[superiora]<sup>e</sup>。

<sup>a</sup> durchgängige, völlige, vollständige Bestimmungen[普遍的、全部的、完全的规定性]　<sup>b</sup> einzeln[单个的]　<sup>c</sup> allgemeine[普遍的]　<sup>d</sup> das untere, niedrigere, tiefere, bestimmtere[底下的、低的、深处的、确定的]　<sup>e</sup> die obern, höheren, allgemeinern, unbestimmtern[上面的、高的、普遍的、不确定的]

### §149

就其低级方面来看的普遍**存在物**，以及还就各种其他谓词（这些谓词不属于一定的普遍东西的范围）来看的单个存在物，是**具体而言的**[spectatur in concreto]<sup>a</sup>，因而叫做**具体物**[concretum]<sup>b</sup>。尽管被打量但并非就其低级方面来打量的普遍**存在物**，以及只是就其一定的高级方面来打量的单个存在物，是**抽象而言的**[spectatur in abstracto]<sup>c</sup>，因而叫做**抽象物**[abstractum]<sup>d</sup>。具体而言的普遍物是**物理普遍物**[universale physicum]<sup>e</sup>（在多中，在事物中），抽象而言的普遍物是**逻辑普遍物**[logicum]<sup>f</sup>（在多后，在事物之后）

$^a$ in mehrerer Bestimmung betracht［就诸多的规定性而言的］ $^b$ unabgesondert［非孤立的］ $^c$ nur in gewisser Bestimmung betracht［只是就一定的规定性来看的］ $^d$ abgesondert［孤立的］ $^e$ das allgemeine im bestimmtern［确定事物中的普遍物］ $^f$ das allgemeine im denckenden［思维中的普遍物］

## §150

只能通过个体具体地来表象的普遍物，或者说，自身之中只包含有个体的普遍物，是**种**［species］$^a$；同样可以通过普遍东西具体地来表象的普遍物，或者说，自身之中还包含有普遍东西的普遍物，是**属**［genus］$^b$；不处于更小的属之中的属，或者说，自身不包含有任何其他属的属，是**最低的属**［genus infimum］$^c$；不处于更大的属之中的属，或者说，不被包含在任何其他属之中的属，是**最高的属**［summum］$^d$；并非最高属的属，是**从属的属**［subalterna］$^e$。

$^a$ Art, Gattung［种］ $^b$ Geschlecht［属］ $^c$ das Unterste［最低的］ $^d$ das Oberste［最级的］ $^e$ untergeordnete, oder Untergeschlechte［从属的或次级的］

## §151

低级存在物的诸规定性——这些规定性在高级存在物那里是不确定的——，是其较为确切的规定性［differentia］$^a$。所以，一个**属的较为确切的规定性**［differentia generica］$^b$就是这样一些规定性的集合，即这些规定性在这个属这里是确定的，但在更高的属那里则是不确定的。一个**种的较为确切的规定性**［differentia specifica］$^c$就是这个种的这样一些规定性的集合，即这些规定性在这个种的最低的属那里是不确定的。**任何一个单个物的较为确切的规定性**[ differentia numerica ]<sup>d</sup>（这一个，个体化原则）都是该物的这样一些规定性，即，这些规定性在种中是不确定的(§903)。

<sup>a</sup> die genauere Bestimmung［较为确切的规定性］ <sup>b</sup> eines Geschlechtes［一个属的］ <sup>c</sup> einer Art［一个种的］ <sup>d</sup> eines jeden einzeln［任何一个单个物的］

## §152

单个物是内在地完全确定的(§148)，因而是现实的(§54)。

## §153

由于高级东西在低级东西中(§149,148)，所以种、最低的属、从属的属以及最高级的东西在个体中，属在种中，较高的属在最低的属和从属的属中，最高级的东西在一切低级的东西中(§150)。

## §154

最高的属的规定性在其较低的属中(§148)，也就是在从属于它的属中，在最低的属中，在种和个体中；从属的属的规定性在更低的属中，在种和个体中；最低的属的规定性在种和个体中；种的规定性在个体中(§153,35)，也即是说，较高者的规定性在较低者中，这些规定性可能是肯定性的，也可能是否定性的(§36)。这个定理叫做从普遍到特殊之定理①。

---

① 此处翻译采用的是迈耶的德语译法，拉丁文字面意思为"关于全部与无的定理"(Haec propositio dicitur dictum de O. et N.)。

## 第五节　整体与部分

### §155

与复多物总的来看完全相同的单一物,是一个**整体**[ totum ]<sup>a</sup>;与一个整体总的来看完全相同的多,就是该整体的**诸部分**[ partes ]<sup>b</sup>。必须与某个既定的部分①绑在一起来看、从而与一个整体完全相同的那些部分,就是**该整体**的共同组成部分或**补充**[ complementa ad totum ]<sup>c</sup>(补充)。

<sup>a</sup> das Ganze[整体]　<sup>b</sup> Theile[部分]　<sup>c</sup> Ergänzungen[补充]

### §156

与整体的诸补充部分绑在一起来看的任何一个部分都是一个**现实的部分**[ pars actualis ]<sup>a</sup>,与其他部分绑在一起来看的任何一个部分则都是一个**可能的部分**[ pars potentialis ]<sup>b</sup>。

<sup>a</sup> ein würcklicher[一个现实的部分]　<sup>b</sup> ein möglicher Theil[一个可能的部分]

### §157

整体与其现实的诸部分是完全相同的(§155,156),因而也是与其相等、类似和完全一致的(§70)。

---

①　第一版中为"每一个部分",此后的版本中为"某个既定的部分"。——英译注

## §158

如果一个存在物的本质是另一个存在物的部分,那么,该物就是一个**不完整的存在物**[ens incompletum][a];如果一个存在物的本质并不是另一个存在物的部分,那么,该存在物就是一个**完整的存在物**[ens completum][b]。

[a] ein unvollständiges[一个不完整的物]  [b] ein vollständiges Ding[一个完整的物]

## §159

部分的体量就是(绝对的,参见§161)**大小**[magnitudo][a]或连续的量(§75)。整体的体量是一个(绝对的,参见§161)**数**[numerus][b]或离散的量(§75)。如果由数构成的整体转而又被视为部分,那么该整体就是一个**分数**[fractus][c](分子,较小的部分),否则它就是**整数**[numerus integer][d]。

[a] die Grösse des Ganzen[整体的大小]  [b] eine Zahl[一个数]  [c] ein Bruch[分数]  [d] eine ganze Zahl[一个整数]

## §160

如果某事物的部分与某个整体相等,那么该事物就是**较大的事物** >[maius][a];与某个部分相等的整体,则是**较小的事物** <[minus][b]。

[a] das grössere[较大的东西]  [b] das kleinere[较小的东西]

## §161

**最小的东西**[minimum]<sup>a</sup>，就是只比无大的那种东西，或者说，就是不可能还有比它更小东西的那种东西；**最大的东西**[maximum]<sup>b</sup>，就是不小于任何其他东西的那种东西，或者说，就是不可能还有比它更大东西的那种东西。较大的体量是**相较而言的体量**[multitudo comparativa]<sup>c</sup>（参见§74），较小的体量就是**少**[paucitas]<sup>d</sup>。较大的大小是**相较而言的大小**[magnitudo comparativa]<sup>e</sup>（参见§159），较小的大小就是**小**[parvitas]<sup>f</sup>。较大的数是**相对的数**[numerus comparativus]（参见§159），较小的数是**稀少**[raritas]<sup>g</sup>。

<sup>a</sup> das kleinste[最小的东西]　<sup>b</sup> das grössseste[最大的东西]　<sup>c</sup> eine Menge[体量]　<sup>d</sup> Wenigkeit[少]　<sup>e</sup> eine Grösse des Ganzen und Zahl, auch in der Vergleichung[整体的大小和数，同样也是相较而言的]　<sup>f</sup> Kleinigkeit[小]　<sup>g</sup> Seltenheit[稀少]

## §162

变小就是**减少**[minui]<sup>a</sup>，变大就是**增多**[augeri]<sup>b</sup>。所以，一切可以增多或减少的东西都是可变的（§125），也即量上（§160，70）可变的，因而也就是内在地可变的（§126，69）。

<sup>a</sup> vermindert[减少]　<sup>b</sup> vermehrt werden[增多]

## §163

事物的本质，本质性的规定性和属性，必然存在物的一切内在规定性，存在物中的先验的整一性、真和完满性，是内在地不能增多或减少的(§162,132)。

### §164

存在物的那种可以增多或减少的内在规定性是一种模态(§163,52);如果某存在物中有这种可以增多或减少的内在规定性,那么它就是一个偶然的存在物(§111)。

## 第六节 数学上的强度的诸第一原理

### §165

最小的可能性就是最小的东西和最少的东西的非冲突性(§161,8)。所以,越多越大的事物越是共可能的,可能性就越大(§160),直至最大,如果最多最大的事物是共可能的话(§161)。所以,存在物的一切假定的可能性都大于其内在的可能性(§16,15)。

### §166

最小的根据就是只具有一个最小结果的东西(§161)。所以,根据具有的结果越多越大,根据也就越大(§160),直至最大,如果根据具有最多最大的结果的话(§161)。由结果的数量所决定的根据的大小,就是**成效性**[fecunditas][a],由结果的大小所决定的根据的大小,则是**重要性**[pondus][b](重大性、尊贵性、显贵性)。

[a] Fruchtbarkeit[富于成效性]　[b] Wichtigkeit[重要性]

## §167

最小的关联就是一个最小根据的关联(§166,14)。所以,根据越多越大,关联就越大(§160),直至最大,如果根据是最多最大的(§161),也就是最有成效、最重要的(§166)。较大的关联就是**和谐**。

## §168

最小的假定可能性就是使唯一一个最小存在物对最小的关联感到高兴的那种可能性(§16,161)。所以,越多越大的可能事物处于越大的关联中,假定可能性就越大(§160),直至最大,如果最多最大的可能事物处于最大的关联中的话(§161),也即,如果最富成效、最重要的根据具有最富足、最重要的结果的话(§167)。

## §169

充分根据就是最富于成效的根据(§166,21);在充分的诸根据中,只作为一个最小结果的充分根据的那种根据,是最小的根据(§166,161)。所以,如果根据就越多越大的结果而言是充分的,那么,根据就越大(§160),直至最大,当根据对最多最大的结果而言是充分的(§161),也即,当根据是最富于成效、最显贵的时候(§166)。

## §170

较远的根据大于较近的根据(§166,27),所以,这样的一个全然充分的根据大于所有只是就一定方面而言的那种充分的根据(§169,28)。

## §171

最小的本质就是最少最小的本质规定性的集合(§40,161)。本质规定性越多越大，本质就越大(§160)，直至最大，当最多最大的本质规定性的集合出现时(§161)。

## §172

如果单个事物是最小的根据或最小根据的结果，那么这里出现的就是最小的普遍关联(§48,167)。所以，如果单个事物构成的根据或根据的结果越大，或者它既构成了越大的根据，同时又构成了越大的结果，普遍关联就越大(§160)，直至最大，当单个事物构成了最大的(§161)也即最富于成果和最重大的根据时(§166)。

## §173

如果唯一一个最小事物的最少最小的诸规定性相互间是不可分的(§73,161)，那么最小的整一性就产生了。所以，越多越大的事物的越多越大的规定性相互间是不可分的，整一性就越大(§160)，直至最大，当最多最大的事物的最多最大的规定性相互间是不可分的(§161)。最小的独一无二性是这样的，通过它，一个最小的事物凭借唯一一个最小的不同之处而与其他最少最小的事物区别开来(§77,161)。所以，越大的事物通过越多越大的区别而与越多越大的其他事物区分开来，独一无二性就越大(§160)，直至最大，当最大的事物与一切其他事物(也包括该属中的那些最大的事物)通过最多最大的区别而相互区分开来(§161)。

### §174

如果一个最小的规定性是最少最小的诸事物所共有的(§38,161),那么,最小的相同性就出现了。所以,越多越大的规定性是越多越大的诸事物所共有的,相同性就越大(§160),直至最大,如果最多最大的规定性是最多最大的诸事物所共有的(§161)。

### §175

最小的秩序就是一个联系中的最小相同性(§78, 161)。所以,联系的相同性越大,秩序就越大(§160, 174),直至最大,当联系的最大相同性出现时(§161),也就是说,当最多最大的诸事物通过相同的方式而尽可能频繁、紧密地联系在一起的时候(§174)。最小的统一性就是最少最小的诸事物之间最不必然的联系(§79, 113, 161)。所以,相互联系的事物越多,统一性就越广泛;事物越大,越是必然地相互联系,统一性也就越广泛,直至最广泛的统一性,也即最多的事物间的必然联系或仅仅二三事物间的但却是最大的二三事物间的联系,也即二三事物间能够具有的那种最为必然的联系。

### §176

由于**规定性**基于其根据的可认知性就是规定性与**其根据之间的一致性**[conformitas eius cum ratione][a](§80),所以,如果规定性仅仅基于最小的根据而是可认知的(§161, 166),具有最小的认知可能性(§165),那么,一致性就将是最小的。规定性得以被认知的根据越大,被认知的可能性越大,规定性与根据之间的一致性(§160)就越大,直至最大,当规定性通过最大的根据而是最大限度地可认知的（§161）。

  a die Übereinstimmung einer Bestimmung mit ihrem Grunde［一个规定性与其根据之间的一致性］

## §177

与充分的、重要的、富于成效的根据（§166, 169），因而也就是与某个遥远的或某个终究诸如此类的根据（§170）相一致的规定性，具有一个与其根据之间的更大的一致性——相比于某个规定性与某个不充分的、不怎么富于成效的、不怎么重要的（§166, 169），也即切近的或只是就一定方面而言充分的根据（§170）之间的一致性（§176）。

## §178

最小的缺陷就是带有与根据之间最小一致性的那种规定性的对立面（§82, 161）；所以，缺陷越大，缺陷的对立面中的一致性就越大（§160, 176），直至最大，当缺陷是带有与根据之间最大一致性的那种规定性的对立面时（§176, 161）。

## §179

与充分的、富于成效的、重要的、遥远的或绝对的根据相对立的缺陷，比一个与不充分的、不怎么富于成效的、不怎么重要的、也即与切近的或只是就一定方面而言的充分根据相对立的缺陷要大（§178, 177）。

## §180

法则所表达的规定性与其根据之间的一致性的大小程度，就是**法则的强度**[ robur legis ][a]。表达了某个带有与根据之间较大一致性的规定性的法则，是**强法则**[ fortis ][b]，表达了某个带有与根据之间较小一致性的规定性的法则，是**弱法则**[ debilis ][c]。所以，如果一个法则表达了一个带有与根据之间最小一致性的规定性，那么该法则就是最弱的或强度最低的法则（§161，176）。法则表达的规定性，其所带有的与根据之间的一致性越大，法则就越强（§160），直至最强，当法则表达的是一个带有最大一致性的规定性时（§161）。

[a] Stärcke der Richtschnur[ 准绳的强度 ]  [b] ein starckes[ 强法则 ] [c] schwaches Gesetz[ 弱法则 ]

## §181

一个法则如果表达了与某个充分的、富于成效的、重要的、遥远的根据相一致的规定性——该规定性是这个根据的结果，或者，该规定性相较而言更为切近地从属于这个绝对的根据——，那么，该法则就强于一个更弱的法则，即表达了与某个不充分的、不怎么富于成效的、不怎么重要的、切近的根据相一致的规定性的那种法则——该切近的根据是相较于遥远的根据而言的，它从属于遥远的根据，它只是就一定的方面而言才是充分的（§180，177）。

## §182

一个法则如果表达了与某个较远的充分根据相一致的规定性，那么，该法则就叫做**较高的法则**[ lex superior ][a]；一个法则如果表达了与某个较近的根据相一致的规定性，那么，该法则就叫做**较低的**[inferior]**法则**[b]。所以，较高的法则强于较低的法则，最高的法则就是最强的法则（§181）。

[a] eine höhere［一个较高的准绳］　[b] niedrigere Richtschnur［一个较低的准绳］

### §183

最大的秩序具有最多的共同规则（§175, 86），因而是最大程度上复合的东西（§88），所以，一个简单的秩序，无论多大，都不是最大的秩序（§175, 88）。

### §184

最小的形而上的真就是整一物中的诸多东西之间的最小秩序（§175, 89），或者说，就是与诸普遍原理之间的最小一致性（§176, 92）。所以，一个存在物中越多越大的诸多东西依据越多越强的规则而相互联系，该存在物中的真就越大（§175, 180），直至最大，如果最多最大的诸多东西被发现与最强的诸规则（即诸普遍原理，§182）处于最大的一致性中（§160, 161）。

### §185

最小的完满性，就是整一物中最少最小的诸多东西之间唯一一个最小的一致性（§94, 161），所以，越多越大的东西越多越频繁地与越多越大的东西相一致，完满性就越大（§160），直至最大，如果整一物中的最多最大的东西处于最大的一致性中（§161, 169）。但由于最高完满性是最大程度上复合的东西（§183, 96），所以，一个简单的完满性，无论多大，都不是最高的完满性（§96）。

## §186

最小的例外是由最弱的完满性规则有鉴于最强的完满性规则而造成的（§178, 97）。所以，有鉴于越弱的完满性规则而造成例外的完满性规则越强，例外就越大（§160），直至最大，当一个例外是由最强的因而也就是最高的完满性规则（§182）有鉴于最弱的完满性规则而造成的（§161）。如果完满性的一个充分根据与一个不充分的根据相冲突，那么，充分根据的例外就大于不充分根据的例外。如果完满性的一个较富于成效的根据与一个不怎么富于成效的根据相冲突，那么，前者的例外较大而后者的例外较小。如果完满性的一个较重要的根据与一个不怎么重要的根据相冲突，那么，前者的例外较大而后者的例外较小。如果完满性的一个较远的根据与从属于它的一个较近的根据相冲突，那么，前者的例外较大而后者的例外较小。如果的一个全然充分的根据与一个只是就一定方面而言充分的根据相冲突，那么，前者的例外较大而后者的例外较小（§181）。如果一个较高的完满性规则与一个较低的完满性规则相冲突，那么，较高完满性规则的例外较大而较低完满性规则的例外较小（§182）。所以，与最高完满性的规则相对立的例外，也就是说，由最高完满性规则有鉴于最弱的完满性规则而造成的例外，也即与最弱的完满性规则相一致的例外，是最大的（§178, 182）。

## §187

最小的好东西是这样的东西,即,通过设定它,最小的完满性也就被设定了(§100,161)。所以,通过设定某个好东西而必然被设定的完满性越大,好东西就越大(§160),直至**最大**[optimum]<sup>a</sup>,如果通过设定这个好东西最高的完满性就被设定的话(§161)。

<sup>a</sup> das Beste[最好的东西]

## §188

最不偶然的东西是这样的东西,即它的对立面是最不可能的(§104,161)。所以,对立的一方的可能性越大,另一方的偶然性就越大(§160)。如果一个东西的对立面具有最大的可能性(§161),那么,该东西的偶然性就最大。

## §189

假定的整一物的诸规定性越是可分的,该物的整一性就越是偶然的(§115,188)。越多的无关联性和混乱是可能的,就有越多的相反的秩序是偶然的(§117,188)。存在物的某些互不相同的规定性之间的越多无关联性或混乱是可能的,就有越多的该物的相反的真是偶然的(§119,188)。越多的不完满性是可能的,就有越多的相反的完满性是偶然的(§122,188)。

## §190

最小的变化就是唯一一个最小事物中唯一一个最小东西的相

继而来(§161,125)。所以,越多越大的事物中越多越大的东西前后相继,变化就越大(§160),直至最大,如果最多最大的事物中的最多最大的东西前后相继的话。一个存在物中的最小变化的最小可能性就是该物最小的可变性(§161,127)。所以,一个存在物中越多越大的变化是可能的,该物的可变性就越大,直至最大,当最大变化的最大可能性出现时(§161)。一个存在物中的最小实在性指该物具有最少最小的真正肯定性的规定性(§135,161)。一个存在物具有越多越大的肯定性的规定性,该物就越实在。所以,最实在的东西就是具有最多最大实在性的东西(§161,36)。最多最大的实在性,作为绝对必然的东西,就是**形而上的至善**或**最佳**[summum bonum s. optimum metaphysicum][a](§187,147);最多最大的实在性,作为本身偶然的东西,就是**偶然的至善**[summum bonum contingens][b](广义的物理性的至善)。

[a] das nothwendige höchste Gut[必然的至善]　[b] das zufällige höchste Gut[偶然的至善]

## 第七节　实体与偶性

### §191

一个存在物要么不能不作为另一个存在物的规定性而实存(也即在另一个存在物中存在),要么能(§10)。前一种情况下的存在物是**偶性**[accidens][a](即谓述性的或物理性的东西,参见§50,其存在是一种在中之在,即 συμβεβηκός[随……一道存在]);后一种情况下的存在物是**实体**[substantia][b](凭借自身而持存的存在物,形式，ἐντελέχεια[圆满实现的东西]，οὐσία[实体]，ὑπόστασις[底基]，ἐνέργεια[能量])，也就是那种即便不在某个他物中或不作为某个他物的规定性也能实存的东西。

[a] ein nur in andern[只存在于他物中的某物]　[b] ein vor sich bestehendes Ding[依自持存的某物]

## §192

偶性的实存之为实存，是**依存**[inhaerentia][a]；实体的实存之为实存，则是**自存**[subsistentia][b]。

[a] das nur in andern[只存在于他物中的东西][①]　[b] das vor sich bestehn[依自持存的东西]

## §193

当偶性显得是凭借自身的自存时，偶性就是**实体化的现象**[phaenomena substantiata][a]。

[a] das vor sich zu bestehn scheinende[显得是依自持存的东西]

## §194

偶性只有在他物中才能实存。由于除了实体之外就没有什么

---

① inhaerentia 指依附于某物而存在的东西，以对应于自存(subsistentia)，即独立自依的存在。所以，为了强调其"依附"之义，我们这里把 inhaerentia 翻译为"依存"，而不采纳德文的现代译法——"内在属性"(Inhärenz)，也没有采纳鲍姆加通自己给出的德文译法——"只存在于他物中的东西"。

不同于偶性的东西(§191),所以,偶性只能实存于实体中,或者说,偶性并不实存于其实体之外(§58)。

## §195

本质性的规定性、属性、模态、关系和偶性(§191,52),只能在实体中实存(§194)。

## §196

偶性所能依附的实体中的东西,也即,偶性所能依附的作为主词(参见§344)的实体,叫做**实体性的东西**;偶性并不实存于实体性的东西之外(§194)。

## §197

如果偶性依附于某个实体(§20),那么,依存的根据就出现了,或者说,**一个广义的力**[vis latius dicta][a](效力、能量、主动性,参见§216),也即一个充分的根据(§22),就出现了。它实际上是**狭义的力**[vis strictius dicta][b](只是出于简洁之故,狭义的力有时候就简单地被称为力)。

[a] eine Kraft in weiterer[一个广义的力]　[b] eine Kraft in engerer Bedeutung[一个狭义的力]

## §198

狭义的力要么是实体,要么是偶性(§191)。由于所有的力都是充分的根据(§197),因而力不是偶性;所以,力是实体,并且就偶性能够像依附于主词那般依附于力而言，力就是实体性的东西（§196）。

### §199

所有的实体都具有实体性的东西（§191，196），因而也都具有力（§198）；实体是实体性的东西（§196，191），因而也就是力——既是广义的也是狭义的力（§198，197）。

### §200

如果实体显得是偶性，那么实体就将是**谓述化的实体**；诸单个实体是**依自持存的事物**［suppposita］[a]。

[a] einzle vor sich bestehende Dinge［依自持存的单个物］

### §201

力被划归给实体化的现象（§199，193），实体化的现象是广义的力或配备有广义的力（§197，23）。但如果狭义的力被划归给偶性，那么偶性就是实体化的现象（§198，193）。

### §202

一切实体都绝对必然地具有本质性的规定性和属性（§107），所以，一切实体都具有偶性（§191，195）。但至于说模态，实体却可以具有也可以不具有模态（§10）。具有模态的事物是偶然的存在物，不具有模态的事物是必然的存在物（§111）。所以，实体要么是必然的,要么是偶然的。偶然实体的自存就是一种模态(§134, 192)。

### §203

最小的力就是唯一一个最小依附性的偶性的根据(§197, 166)。所以,力是越多越大的依附性偶性的根据,力就越大,直至最大,当力是最多最大的依附性偶性的根据时(§197, 166)。

### §204

关于力的科学是**力学**,它包括哲学力学和数学力学(即**力学测量学**)。

## 第八节 状态

### §205

依自持存的偶然事物是依据其模态和关系来规定的(§148, 200)。所以,在这种事物中,固定的东西也即内在地不变的东西(§107, 132)与可变的东西(§133)共存。这种共存是一种**状态**[status]<sup>a</sup>。所以,依自持存的偶然事物具有状态。被联合在一起的事物的状态就是**一体性**[unio]<sup>b</sup>。

<sup>a</sup> Zustand[状态]   <sup>b</sup> Einigkeit[一体性]

### §206

模态与固定东西的共存,是**内在状态**[status internus]<sup>a</sup>,所以,

依自持存的偶然事物具有内在状态(§205)。

  [a] der innre Zustand[内在状态]

## §207

实体的关系在实体中是内在地可变的(§133)。所以，关系与固定东西的共存，带来了人们所说的**外在状态**[status externus][a](§205)。

  [a] der äussre Zustand[外在状态]

## §208

模态的变化导致内在状态的变化(§125, 206)，关系的变化导致外在状态的变化(§125, 207)。由于模态和关系是可变的(§133, 207)，所以，在偶然实体那里，状态的变化是可能的(§206, 207)。

## §209

模态的变化是**变样**[modificatio][a]。所以，变样是内在状态的变化(§208)，而偶然实体是可变样的(§128)。关系的变化是外在的**变化**[variatio][b]。

  [a] eine innre[一个内在的变化]  [b] eine äussre Veränderung[一个外在的变化]

## §210

状态的变化是偶性(§191)，所以，状态的变化只能实存于实体中(§194)，且仅当力、也包括狭义的力被设定之后(§197, 22)。这个变化之力，或一般而言，依附性的偶性的充分根据，要么是发生着变化的实体性东西，即一般而言的偶性所依附的东西，要么是一个不同于这种东西的力(§10, 38)。在前一种情况下，状态发生变化的实体，或者一般地说，偶性所依附的东西，**活动着**[agit]ᵃ；在后一种情况下，发生变化的实体，或者一般地说，偶性所依附的东西，**受动着**。所以，**活动**[actio]ᵇ[①]（活动、做事）就是状态的变化，一般地说，就是实体的力带来的实体中的偶性的实现；**受动**[passio]ᶜ就是状态的变化，一般地说，就是外来的力带来的实体中的偶性的实现。

ᵃ thun, handeln[做，行动]　ᵇ Handlung[行动]　ᶜ Leiden[受动]

### §211

对自身之外的其他实体采取活动的实体，就是在**影响**其他实体。所以，**影响**[influxus]ᵃ（跨界的活动）就是实体对自身之外的其他实体采取的活动。并不发生影响的活动是**内在的活动**。

ᵃ Einfluss[影响][②]

### §212

被另一个实体影响的实体，如果其受动同时又是该受动实体的活动，那么，**受动**和**影响**就叫做**观念的**；但如果受动并非同时也是

---

① actio 依据中文习惯而不得不分别译为活动、施动、主动、行动或作用，在鲍姆加通那里原则上都是主动的活动，与 passio（被动或受动）相对立。

② influxus 本义为"流入"，所以，迈耶将动词 influo 直译为 einfließen。

该受动实体的活动,那么,**受动**和**影响**就叫做**实在的**。

## §213

受动实体对主动实体的活动就是**反作用**[reactio]<sup>a</sup>,实体之间相互的活动和反作用就是**冲突**[conflictus]<sup>b</sup>。

<sup>a</sup> Gegenwürckung[反作用]　<sup>b</sup> Streit[争执]

## §214

活动、受动和反作用是最小的,如果通过它们只实现了一个最小的偶性的话(§161,210)。所以,被实现的偶性越多越大,活动、受动和反作用就越大(§160,213),直至最大,如果最多最大的偶性被实现的话(§161,210)。

## §215

**活动**和**受动**如果不是由其他的活动和受动构成的整体,那么,它们就是**简单的**[actio et passio simplex]<sup>a</sup>;如果是,那它们就是**复合的**[composita]<sup>b</sup>(§160)。由越多的部分构成的活动和受动,就越是复合的。所以最大的活动和受动是最大程度的复合物(§214,161)。

<sup>a</sup> ein einfaches[简单的行动和受动]　<sup>b</sup> ein zusammengesetzten Thun und Leiden[复合的行动和受动]

## §216

所有实存着的实体都活动着(§210,199),因而都具有活动的可能性或**能力**[facultatem]ª(主动的力量、力,参见§197)(§57);当其受动时,它具有的就是受动的可能性(被动的力量、能力),也即**接受性**[receptivitatem]ᵇ(§57)。

ª Vermögen[能力]　ᵇ Fähigkeit, Empfänglichkeit[技能,接受性]

## §217

实在影响的**能力**和**接受性**是**实在的**,观念影响的能力和接受性是**观念的**;简单活动的能力和接受性是**简单的**[simplices]ª,复合活动的能力和接受性是**复合的**[compositae]ᵇ。

ª einfache[简单的能力和技能]　ᵇ zusammengesetzte Vermögen und Fähigkeit[复合的能力和技能]

## §218

能力和接受性要么是绝对的(§216,15),要么是假定的(§16)。后一种情况的能力和接受性总是大于前一种情况下的(§165,216)。

## §219

如果通过一个假定的能力,实体只有唯一一个活动在最小的关联中是可能的(§216,161),那么,这个假定的能力就是最小的。实体的越多越大的活动在越大的关联中是可能的,假定的能力就越大(§168,160)。一个较大的假定能力就是才能[habitus]ª(准备就绪,技巧)。

ᵃ Fertigkeit［技能］

## §220

即便活动或受动并没有通过对某个能力或接受性的设定而被设定（§216，59），它们也可以通过对某个狭义的力的设定而被设定（§210，30）；这个力就是活动能力的补充，也即附加到能力身上的东西，从而产生活动。所以，一个既定的确定的狭义的力［vis strictius dicta］要么是对一个既定的确定的活动来说充分的，要么不是（§21，210）。在前一种情况下，这个力是**有生气的力**［viva］ᵃ，在后一种情况下，它是**死的刺激**［mortua sollicitatio］ᵇ。

ᵃ eine lebendige［一个有生气的力］  ᵇ eine todte Kraft［一个死的力］

## §221

**阻碍**［impedimentum］ᵃ（障碍）就是偶性依附性的对立面，因而也是变化的对立面（§210）。

ᵃ Hinderniss［阻碍］

## §222

**反抗**［resistentia］ᵃ就是活动的阻碍。由于偶性的依附性和变化的对立面也是一个偶性（§191，81），所以，阻碍和反抗在力那里有其充分的根据（§197，27）。设定了阻碍，发挥阻碍作用的力也就被设定了，设定了反抗，发挥反抗作用的力也就被设定了（§22）。

ᵃ Widerstand［反抗］

§223

如果一个实体对另一个实体发挥着切近的影响,那么,该实体对另一个实体而言就是**在场的**[ praesens ]ᵃ;最为切近地相互在场的诸实体,**相互邻接**[ se contingunt ]ᵇ,相互接壤,以至于一个切近的影响因而就是**在场**[ praesentia ]ᶜ,直接的相互在场或相互冲突就是**接触**[ contactus ]ᵈ。就某物对他物没有发挥切近的影响,也没有受动于某个邻近的他物而言,该物对他物来说就是**不在场的**[ absens ]ᵈ。

ᵃ gegenwärtig, zugegen[在场的,当场的] ᵇ sich einander berühren[相互接壤] ᶜ Gegenwart[在场] ᵈ Berührung[接触] ᵉ abwesend[不在场的]

## 第九节 简单与复合

§224

**复合存在物**(严格和简单意义上的)[ ens compositum ]ᵃ就是相互外在的诸部分所构成的整体。非复合的存在物就是**简单的**(严格和简单的意义上的)[ ens simplex simpliciter et rigorose dictum ]ᵇ。**广义的复合存在物**[ ens compositum latius dictum ]ᶜ就是一切具有构成部分的事物,**相较而言的简单事物**[ simplex comparative ]ᵈ就是不怎么复合的事物。

ᵃ ein zusammengesetztes Ding in enger Bedeutung[狭义的复合物] ᵇ einfach in genauer Bedeutung[精确意义上的简单物] ᶜ zusammengesetzt in weiterer Bedeutung[广义的复合物] ᵈ einfach in Vergleichung[相较而言的简单事物]

## §225

复合物的诸部分，单个或整体地看，要么是偶性，要么其中的某些部分是实体(§10,191)。在前一种情况下，复合物是偶性(§224,155)；在后一种情况下，它是**狭义的复合物**[ens compositum strictius dictum]ᵃ(实在物)。

ᵃ ein zusammengesetztes Ding in engerer Bedeutung[一个狭义的复合物]

## §226

倘若相互外在地被设定的诸事物，无法构成一个整体，或无法**被组合在一起**[componi]ᵃ，那么，复合物就将是内在地不可能的(§224,15)。所以，复合的模态，就是复合物的内在不可能性的对立面(§81)，也就是复合物的内在可能性和本质(§40)。

ᵃ zusammengesetzt werden[被组合在一起]

## §227

**产生**[ortus]ᵃ就是从非实存到实存的变化；**毁灭**[interitus]ᵇ就是从实存到非实存的变化。所以，必然存在物和必然实体的产生或毁灭是绝对不可能的(§132,202)。

ᵃ das Entstehn[产生]　ᵇ der Untergang[毁灭]

## §228

**从无到有的产生**[ortus ex nihilo]ᵃ是这样一种事物的产生，这种事物没有任何一个部分先于该事物而实存；**消亡**[annihilatio]ᵇ

就是事物毁灭而不留存任何一个部分。必然存在物和必然实体的从无到有的产生或消亡是绝对不可能的(§227)。

ᵃ das aus nichts entstehn［从无中产生的东西］  ᵇ Vernichtung［消亡］

## §229

产生以及从无到有的产生，毁灭以及消亡，只能在实体那里出现(§227, 228)，因为它们是偶性(§210)，但它们并非必然实体(§227, 228)的偶性，因而只是偶然实体(§202)的偶性。

## 第十节  单子

## §230

实体要么是简单的，要么是复合的(§224)。前一种情况下的实体叫做单子(原子，完满的整一性)。

## §231

复合实体的每一个部分要么是实体性的东西，要么是偶性。偶性并不实存于实体性的东西之外(§196)。所以，一个复合实体中的诸实体性东西是相互外在地被设定的(§224)。

## §232

复合实体具有诸种力，因而也就具有相互外在地被设定的诸实体性东西作为它的部分(§231, 198)，复合实体因而是狭义的复合物（§225）。

## §233

复合实体只能作为相互外在地被设定的（§232，155）、以一定的方式被复合在一起的其他实体性东西的集合体而实存（§226）。所以，复合实体只能作为其他实体性东西的规定性而实存（§36，38）。所以，复合实体是偶性（§191），因而，当它显得是凭借自身而持存时，当它被赋予力时，它就是实体化的现象（§193，201）。

## §234

每一个实体都是一个单子（§233，230）；狭义的复合物不是单子（§225），因而只是实体化的现象（§193，201）。

## §235

狭义的复合物由诸单子构成（§225，234）。

## §236

单子只能从无中产生。单子的诸部分是实体性的东西和依附于它的偶性（§196）。实体性的东西并不先于实体而实存，因为假如它先于实体而实存，那么，这也就意味着一个力，因而一个实体之前就已然实存了（§198）。没有什么偶性先于它的实体而实存（§194）。所以，也没有什么部分先于生成着的单子而实存，因而，单子只能产生于无（§228）。

## §237

只要实体性的东西还在，实体就还没有消亡（§198）。除了实体，没有什么偶性能留存（§194）。所以，单子只能通过毁灭而消亡（§228，196）。

## §238

被设定为相互并列的相联系的事物是**同时性的**［simultanea］<sup>a</sup>。被设定为相互跟随的相联系的事物是**前后相继的**［successiva］<sup>b</sup>。同时性的事物构成的整体是**同时性的存在物**，前后相继的事物构成的整体是**前后相继的存在物**。

<sup>a</sup> neben einander seyende［相互并列的存在物］ <sup>b</sup> aufeinanderfolgende［前后相继的事物］

## §239

相互外在的同时性事物间的顺序就是**空间**［spatium］<sup>a</sup>，前后相继的事物间的顺序就是**时间**［tempus］<sup>b</sup>。

<sup>a</sup> Raum［空间］ <sup>b</sup> Zeit［时间］

## §240

相互外在的同时性事物被设定，空间也就被设定了。空间被设定了，相互外在的同时性事物也就被设定了。前后相继的事物被设定了，时间也就被设定了，而时间被设定了，前后相继的（§239，78）互不相同的事物（§74）也就被设定了。

## §241

空间存在于其中的东西是**广延物**[ extensum ][a]，人们说，广延物充实着空间或地方（广延物在空间中或在某个地方，也即，广延物是充实性的）。由于一切狭义的复合物中都有空间（§240, 224），所以，一切狭义的复合物都是广延物，并充实着空间。一切广延物都具有同时性的、相互外在的诸部分（§240），因而都是复合的（§224）。

[a] ausgedehnt[ 广延性的 ]

## §242

单子既不是广延物，也不充实空间（§241, 230）。但单子构成的整体（§235）却是广延性的（§241）。

## §243

一切复合物都具有大小（§159, 224）。狭义或更为狭义的复合物的**大小**[ magnitudo ]是**就量而言的**[ quantitativa ][a]。所以，单子不具有就量而言的大小（§230）。

[a] ausgedehnte Grösse[ 广延性的大小 ]

## §244

**物理分割**[ divisio physica ][a]就是量的大小的变小。正如对个体进行的逻辑分割是不可能的（§148），不能进行物理分割的事物，也是**不可分的**[ indivisibile ][b]。所以，不可分性要么是绝对的，要么是假定的（§15, 17）。没有什么绝对不可分的东西是假定可分的。

有些绝对可分的东西是假定不可分的(§18)。所以,单子是不可分的(§243),也即本身不可分的(§15)。

<sup>a</sup> Zerlegung, Theilung[拆分,划分]　<sup>b</sup> untheilbar[不可分的]

### §245

复合物只能作为他物的规定性而实存(§225,233)。由于除了复合物之外,就只有简单物(§224,38),所以,当复合物实存时,单子就实存(§230,233)。

## 第十一节　有限与无限

### §246

一个质的量就是**程度**[gradus]<sup>a</sup>(强度的量)。所以,只有假定某个他物,我们才能理解程度(§69)。

<sup>a</sup> eine Stuffe, Staffel[阶段、阶梯]

### §247

最低的或最小的程度,就是不可能还有比它更小程度的那种程度;最大的程度,就是不可能还有比它更大程度的那种程度(§246,161)。较大的程度就是由诸多最小的程度所构成的整体(§155,160)。所以,肯定了较大的程度,也就随之肯定了较小的程度,否定了较小的程度,也就随之否定了较大的程度(§157)。在任意一个较大的程度中,都有一个程度复多性,叫做**强度**[intensio]<sup>a</sup>(§159)。

第二章　存在物的内在选言谓词　　　　　　　　*117*

强度增大,**质**(强度是质的程度)就**提高**[intenditur]ᵇ;强度减小,质(强度是质的程度)就**降低**[remittitur]ᶜ。

　　ᵃ das höhere[较高的东西]　　ᵇ zunehmen, stärker, angestrengt[增长,更强,紧密]　　ᶜ schwächer werden, nachlassen, abnehmen[变得更弱,降低,减少]

## §248

是实在物——这是一切存在物都具有的(§136)一个质(§69)。由于一切存在物都带有一定数量的实在性(§136, 159),所以,一切存在物都具有一定的实在性程度(§246, 159);所以,其实在性程度要么是最大的,要么不是(§10, 247)。由于这样的一个实在性程度——对该程度而言,一个更大的实在性程度是可能的,或者说该程度不是最大的(§247)——叫做**局限**[limes]ᵃ(边限,参见§350;终点,参见§341),所以,具有局限的东西就是**有限的**[finitum]ᵇ(参见§341,受限的),没有局限的东西,就是**无限的**[infinitum]ᵈ(实在的,不受限的)。所以,具有最高实在性程度的存在物,也即最实在的事物(§190),是无限的,一切其他的事物都是有限的。我们不能或不想确定其局限的有限事物是**未定的**[indefinitum]ᵈ(想象意义上无限的,数学意义上无限的)。

　　ᵃ der Schranken[限制]　　ᵇ endlich, eingeschränkt[有限的,受限的]　　ᶜ uneingeschränkt[不受限的]　　ᵈ mathematisch unendlich, unendlichscheinend[数学意义上的无限的,显得是无限的]

## §249

有限物有其局限,因而有其程度(§248),因而具有一个量

(§246);所以,对一切有限物的哲学认知和数学认知都是可能的(§93,22)。既定的有限物的这样一个局限,即除此局限外,该有限物中更多的其他局限基于该物的本质而是不可能的,是**本质性的局限**[ essentialis ]<sup>a</sup>。关于非广延物的数学就是关于**强度的数学**[ mathesis intensorum ]<sup>b</sup>(§247)。

<sup>a</sup> der wesentliche Schranken[ 本质性的限制 ]　　<sup>b</sup> Wissenschaft unausgedehnter Grössen[ 关于非广延的大小的科学 ]

### §250

在一切有限物那里,一定的实在性必然要被取消(§248,247)。所以,某种否定必然要被设定(§135,81),所以,本质性的和偶然的(§143)不完满性(§142),绝对必然的(§107)狭义的(§137)否定(§36),形而上的恶(§146),必然要被设定。

### §251

无限物的最高的实在性程度是绝对必然的(§248,102),因而是绝对不变的(§130)。

### §252

倘若无限存在物是内在可变的,那么,前后相继的诸规定性就会改变该物的实在性程度(§246,125)。但无限存在物的实在性程度是内在不变的(§251),所以,无限存在物是内在地不变的。

### §253

内在地不变的东西,从其内在规定性来看,实际上就是它所能是的无论何种事物（§125）。所以，无限存在物，从其内在规定性来看，实际上就是它所能是的无论何种事物（§252）。

### §254

如果一个存在物从内在规定性来看实际上并不是它所能是的无论何种事物，那么该物就是有限的（§253，248）。

### §255

内在可变的东西是有限存在物（§252，126）。所以，一切偶然的存在物（§133）都是有限的，即便它在诸多方式之下都可以是未定的和数学上无限的（§248）。

### §256

无限存在物就是必然的存在物（§255，109）。

### §257

如果某事物具有一个实在性程度，而与该程度相比，一个更高的程度是可能的，那么，该事物具有的某种质（§248），因而某种内在规定性，就能够被增强（§247，69），因而也就能够被改变（§247，162）。所以，有限存在物是内在可变的（§248，126），因而它不是必然存在物（§132），其实存是一种模态（§134），它本身是一个偶然的存在物（§109）。

### §258

必然的存在物是无限的（§257，248）。

## §259

如果某个存在物，就其内在规定性而言，实际上是它所能是的无论何种事物，那么，该存在物就是必然的(§132)，因而也是无限的(§258)。所以，无限存在物可以被界定为这样的存在物，即，就其内在规定性而言，它实际上是自己所能是的无论何种事物(§253)。

## §260

偶然存在物不是这样的事物，即，就内在规定性而言，该事物实际上是它所能是的无论何种事物(§133)。有限存在物是偶然的存在物(§257)。所以，有限存在物可以被界定为这样的存在物，即，就其内在规定性而言，它实际上并不是它所能是的无论何种事物(§254)。这一点也是由此而变得明了的，即，如果冲突对立的一方被界定为肯定性的，那么，另一方就可以通过同样的但却是否定性的特征来界定(§81，248)。

## §261

无限性就是实在性(§36)，其根据就是最高的实在性程度(§248，14)；有限性或局限性就是否定性(§36)，其根据就是局限(§248，14)。

## §262

存在物的模态和关系要么是实在性，要么是否定性(§36)；所以，当有限存在物中的模态和关系发生变化时，其局限也就发生了变化(§248)。由于有限存在物的一切变化都是模态或关系方面的变化(§52,132),所以,有限存在物的一切变化都是其局限的变化,因而也就是其局限性的变化(§261,30)。

## §263

有限存在物有其模态(§257,112)。其模态要么是实在性,要么是否定性(§36)。实在性和否定性的对立面在有限存在物中是绝对可能的(§108)。所以,缺失在一切有限存在物中都是绝对可能的(§137),不完满性和偶然的恶也一样(§144,146,广义的物理上的恶)。

## §264

一切有限存在物都是一定程度上坏、一定程度上好的东西(§147,137);对一切有限事物来说,偶然的好和坏都是内在可能的(§147,263)。

# 第三章 存在物的关系谓词

## 第一节 同与异

### §265

最小的类似性存在于共有唯一一个最小的质的两个事物中（§174, 70）。但由于某些质是一切存在物所共有的（§8-100），所以，一切存在物都是一定程度上相类似的（§246）。所以，诸存在物之间存在着一定的类似性和普遍的相同性（§70）。越多的事物共有越多越大的质，类似性就越大（§174, 70）。最小的相等性存在于共有唯一一个最小的量的两个事物中；所以，越多的事物共有越多越大的量，相等性就越大（§174, 70）。

### §266

最小的一致性就是最小的类似性和相等性；类似性和相等性越大，一致性就越大（§265, 70）。诸本质规定性之间的**相同性**、**类似性**、**相等性**和**一致性**叫做**本质性的**[essentiales][a]，诸本质规定性和属性之间的，叫做**必然的**[necessariae][b]，诸模态之间的，叫做**偶然的**，诸结果规定性之间的，叫做**意外的**[accidentales][c]。

ᵃ wensentliche［本质性的］　ᵇ nothwendige［必然的］　ᶜ zufallige［偶然的］

### §267

就单个谓词而言的**相同性**和**差异性**，是**整体性的**［totalis］ᵃ，就一些谓词而言的，是**一定程度上的**［partialis］ᵇ。所以，类似性、相等性和一致性要么是整体性的，要么是一定程度上的（§70）。

ᵃ völlig, gäntzlich［完全的，整体性的］　ᵇ zum Theil statt findend［一定程度上发生的］

### §268

由于一切存在物相互间都存在一定程度的类似性（§265），所以，存在物相互间并非完全不同（§267）。这个定理我们想称之为完全的非类似性和差异性的否定原理。

### §269

单个事物之间的完全的**相同性**是数量上的。两个相互外在而又绝对或完全相同的单个事物是不可能的。因为设定了两个事物，一定程度上相同、一定程度上又不同的诸多事物也就被设定了（§74）；所以，事物相互间并不是完全相同的（§267）。完全相同的单个事物是数量意义上的，这样的事物并非一定程度上相同、一定程度上又不同（§267）；所以，既没有诸多，也没有两个完全相同的单个事物（§74）。这个定理叫做广义的无差别原理（相同性原理）或完全相同性的否定原理。

## §270

相互外在而又完全一致的诸现实事物是不可能的。因为假如它们相互外在地实存着,那么,其中的每一个事物就都要被赋予特有的实存(§86)——不同于其他事物的实存(§38);这样一来,该事物就将至少具有一个独一无二的属性或模态(§77),因而也就是具有其他事物不具有的(§38,55)某个质或量(§69);而这样一来,两个事物相互间就并非是完全一致的了(§70,267)。就所有内在的独特性而言相互间完全一致的诸事物是相同的(§267,70),其中一个事物的实存因而也就并非不同于另一个事物的实存(§70),因而它们也就并非相互外在地实存着。这个定理可以被称为完全一致性的否定原理。

## §271

相互外在而又完全类似的诸现实事物是不可能的。因为否则的话,这些事物就要么是完全相等的,要么不是;在前一种情况下,它们将是完全一致的(§70,267,作为§270的前提);如果它们并非完全相等,那么,其中一个事物就将具有其他事物不具有的一个量(§70,38);而这个量就将具有一个充分的根据(§22),于是,完全类似的诸事物中的某个事物就将具有一个其他事物不具有的质(§69,14,作为§70,267的前提)。这个定理就是狭义的无差别原理(相同性原理)或完全类似性的否定原理。

## §272

相互外在而又完全相等的诸现实事物是不可能的。因为否则的话，这些事物就要么是完全类似的，要么只是一定程度上类似的（§265）。在前一种情况下，它们将是完全一致的（§70，267，作为§270的前提）；如果它们只在一定程度上相类似，那么，其中一个事物就将具有另一个事物不具有的一个质（§267，70）；这样一来，两个事物具有的就不是完全相同的现实性程度（§248），而其中一个事物具有的量因而也就不是另一个事物具有的量（§246），于是，它们也就并非完全相等的了（§267，70）。这个定理应该被称为完全相等性的否定原理。

## §273

一切相互外在的现实事物都是一定程度上相互有别（§268）、不一致（§270，70）、不类似（§271）和不相等的（§272）。

## §274

与同一个 B 相同的 A 和 C，相互间也是相同的。因为 B 具有的东西，A 也具有（§38）；C 具有的东西，B 也具有（§38）。所以，C 具有的东西，A 也具有。所以，A 和 C 是相同的（§38）。

## §275

与同一个第三者一致、类似或相等的诸事物，相互间也是一致、类似或相等的（§70，274）。

## §276

设定了一个相同的、一致的、类似的或相等的充分根据，也就设定了一个相同的、一致的、类似的或相等的结果，反之亦然（§38，70）。

## §277

设定了相同的本质，也就设定了相同的诸属性，反之亦然（§276，50）。

## §278

设定了一个不同的、不一致的、不类似的或不相等的充分根据，也就设定了一个不同的、不一致的、不类似的或不相等的结果，反之亦然；因而，设定了一个不同的本质，也就设定了不同的诸属性，反之亦然（§277，276）。

## §279

相互外在的诸现实事物间的相同性与差异性（§38）、一致性与不一致性、类似性与不类似性、相等性与不相等性（§70），在任何一个事物那里都是不可设想的，如果不通过该事物与它之外的事物之间的关联来考察这些方面的话；所以，它们是关系（§37）。处于关系中的事物是相互关联的（§14，19）。由于相互外在的诸单个的现实事物之间存在着关系（§265-273），所以，它们是相关联的（§47）。所以，一切现实事物之间都存在着关联，也即一种普遍的和谐（§48，167）。

## 第二节 同时性

### §280

由于广延是复合存在物的一个质——就该物充实了空间而言（§69，241）——，由于被其充实的空间可大可小（§239，175），所以，广延物中的一个广延程度，也即**形体**，是可能的（§246）。所以，单子不具有形体，但由诸单子构成的整体却具有形体（§242）。具有较大广延的复合物是**宽广的**[spatiosum]<sup>a</sup>，具有较小广延的复合物是**狭窄的**[angustum]<sup>b</sup>。

 <sup>a</sup>räumlich[空旷的]  <sup>b</sup>eng[狭窄的]

### §281

一个外在于他物、与他物同时的现实事物的位置，就是该事物的**地点**[locus]<sup>a</sup>，一个跟在其他事物之后到来的现实事物的位置就是该事物的**时间点**[aetas]<sup>b</sup>。

 <sup>a</sup>Ort[地点]  <sup>b</sup>Alter[时期]

### §282

任何一个同时性事物的地点都是通过它与那些外在于它、不同于它的现实事物的关联来确定的（§85，281）。因而，一个事物的地点不同于那些与它同时实存的事物的地点（§38）。所以，相互外在的同时性的诸事物并不处在同一个地点（§281）。任何一个相继到来的事物的时间点都是通过它与那些先于和后于它的现实事物的关联来确定的(§85,78),因而,其时间点不同于那些事物的时间点(§38)。所以,前后相继的诸事物并不处同一个时间点。

### §283

地点的变化就是**运动**[motus]<sup>a</sup>,所以,一切运动都是关系的变化(§281,85);运动将是最小的,如果只有一个最小的现实事物的一个位置相对于在它之外的另一个最小的现实事物发生了改变(§161);所以,越多越大的事物的位置相对于越多越大的外在于它们的那些事物而发生了越大的改变,运动就越大。不运动的东西是**静止的**[quiescunt]<sup>b</sup>,运动的缺失就是**静止**[quies]<sup>c</sup>。

<sup>a</sup> Bewegung[运动]　<sup>b</sup> ruhen[静止]　<sup>c</sup> Ruhe[静止]

### §284

相互邻接的并列事物是**邻接事物**[contigua]<sup>a</sup>;并非相互邻接的事物就是相隔有距的**事物**[distant]<sup>b</sup>。相隔有距的事物的地点就是**处所**[situs]<sup>c</sup>。对相隔有距的事物的一个活动或一个切近的直接影响是本身不可能的(§223,15)。

<sup>a</sup> zunächst an einander[紧密相接的]　<sup>b</sup> von einander abstehend[相互远远地站着的]　<sup>c</sup> Lage[处所]

### §285

由相邻接的诸部分构成的相继而来的同时性存在物是**连续物**[continuum]<sup>a</sup>,由相隔有距的诸部分构成的相继而来的同时性存在物是**间断物**［interruptum］ᵇ。

ᵃ stetig, ununterbrochen, in einem fortgehend［连续的，不中断的，持续的］  ᵇ unterbrochen［中断的］

## §286

广延物的相互外在的诸部分要么是简单的，要么是复合的（§224）。简单的部分——就其并非是广延的而言（§242）——叫做**点**。由相隔有距的诸点之间的点构成的连续系列就是**线**。

## §287

线条的延伸由构成线条的点的数量所决定（§241，286）；由既定的相隔有距的诸点之间的最少的点构成的线条，是既定的相隔有距的诸点之间的**最短线条**［brevissima］ᵃ。既定的诸点之间的最短线条是**直线**［recta］ᵇ，并非直线的线条是**曲线**［curva］ᶜ。

ᵃ die kürtzeste［最短的线条］  ᵇ grade［笔直的］  ᶜ krumm［弯曲的］

## §288

相隔有距的诸事物之间的直线就是它们的**距离**［distantia］ᵃ；距离越大，相隔有距的诸事物相互之间就离得越远（§287，284）。如果距离较大，相隔有距的诸事物相互之间就离得**较远**［remotiora］ᵇ，如果距离较小，它们就离得**较近**［propiora］ᶜ。

ᵃ Entfernung［距离］  ᵇ entfernter［较远］  ᶜ näher［较近］

## §289

由相隔有距的诸线条之间的那些线条构成的连续系列就是**面**[superficies]<sup>a</sup>。面的延伸由构成面的线条的数量所决定(§241,175)。面在既定的相隔有距的诸线条之间的最短延伸是**平面**[superficies plana]<sup>b</sup>,不是平面的面是**曲面**[curva]<sup>c</sup>(即弯曲面)。由既定的相隔有距的诸面之间的面构成的连续系列就是**三维体**[mathematice solidum]<sup>d</sup>(数学意义上的物体,参见§296)。

<sup>a</sup> Fläche[面]　<sup>b</sup> ebene[平的]　<sup>c</sup> gebogene[弯曲的]　<sup>d</sup> das der dreyfachen Ausmessung fähige[能够对之进行三重测量的东西]

## §290

只有在线条中才可能的延伸是**长度**[longitudo]<sup>a</sup>;面在长度上的延伸是**宽度**[latitudo]<sup>b</sup>,数学物体在面上的延伸是**深度**[profunditas]<sup>c</sup>(也即高度)。

<sup>a</sup> Länge[长度]　<sup>b</sup> Breite[宽度]　<sup>c</sup> Dicke, höhe, Tiefe[厚度、高度、深度]

## §291

当我们借助某种单位的量来把握另一个类型的或类似的量时,我们就是在用该**尺度**[mensura]<sup>a</sup>来**测量**[metimur]<sup>b</sup>那个**被测量的量**[mensuratam]<sup>c</sup>,而该活动本身就叫做**测量**[dimensio]<sup>d</sup>。

<sup>a</sup> das Maas[尺度]　<sup>b</sup> messen[测量]　<sup>c</sup> das gemessene[被测量的]　<sup>d</sup> Ausmessung[测量]

第三章　存在物的关系谓词

## §292

线只能有一个广延维度(§291,287),面可以有两个(§291,289),数学物体可以有三个(§280,246)。

## §293

由于空间的诸部分存在于同时性的相互外在的事物中(§239,155),所以,空间的诸部分是同时性的,空间因而也是一个同时性的东西(§238)。

## §294

由于运动是偶性(§283),所以,运动只能实存于实体中——准确地说,当一个被称为**动力**[ vis motrix ][a]的力被设定了(§210),运动也就实存了。而由于静止是运动的一个阻碍(§221,283),所以,设定了静止,一个抵抗运动的力(§222),一个叫做**惯性力**[ vis inertiae ][b]的(不可穿透的、不积极的、内有的)力,也就被设定了。

[a] bewegende Kraft[ 动力 ] [b] Kraft der Trägheit, widerstehende Kraft[ 惯性之力,抵抗着的力 ]

## §295

被赋予了惯性力的广延物是**物质**(参见§344),也即一个实体化的现象(§234,201)。单单被赋予这种力的物质,是**第一**(单纯被动的)**物质**(参见§423)。

## §296

被赋予了动力的物质，是物理**物体**（参见 §289，第二物质，参见 §295），也即一个实体化的现象（§295，201）。

## 第三节　前后相继

### §297

如果一个时间与关于它的思考是同时的，那么该时间就是**当下**［praesens］<sup>a</sup>。当下紧随其后的时间是**过去**［praeteritum］<sup>b</sup>，跟在当下之后的时间是**将来**［futurum］<sup>c</sup>。

> <sup>a</sup> die gegenwärtige［当下的时间］　<sup>b</sup> vergangene［过去的时间］　<sup>c</sup> zukünftige Zeit［将来的时间］

### §298

当下时间的现实事物是**实存着的事物**［exsistentia］<sup>a</sup>（当下时间的事物，现实的存在物）。过去时间的现实事物，就其并非同时性的现实存在物而言，也即，就其并非仍旧实存着的事物而言，是**过去的事物**［praeterita］<sup>b</sup>（即事实）。将来的现实事物是**将来的事物**［futura］<sup>c</sup>，并且就其并非同时性的现实存在物而言，它是**潜在的存在物**［entia in potenitia］<sup>d</sup>。

> <sup>a</sup> das jetzt daseyende［现在存在在那里的事物］　<sup>b</sup> das vergangene［过去的事物］　<sup>c</sup> das zukünftige［将来的事物］　<sup>d</sup> das noch werden soll［有待生成的事物］

## §299

实存的继续是**持续**[duratio]ᵃ。持续如果在某事物那里是可能的，那么该事物就叫做**可持续的**[perdurabile]ᵇ。相反，不可持续的现实事物则叫做**片刻**[instantaneum]ᶜ（瞬间的）。带有较大持续性的可持续事物是**持久的**[diuturnum]ᵈ（稳固的、稳定的、长久的、恒久的），带有较小持续性的可持续事物是**短暂的**[breve]ᵉ（流逝的、转瞬即逝的、不稳定的）。

ᵃ die Dauer[持续]　ᵇ einer Dauer fähig[可持续的]　ᶜ keiner Dauer fähig[不可持续的]　ᵈ dauerhaft[持久的]　ᵉ von kurtzer Dauer[短暂的]

## §300

与转瞬即逝的事物同时的时间叫**片刻**[instans]ᵃ（瞬间）。跟在他物之后的事物是**后来的事物**[posterius]ᵇ，他物所跟随的事物，是**先前的事物**[prius]ᶜ；早于所有其他事物的事物是**最早的事物**[primum]ᵈ，晚于所有其他事物的事物**最晚的事物**[postremum]ᵉ。

ᵃ ein Augenblick[片刻]　ᵇ das spätere[较晚的事物]　ᶜ das frühere[较早的事物]　ᵈ das erste[最早的事物]　ᵉ das letzte der Zeit nach[最晚的事物]

## §301

存在物变成一个当下的事物，叫**开始**[initium]ᵃ，变成一个过去的事物叫**结束**[finis]ᵇ。合一是一体性的开始（§79，205），相互接触的开始是**相遇**[ictus]ᶜ。

ᵃ Anfang[开始]　ᵇ Ende[结束]　ᶜ Stoss[相遇]

## §302

**永恒**[ aeternitas ]<sup>a</sup>（狭义的，参见 §299）就是无始无终的持续。仅仅只是没有结束的持续是**无休止**[ aeviternitas ]<sup>b</sup>，与一切时间同在的持续是**永恒的当下**[ sempiternitas ]<sup>c</sup>。

<sup>a</sup> die Ewigkeit[ 永恒 ]　<sup>b</sup> das nur ohne Ende[ 只是没有结束的东西 ]　<sup>c</sup> das zu aller Zeit seyn[ 任何时间都存在的东西 ]

## §303

没有开始而持续实存的事物，与一切过去和当下时间同在（§301，297）；持续实存而无结束的事物，与一切将来时间同在（§310，297）。所以，一切永恒的事物都是永远当下的（§302）。

## §304

一个潜在的存在物要么在某个现实的存在物中有其实存的切近的充分根据，要么没有（§27，10）；在前一种情况下，它是一个**切近的潜在存在物**[ ens in potentia proxima ]<sup>a</sup>，在后一种情况下，它是一个**遥远的潜在存在物**[ ens in potentia remota ]<sup>b</sup>。

<sup>a</sup> das sogleich[ 马上到来的事物 ]　<sup>b</sup> das einmahl werden soll[ 总有一天会到来的事物 ]

## §305

现实存在物只要持续着，就不可能不持续（§9，7），它因而也就必然地实存着（§299，101），也就是说：**一切存在的事物，只要它存在，就都是必然地存在**。

## §306

相互规定着对方的地点和时间点的诸事物是相互关联的（§281，85）。因而，同时性的事物是就空间而言相互关联的事物，前后相继的事物是就时间而言相互关联的事物（§238，239）。由于相互外在的单个现实事物要么是同时性的，要么是前后相继的，所以（§238，298），单个的现实事物之间存在着一种普遍的关联与和谐（§48，167）。

## 第四节 原因与结果

## §307

如果一个事物包含有另一个事物的根据，那么该事物就是另一个事物的**根源**[principium]<sup>a</sup>。依赖于某个根源的事物是**衍生物**[principiatum]<sup>b</sup>。实存的根源是**原因**[causa]<sup>c</sup>；从某个原因衍生而来的事物就是**结果**[causatum]<sup>d</sup>。只有通过自己之外的某个他物作为自己的原因才能实存的事物是**依赖于他物的存在物**[ens ab alio]<sup>e</sup>（依赖性的）；即便没有自己之外的某个他物作为自己的原因也能实存的事物，是**取决于自身的存在物**[ens a se]<sup>f</sup>（不依赖的）。

<sup>a</sup> die Quelle[起源] <sup>b</sup> das abgeleitete[推演物] <sup>c</sup> die Ursach[原因] <sup>d</sup> das verursachte[结果] <sup>e</sup> abhängend[依赖性的] <sup>f</sup> selbstständig[独立的]

## §308

偶然的因而有限的存在物的实存，是一种模态（§134，257）。所以，这种实存通过偶然的有限的存在物的本质并不能得到充分的规定（§65），通过这种存在物的属性也不能得到充分的规定（§64，25）。所以，偶然的有限的存在物的实存，其充分根据并不在它的内在规定性中（§52）。但充分根据对偶然的有限的存在物的实存而言是必需的（§22，101）。所以，偶然的有限的存在物的实存，其充分根据必定在它之外的事物中，而由于它之外的事物就是包含着它的根据的原因（§900），所以，偶然的有限的存在物如果不作为外在于它的事物的结果就不能实存，也就是说，偶然的有限的存在物是依赖于他物的（§307）。

### §309

取决于自身的存在物既不是偶然的，也不是有限的（§308，307），因而是必然的（§109）和无限的（§258）。

### §310

必然而无限的存在物（§258）即使不作为某个外在于它的事物的结果（§109，102）也能实存，所以它是取决于自身的不依赖的存在物（§307）。

### §311

可能性的根源叫做**存在之根源**［principium essendi］[a]（合成之根源），原因是**变成之根源**［principium fiendi］[b]（生成之根源），知识的根源就是**认知之根源**［principium cognoscendi］[c]；如果通过认知根源，并没有比既定的衍生物更多或更少的东西能够被认知，那么，该根源就叫做与既定的衍生物**相当的**［adaequatum］[d]。本质是模态的存在根源和认知根源(§65, 50)。

ᵃ Quelle der Möglichkeit[可能性的起源] ᵇ Quelle der Würklichkeit[现实性的起源] ᶜ Erkenntnissquelle[认知的起源] ᵈ hinlänglich-eigen[充分的-自己的]

### §312

处于关系中的事物的根源叫做**关系的根据**[terminus relationis]ᵃ，而依赖物则叫做**关系的客体**[subiectum relationis]ᵇ。如果其中的某个事物可以成为另一个事物的关系根据，那么两个事物就相互关联[correlata]ᶜ。

ᵃ der Grund[根据] ᵇ der Gegenstand der Verhältniss[关系的对象] ᶜ beziehen sich wechselweise auf einander[相互关联]

### §313

原因与结果之间存在着关联(§307, 14)，该关联叫做**因果关联**[causalis]ᵃ；就因果关联落在原因方面而言，因果关联就叫做**原因性**[causalitas]ᵇ，就其落在结果方面而言，它就叫做**依赖性**[dependentia]ᶜ。

ᵃ Zusammenhang der Ursachen[原因之关联] ᵇ das Verursachen[导致] ᶜ verursacht seyn, oder werden, die Abhänglichkeit[由原因引起的，被原因导致的，依赖性]

### §314

一个结果的诸多原因就是**并存因**[concausae]ᵃ；人们说，并存因**共同导致**[concurrere]<sup>b</sup>了结果。一个不带有其他并存因的原因就是**唯一的原因**[solitaria]<sup>c</sup>。并存因中的某个原因如果相比于其他原因而包含有结果的最大根据，那么该原因就是**主要原因**[principalis]<sup>d</sup>（首要原因）。与首要原因共同起作用的其他原因是**次要原因**[secundariae]<sup>e</sup>。共同起作用的所有原因都是相互关联的（§313，33）。

<sup>a</sup> Mitursachen[并存因] <sup>b</sup> zusammenkommen[共同到来] <sup>c</sup> die einzige Ursach[唯一的原因] <sup>d</sup> die Haup-Ursach[主要原因] <sup>e</sup> Neben-Ursachen[次要原因]

### §315

并存因中的某个原因要么是其他原因的原因，要么不是（§10）。如果是，那么并存因就是**相互从属的**[subordinatae]<sup>a</sup>，如果不是，那么它们就是**相互并列的**[coordinatae]<sup>b</sup>。相互从属的所有原因中的某个原因是**第一因**[causa prima]<sup>c</sup>，其余的则是**第二因**[secundae]<sup>d</sup>。

<sup>a</sup> unter einander[相互从属的] <sup>b</sup> bey und neben einander geordnete Ursachen[相互并列的原因] <sup>c</sup> die erste[第一原因] <sup>d</sup> Unter-Ursachen[次级原因]

### §316

在相互从属的并存因那里，要么近因中的那个因素，即结果更切近地依赖的那个因素，要么别的因素，依赖于某个远因（§315，27）。在前一种情况下，**并存因是本质上相互从属的**[concausae subordinantur essentialiter ]ᵃ，在后一种情况下，它们则是**偶然地相互从属的**［accidentaliter］ᵇ。

 ᵃ so sind die Mitursachen in einerley［并存因因而一体性地相互从属］ ᵇ in verschiedenen Stücken untereinander geordnet［断断续续地相互从属］

## §317

如果一个原因是另一个本质上从属于它的原因的原因，那么，前者也是后者的结果的原因（§316，25）。

## §318

原因要么是充分的，要么不是充分的（§307，21），要么是就一定方面而言的原因，要么是绝对的原因（§28）。一个原因要么是经由另一个原因而来的既定结果所依赖的间接原因，要么是不经另一个原因而来的既定结果所依赖的直接原因（§27）。

# 第五节 效果因

## §319

由于活动而成为实在性的原因——这样的原因是**效果因**［causa efficiens］ᵃ，而否定的原因则是**有缺陷的原因**［deficiens］ᵇ。无论是效果因还是有缺陷的原因都发挥着作用，因而都是实体（§210）；所以，被视为效果因的偶性就是实体化的现象（§201，200）。效果因或有缺陷的原因的结果就是**效果**［effectus］ᶜ。

ᵃ eine wirkende［一个起作用的原因］ ᵇ fehlende Ursach［不足的原因］ ᶜ Wirkung［效果］

## §320

一个效果因和有缺陷的原因要么是经由另一个效果因或有缺陷的原因而产生效果的间接原因，要么是不经另一个效果因或有缺陷的原因就产生效果的直接原因。与另一个效果因或有缺陷的原因协作的某个效果因或有缺陷的原因叫做前者的**相连因**［causa socia］ᵃ，而如果前者也即被连的原因对既定的效果而言单单凭它自身是不充分的，那么，相连因就叫做**辅助因**［auxiliaris］ᵇ。

ᵃ vergesellschaftete Ursachen［相连因］ ᵇ eine helfende Ursach［一个辅助因］

## §321

**辅助**［auxilium］ᵃ就是对不充分的被连的原因的效果的补充。**帮助**［iuvare］ᵇ意即成为辅助因。所以，辅助因并非唯一的原因（§320），而唯一的原因并非辅助性的（§314）。

ᵃ Hülfe［辅助］ ᵇ helfen［帮助］

## §322

从属于某个效果因或有缺陷的原因的一个发挥着作用的或有缺陷的次要原因，就是一个**工具**［instrumentalis］ᵃ（仆役性和服务性的原因）。

ᵃ ein Werkzeug［一个工具］

## §323

一个活动连同其效果叫做**事件**[eventus][a]。事件所处的关系就是**状况**[circumstantia][b]。共同导致事件的诸关系的集合，就是**时机**[occasio][c]，时机的原因叫做**随机性原因**[causa occasionalis][d]。最小的时机就是一个既定事件的最少最小的诸状况之间的最小的协调一致(§161)。越多越大的诸状况为了事件而越多地协调一致，时机就越大(§160)，直至最大，当最多最大的诸状况为了事件而最多最大地协调一致时(§161)。就地点而言较大的时机就是**较有利的地点**[opportunitas]，其反面就是**较为不利的地点**[inopportunitas]；就时间而言较大的时机就是**较有利的时间**[tempestivitas]，其反面就是**较为不利的时间**[intempestivitas][e]。

[a] ein Vorfall, eine Begebenheit[一个事件，一个既定之事]　[b] ein Umstand[状况]　[c] die Gelegenheit[时机]　[d] eine gelegentliche Ursach[一个随机性的原因]　[e] bequemre und unbequemre Zeiten und Orte[较为便利的和较为不便的时间与地点]

## §324

如果事件 A 具有事件 B 不具有的某种最小状况，那么，事件 A 和事件 B 就不是完全相同的(§267, 323)，因而是一定程度上有别的(§267)，也就是说，最小状况外在地改变了事情。

## §325

如果事件 A 与事件 B 一定程度上是内在地相同的，并且我们在最为不同的诸状况中来考察两者，那么，两者之间的依赖于状况的差异就只能存在于关系中（§323），也因而是外在的（§37）。所以，状况以及地点和时间点的不同（§281，85等）既不增加也不消减事件的内在相同性（§162），也就是说，地点和时间并不使事情发生内在的改变。

### §326

设定了根源，也就设定了衍生物（§307，30）；设定了原因，也就设定了结果（§311）；设定了效果因或有缺陷的原因，也就设定了效果（§319）；设定了随机性原因，也就设定了时机（§323），反之亦然（§29）。

### §327

设定了相同、相似、相等或相一致的根源，因而也即设定了效果因、有缺陷的（§319）或随机性的原因（§323，307），也就设定了相同、相似、相等或相一致的衍生物（§276，307）、结果、效果和时机，反之亦然。

### §328

取消了根源，因而也即取消了效果因、有缺陷的（§319）或随机性的原因（§323，307），也就取消了衍生物、结果、效果和时机（§307，31），反之亦然（§32）。

### §329

任何一个效果都与它那有缺陷的原因或效果因类似（§265），也

## 第三章 存在物的关系谓词

就是说，效果怎样，原因就是怎样的(§70)。从效果与效果因之间的差异来看，效果与效果因要么类似，要么不类似(§10)。如果类似，效果就叫做**相一致的效果**[effectus univocus][a]，反之则叫做**不一致的效果**[aequivocus][b]。

[a] eine Wirkung von einerley[相一致的效果]  [b] von verschiedener Art[不同类型的效果]

### §330

如果效果的实存在一个既定的活动中有其切近的根据，那么该效果就是该活动的**直接效果**[immediatus][a]（切近的、相连的效果，参见§285）。如果效果的实存在一个既定的活动中只有一个遥远的根据，那么它就是**间接效果**[mediati][b]（遥远的效果）。达到了其一切强度的一个活动的所有效果，是**丰满的效果**[effectus plenus][c]；**不怎么丰满的效果**[minus plenus][d]只是随意的某种效果或程度较低的某种效果。

[a] unmittelbare[直接效果]  [b] mittelbare[间接效果]  [c] völlige[充足的效果]  [d] Wirkung, die nicht völlig ist[不充足的效果]

### §331

丰满的效果与其得以实现的活动一般大小(§330, 214)，因而与活动相当(§70)。由于活动与其得以实现的富有生气的力一般大小(§220, 166)，所以活动与其得以实现的富有生气的力相当(§70)；所以，一个效果因的活动与其富有生气的力相当(§319)。所以，丰满的效果与效果因的富有生气的力相当（相应）(§275)。

## §332

本质上必然从属于某个效果因的效果,其意义或价值属于该效果因的丰满效果(§330,317,166)。所以,效果并不比它本质上归属于其下的效果因更有价值(§331,160)。

## §333

原因的质(§329)、量(§331),因而原因的规定性,可以通过效果来认知(§70,67)。所以,效果是原因的认知根源(§311),也就是说,效果是对原因的验证。

## §334

一切偶然的有限的存在物都是依赖于他物的存在物(§308)。所以,实存并不是通过实存事物特有的某种力而依附于实存事物的(§307),因而,依附于有限的偶然的实在事物的实存,其充分根据是一个外来的、外在于有限的偶然的实在事物的力(§210)。所以,处于实在事物之外的某个实体通过影响该实在事物而带来了实在事物的实存(§211)。所以,一切偶然的有限的实在事物都是一个效果(§319),都有一个效果因(§326)。

## §335

效果因或有缺陷的原因与其效果之间的因果关联叫做**效果关联**[nexus effectivus][a]。所以,相连的诸原因通过效果关联而相互联系(§320,314)。

[a] Zusammenhang der Ursachen und Wirkungen[原因与效果之间的关联]

## 第六节　有用性

### §336

**有用的事物**［utile］[a][①] 就是对他物而言好的事物，对他物而言不好的事物就是**无用的事物**［inutile］[b]，对他物而言坏的事物就是**损害性的事物**［noxium］[c]。所以，**有用性**［utilitas］[d] 是就一定方面而言的（§37）善；如果有用性被赋予一个可受益于他物的事物，那么，该有用性就可以被称为**被动的**［passiva］[e]，而如果它被赋予能够有益于他物的事物，那么它就可以被称为**主动的**［activa］[f]。

[a] nützliche, nutzbar［有用的，可用的］　[b] unnütz［无用的］　[c] schädlich［损害性的］　[d] Nutzbarkeit［可利用性］　[e] des, dem genutzt werden kann［他物可使其受益的事物的可利用性］　[f] die thätige Nutzbarkeit［主动的有用性］

### §337

最小的有用性是这样的有用性，即，通过它，一个最小的事物为另一个最小事物带来唯一一个最小的完满性（§336, 161）；越多越大的事物为越多越大的其他事物带来越多越大的完满性（§187），有用性就越大。有用性的程度叫做**价值**［valor］[a]，对价值的判断叫做**评价**［pretium］[b]（估价）。因而，估价连同价值要么是真正的，要

---

[①] "有用的"（utilis），即可供他物利用的，对他物有益的，因而也可以翻译为"有益的"，"有用性"因而也可以翻译为"益处"或"有益性"。这里，我们根据情况有时候译为"有用的"，有时候译为"有益的"，而其名词形式 utilitas 则一律译为"有用性"。

么是似是而非的、也即臆想的（§12）。

ᵃ Werth［价值］　ᵇ Preis, Achtung, Schätzung, Würdigung［价格，尊重，评估、评价］

### §338

**使用**［usus］ᵃ是有用性的实现。**滥用**［abusus］ᵇ要么是一种似是而非的使用，要么是一种使有用的事物被消耗殆尽［interit］ᶜ的使用。由于受益事物的完满性可以通过有益的事物来认识（§336,100），所以有益的事物及其受益方是相互关联的，它们的关联可以被称为**有用性关联**［nexus utilitatis］ᵈ。

ᵃ der Gebrauch, Nutzen［使用，利用］　ᵇ Missbrauch［滥用］　ᶜ Verbrauch［消耗殆尽］　ᵈ Zusammenhang der Nutzbarkeiten［有用性关联］

### §339

当某个人使用某个有用的事物时，另一个事物的完满性由此就被实现了（§338,100），而有用的事物通过使用就成了受益事物的完满性的原因（§307）。这种因果关联可以被称为**使用关联**［nexus usuum］ᵃ。人们使用的是有用的事物（§336, 57），没有人会使用完全无用的事物（§338, 58）；然而有一些有用的事物却并不被使用（§59），所以，没人使用的东西尽管如此也仍然是有用的（§60）。

ᵃ Zusammenhang der Nutzten［使用关联］

### §340

有益于同一件事情的诸事物，都与该事情相关联（§339）。所以，对某件事情有用的一切事物都是相互关联的（§314）。如果事物 A 有益于本质上从属于它的有用的事物 B，那么，事物 A 也有益于从事物 B 那里受益的事物 C（§317）。

## 第七节　其余种类的原因

### §341

当某个人使用或滥用某事物，以便实现在他看来的好东西时，在他看来的好东西就叫做**目的**［finis］[a]（参见 §248），为了目的他能够使用或滥用的目的的原因，就叫做**手段**［media］[b]（决定于目的，服务于目的，参见 §248，辅助），而他对目的的表象就叫做**意图**［intentio］[c]。由于目的是使用或滥用的根源（§338，307），所以，目的是目的因（§338，307）。

[a] Zweck［目的］　[b] Mittel［手段］　[c] Absicht［意图］

### §342

在具有意图的人那里，意图的根据叫做**推动因**［causae impulsivae］[a]。目的是活动和活动者使用或滥用的手段（§341，319）的效果。所以，被实现的目的与活动及手段相当。手段和活动与被实现的目的相当（相应）（§331）。手段（§341）就是抓住机会（§323），消除阻碍（§221）。

[a] Trieb oder bewegende Ursachen［冲动或推动因］

## §343

手段与目的之间的因果关联是**目的关联**[finalis]ᵃ(§314,341);一切并存的目的都是相互关联的。诸目的本质上从属其下的那个目的,同样是这些目的的诸手段的目的(§317,341)。第一目的,也即一切并存的目的从属其下的那个目的,叫做**终极目的**或**最终目的**[ultimus seu scopus]ᵇ;终极目的要么是绝对最终的目的,要么只是就某些从属于它的目的而言(§28)一定意义上的最终目的;其余的一切目的都是**中间目的**[intermedii]ᶜ。

ᵃ Zusammenhang der Mittel und Zwecke[手段与目的之间的关联]　ᵇ Endzweck[终极目的]　ᶜ Mittel-Zweck[中间目的]

## §344

如果某个存在物被视为可规定的,那么它就叫做**所从出的质料**[materia ex qua]ᵃ(参见§295,296);如果它被视为存在于规定活动本身之中,那么它就叫做**所关涉的质料**[materia circa quam]ᵇ(客体,被占有的题材);如果它被视为在实施了的规定活动之后出现的,那么它就叫做**所在的质料**[materia in qua]①,而它与所从出的质料

---

① 阿奎那以"美德"(virtus)为例,对这三种质料做了区分(*Summa Theologica*, I, II, 55, 4, c):作为形式的"美德"并没有"所从出的质料"(物理意义上的材料),也即没有像康德例举的建筑物所需的石材或木材那样的材料(参见康德:《形而上学讲演录》,28:575);以美德为形式来实施的主体行动或发生事件,比如你助人为乐的行为或事情,就是美德的"所在的质料"(美德寓于主体行动或发生事件中)。但这件善事作为你打算付诸实施的一个计划、目标,就是美德"所关涉的质料"——在康德那里,建筑物的计划,就是建筑物所关涉的质料(参见康德:《形而上学讲演录》,28:575)。关于阿奎那对此三种质料的划分,参见 C.S. Peirce, "Notes on Metaphysics", in *Collected Papers* VI, Cambridge, MA: Harvard University Press, 1974, P. 249。历史上以亚里士多德的形

一道被称为**题材**[subiectum]①。

ᵃder Stoff, der Zeug[材料，衣料]　ᵇder Gegenstand[对象]

## §345

质料和形式是原因(§307)，因为它们包含了现实的规定活动的根据(§344,40)。前者是质料因，后者是形式因。质料和形式这两个并存原因是相互关联的(§314)，两者间的相互关联(§314)可以被称为**形式关联**(本质关联)，而两者与其衍生物之间的关联(§307)可以被称为**对象关联**。

## §346

**范本**[exemplar]ᵃ 就是人们意图制造出与其相似东西的那种东西，而由于范本是一个推动因(§342)，所以范本就是被称为"典范性的"的那种原因(§307)，其结果就叫做**摹本**[exemplatum]ᵇ(仿本、复本)。不再有另一个更高范本的范本是**原本**[archetypon]ᶜ(原型)。范本、摹本以及各种并存的范本通过因果关联而相互联系(§313)，这种关联是**范本关联**(范型关联)。

ᵃ das Muster[范本]　ᵇ der Abdruck[摹本]　ᶜ das Urbild[原本]

---

(接上页)式与质料为背景对这三种质料的划分，在近代逐渐转变成认识论领域里的讨论，其划分情况和解释也变得更加纠缠、复杂，有关于此参见：Marco Sgarbi, *Kant and Aristotle: Epistemology, Logic, and Method, Albany*, State University of New York, 2016, P.79-94。

① 鲍姆加通既在现代"主体"的意义上，也在传统"实体"的意义上来使用"subiectum"概念，因而译者视情况译之为"主体"和"客体"("对象"、"题材"或"主题")。

## 第八节　标记与被标记物[①]

### §347

借以认知某个事物的实存的手段是**标记**[signum][a]，标记的目的是**被标记物**[signatum][b]。所以，标记是被标记物的认知根源(§311)，标记与被标记物之间的关联是**标识关联**[nexus significativus][c]；当此关联被归给标记时，该关联就叫做**意义**[significatus][d](力，力量)。

[a] das Zeichen[标记]　[b] das Bezeichnete[被标记物]　[c] der Zusammenhang der Zeichen[标记关联]　[d] die Bedeutung[意义]

### §348

现实的被标记物(§347)要么是当下的，其**标记**[signum]因而被称为**演示性标记**[demostrativum][a]，要么是过去的，其标记因而被称为**回忆性标记**[mnemonicum][b](记忆标记，纪念物[μνημόσυνον])，要么是将来的(§298)，其标记因而被称为**预测性标记**。

[a] ein Anzeigungs-Zeichen[展示性标记]　[b] ein Erinnerungs-Zeichen[回忆性标记]

---

① 在鲍姆加通这里，signum(德语译为 Zeichen)指一切具有涵义的标记，包括具有象征意义的标志或具有意义的文字、符号，其外延比我们现在所说的"符号"要大。故此，译者译之为"标记"，而不译为"文字"或"符号"。

## §349

关于标记的科学（符号艺术、哲学符号学、象征学）就是**标识学**[characteristica][a]，也即：一、致力于标记——既包括不再由其他标记作为其构成部分的**简单标记**[primitivis][b]，也包括由其他标记复合而成的**衍生标记**[derivativis][c]——的发明的**发明学**[heuristica][d]。如果标记的复合方式接近于被标记物的本质，那么复合性标记就是**本质性标记**[essentialia][e]。衍生性标记的发明学就是**连接性的**标识学[combinatioria][f]。二、致力于被标记物的认知的**阐释学**[hermeneutica][g]。这种阐释学是**一般性的阐释学**[hermeneutica universalis][h]。预测性标记的标识学是**预言学**[mantica][i]。

[a] die allgemeine Zeichen-Kunst[一般性的标记艺术]　[b] einfache[简单标记]　[c] zusammen gesetzte Zeichen[复合标记]　[d] die erfindende[发明性的标识学]　[e] wesentliche Zeichen[本质性标记]　[f] die verbindende[连接性标识学]　[g] die deutende[意义标识学]　[h] die allgemeine Auslegungs-Kunst[一般性的阐明艺术]　[i] die Kunst der Vorbedeutungen[预示艺术]

## §350

表象的标记是**表达**[terminus]（参见§248，象征）。通常由人的声音来达成的表达是**词语**[vocabula][a]。标识着相互关联的诸表象的词语系列是**言说**[oratio][b]（广义的）。在一定的较大地区通常使用的词语的总和就是某种**特殊语言**[lingua particularis][c]。在一定的较小地区通常使用的、与其他较小地区的语言不同的语言，是**习语**[idioma][d]。一种较完满的习语就是**方言**。眼睛能看到的表达是**狭义的表征**[characteres strictius dicti]ᵉ（参见 §67）。如果这些表征是词语上的，那么它们就是**词语表征**[nominales]ᶠ，如果是直接关于词语所标识的事情的，那么它们就是**实在表征**[reales]ᵍ；如果表征标识的是另一个不同的事情——不同于该表征与之最为类似的某个事情——，那么，表征就是**神秘难解的标记**；某个社群的表征就是**徽章**[insignia]ʰ；如果表征在任何一种特定的语言中都能被理解，那么，此类表征的集合就是**普遍语言**[lingua universalis]ⁱ。

ᵃ Worte[词语]　ᵇ Rede[言说]　ᶜ besondre Sprache[特定的语言]　ᵈ Mundart[方言]　ᵉ Züge[特征]　ᶠ Wort-[词语特征]　ᵍ Sach-Charactere[事实特征]　ʰ Siegel, Pettschaft, Wapen[图章、印章、徽章]　ⁱ die allgemeine Sprache[普遍语言]

第二部分

# 宇宙论

# 导　　论

### §351
**一般宇宙论**是关于世界的一般性谓词的科学，它要么是基于较切近的经验的**经验宇宙论**，要么是基于世界概念的**理性宇宙论**。

### §352
由于宇宙论包含了心理学、神学、物理学、目的论和实践哲学的诸第一根源(§2)，所以宇宙论有理由被归入形而上学(§1)。

### §353
宇宙论教授的是世界的(1)概念、(2)组成部分及(3)完满性。

# 第一章 世界概念

## 第一节 肯定性的世界概念

### §354

**世界**[mundus][a]（参见§91,403,434,宇宙,"万物"[πᾶν]）是这样的有限的现实事物——即它们不是其他事物的组成部分——的系列（总量、总体）。

[a] die gantze Welt[整体世界]

### §355

我们这个世界实存着。所以世界是本身可能的(§57,18)。

### §356

我们这个世界中存在着相互外在的诸现实事物,所以我们这个世界具有一种现实而普遍的关联(§279,306)。

### §357

任何一个世界都包含有现实的诸部分(§354,155),其中的任

第一章　世界概念

何一个部分都与整体相关联(§14,157),所以,单个的部分也彼此关联(§33)。所以,任何一个世界都包含有诸部分相互间的普遍关联及普遍和谐(§48),也就是说,世界上没有什么事物是孤岛一座。换句话说:世界的诸部分要么是相互外在地实存着的现实事物,单个的事物彼此之间相互关联(§279,306),要么是世界的并非相互外在的内在规定性(§10,37),单个的规定性彼此之间相互关联(§49)。"世界并非是无条理的,而是像秩序井然的军队"[οὐκ ἔστιν ἐπεισοδιώδης, ἔστιν ὥσπερ στράτευμα]①。

§358

我们这个世界包含有效果(力量领域,§355)、有用性(§338)、使用(§339)、目的(智慧领域,§343)、对象与形式(§345)、范本(§346)及意义(§347)的关联。所以,此类关联在世界中是可能的(§57)。

§359

由于任何一个世界都是一个存在物(§355,62),所以,任何一个世界都将是整一体[§73(§354,155)],将是真东西[§90(§357,355,354,92)]。所以,任何一个世界都具有秩序和共同的规则(§86)。一个虚构的世界并不是世界(§120)。

---

①　英译注认为这句话间接引述的是亚里士多德《形而上学》1075a11—13 中的话,即"它们并非散乱无序的;它们可以说就像一支军队"。德译注认为这句话虽然关涉于亚里士多德《形而上学》中的 1075a11—13 和 1076a,但至于这句话是鲍姆加通自己构思的,还是引述于某本关于亚里士多德的评注或教科书,则是不确定的。

## §360

任何一个世界都是完满的(§99,359)和好的(§100)。

## §361

任何一个世界的诸单个部分都是偶然的存在物(§354,257)。因而,诸单个部分的实存是模态(§134)。由于世界的诸单个部分的实存总体来看就是世界的实存(§155),所以,世界的实存也是一种模态,任何一个世界都是一种偶然的存在物(§111)。换句话说:倘若某个世界是某种必然的存在物,那么它所有的内在规定性都将是绝对必然的,它的任何一个部分因而也就不会具有模态了(§108,157),也不会是什么偶然的存在物(§134),而是必然的存在物(§109),是无限的(§258作为§354的前提)。

## §362

任何一个世界尽管都是整一体(§359),但又都具有其模态(§361,112),因而也都具有本身可分的诸规定性(§72,65),具有假定的(§76)和内在偶然的整一性(§115)。

## §363

没有哪个世界的诸部分之间的联系是绝对必然的(§362,102),但世界中却存在着各部分间的协作(§78)。所以,任何一个世界都具有一个本身偶然的秩序(§117),因而也具有一个内在偶然的真(§119)。

## 第一章 世界概念

### §364

由于世界的一切实在的部分（§136）都与被归给世界的实在性程度（§248，140）相一致——但两者间的相一致是这样的，即前者作为偶然事物也可以不与后者相一致，或不与后者如此地相一致（§354，257）——，所以，任何一个世界都具有一个本身偶然的完满性（§122）。

### §365

任何一个世界都是绝对地和内在地可变的（§361，133）。

### §366

任何一个世界都具有绝对必然的实在性（§359，360），因而也就具有一个形而上的善（§147），具有本身偶然的诸实在性（§362-364），因而也就具有一个广义的物理上的善（§147）。

### §367

我们这个世界是整一体（§359），是本身偶然的（§362）。我们这个世界具有一种内在地偶然的秩序（§359）和真（§363），以及内在偶然的完满性和善（§364），包括形而上的善和广义的物理上的善（§366），因而我们这个世界是绝对地和内在地可变的（§365，154）。

### §368

最小的世界应是那种由最少最小的诸现实事物构成的某个整体（§161，354）；世界具有的作为其部分的有限事物越多越大，世界就越大(§160),直至最大,如果世界是由有限事物中那些最多最大的有限事物聚集而成的话(§161)。

## §369

**世界的状态**[status mundi][a]就是其部分的所有同时性状态所构成的整体。由于我们这个世界具有诸部分——在这些部分中,稳定的部分与可变的部分共存(§367)——,所以,我们这个世界具有状态(§205)。

[a] der Zustand einer gantzen Welt[某个世界整体的状态]

## §370

任何一个世界、也包括我们这个世界的实存都是一种模态(§361, 134),因而任何一个世界都能无损于世界的本质而存在或不存在(§65)。并且,由于任何一个世界、也包括我们这个世界都是绝对可变的(§133),所以,任何一个世界的开始和结束都是绝对可能的(§301, 65)。

## §371

世界只能产生于无。假设某个世界的产生是这样的,即它的某个部分先于它而已然实存:由于或只要它的这个部分已然实存了,那么无论它将来会变成哪一种实存,它都已经部分地实存了;倘若它已经实存了,它就并非不存在。所以,看似在那个先行实存了的部分之后产生的世界实际上并没有产生(§227);尽管这样的一个世界并非已然产生,但就它已然是实存着的部分的整体,因而在实存方面已然是确定的而言,它此前就已然不再是单纯可能的(§54)。所以,如果不是从无中产生,世界就不能产生。同样,无论世界曾经是何种实存,就世界在它的某个组成部分继续留存下来的情况下仍保持为部分地实存的东西而言,世界也只有通过毁灭才会消亡;而如果它已然实存着,那么它也就不会变成某种不实存的东西(§227)。所以,除了通过毁灭之外,世界就不能消亡(§228)。

### §372

任何一个世界,也包括我们这个世界,都是一种有限的存在物(§255,361),所以,关于世界的哲学认知和数学认知是可能的(§249)。任何一个世界,也包括我们这个世界,都带有形而上的恶(§250)和偶然的或广义的物理上的恶,带有某种本身偶然的、绝对可能的不完满性(§263),因而一定程度上是好的,一定程度上是坏的(§264)。

### §373

任何一个世界都在一定程度上类似于无限的存在物,同时也相互类似,并与它们的组成部分相类似(§265,267);但完全相同的(§269)或不同的(§268)或相一致的(§270)或类似的(§271)或相等的(§272)相互外在的诸多现实世界却是不可能的。

### §374

由于世界的各部分——如果这些部分是相互外在的——要么是

同时性的，要么是前后相继的(§238，354)，所以，这些部分要么是通过时间，要么是通过空间，或者既通过时间也通过空间，而在世界中相互关联(§239，306)。

## §375

任何一个世界都是依赖于他物的(§361)或依赖性的(§308)东西，我们这个世界有一个自身之外的效果因，它是这个效果因的效果(§334)，并证实着它的这个原因(§333)。

## §376

任何一个世界的各部分都是现实的(§354)，所以，各部分在它们的世界中、也因而我们这个世界的各部分在我们这个世界中，都具有作为其内在的(§37，93)确定的规定性(§54)的真(§90)和确定性(§93)。

## §377

如果有限的事物并非只是在任意某个关联中是绝对或假定可能的，同时也在某个世界的普遍关联中是可能的，那么该有限事物就叫做**那个世界中的可能事物**[alicuius mundi possibilia][a]。所以，在我们这个世界的普遍关联中来观察的事物如果是假定可能的，并因而具有某种较高的可能性程度，那么它就是我们这个世界中的可能事物(§165，246)。

[a] das Mögliche einer gewissen gantzen Welt[某个确定的整体世界中的可能事物]

## §378

即使我们这个世界只有唯一一个部分发生了改变,我们这个世界也不完全等同于它曾经之所是了(§155,267)。由于我们这个宇宙的所有部分都可能发生改变(§354,260),所以,与我们这个世界部分地不同(§38)、部分地相同(§265)的诸世界也即众多的世界(§74)是可能的。

## §379

我们这个世界是唯一的一个世界(§77)。因为假如有众多的世界,那么这些世界就会与我们这个世界一起构成一个复多或系列(§74)。这样一来,我们这个世界就不是什么世界了(§354),或者,所有这些世界都将是我们这个唯一的世界的组成部分了(§354,77)。

# 第二节 否定性的世界概念

## §380

**无限前进**[progressus in infinitum]<sup>a</sup>(或倒退)将是偶然的相互外在的诸事物构成的一个系列——这些事物中的一个是另一个的相对原因,也即并非其绝对原因。在某个无限的前进中,如果结果被认定为它自身的原因,那么这个无限前进就是**折回式的**[curvilineus]<sup>b</sup>(圆圈式的);如果结果不被认定为它自身的原因,那么这个无限的前进就是**直线式的**[rectilineus]<sup>c</sup>。

a der Fort-oder Rückgang in das Unendliche［无限的前进或倒退］  b dergleichen Fortgang im Kreise［圆圈式的前进］  c der grade Fort-oder Rückgang［笔直的前进或倒退］

### §381

无限前进，无论多大，都是偶然的东西（§380，155），因而具有一个自身之外的效果因（§334）。这个效果因不能是一个偶然的东西，因为假如它也是某种依赖于他物的东西（§308），那么它就将是无限前进的相对原因了（§28）。这样一来，这个效果因就不是无限前进之外的东西了，而是它的一个部分（§155，380）。所以，无限前进的效果因必定是某种必然的（§109）和独立的（§310）东西。无论以什么方式，只要能实存，这种东西就以该种方式实存（§259）。不过，这种东西即使并非由它之外的其他事物所导致也能实存（§310）。所以，这种东西并不是由它之外的其他事物所导致，因而，它是它的效果的绝对原因（§28）。所以，不具有但又必须具有绝对原因（§380）的某个无限前进是不可能的（§7），无论是就我们这个世界还是就任何一个其他的世界而言（§354，58）。

### §382

**命运**［fatum］a 就是世界中的事件的必然性。基于世界的绝对必然性的命运将是斯宾诺莎式的命运，即某种子虚乌有的东西（§361，105），无论是就我们这个世界还是就任何其他世界而言（§354，58）。

a das Schicksal, Verhängniss［命运，厄运］

## 第一章 世界概念

### §383

世界中的事件，如果人们不了解其充分根据，那么它就是一个**偶然**[casus]<sup>a</sup>。没有充分根据的偶然将是一个**纯粹的偶然**[casus purus]<sup>b</sup>，也即某种不可能的东西（§22），无论是就我们这个世界还是就任何一个其他的世界而言（§354，58）

> <sup>a</sup> ein Zufall, ein ungefähr[一个偶然，某种大概]   <sup>b</sup> ein blinder Zufall[一个盲目的偶然]

### §384

一个事件，如果其实存由一定的秩序规则所规定，那么该事件就是**有序的**[ordinarius]<sup>a</sup>。**秩序外的事件**[extraordinarius]<sup>b</sup> 就是无序的事件。**绝对秩序外的事件**[extraordinarius absolute]<sup>c</sup> 将是这样的事件，即它的实存不受任何一种确定的秩序规则所规定。**相对秩序外的事件**[relative]<sup>d</sup> 就是其实存并不按照某个确定的秩序规则而发生的那种事件。**无序的事件**[inordinatus]<sup>e</sup> 就是由混乱所导致的秩序外的事件。

> <sup>a</sup> eine ordentliche[一个有序的事件]   <sup>b</sup> ausserordentliche[秩序外的事件]   <sup>c</sup> gantz und völlig ausserordentliche[完全秩序外的事件]   <sup>d</sup> gewisser maassen ausserordentliche[一定程度上秩序外的事件]   <sup>e</sup> unordentliche Begebenheit[无序的事件]

### §385

绝对秩序外的东西是不真实的（§384，89），因而是不可能（§90，62），无论是就我们这个世界还是就任何其他的世界而言（§354，58）。

## §386

不具有任何一种切近的充分根据的事件将是一个**绝对的跳跃**[ saltus absolutus ]<sup>a</sup>。不具有那种有序的切近的充分根据的事件是一个**相对的跳跃**[ saltus respectivus ]<sup>b</sup>。

> <sup>a</sup> das völlig durch einen Sprung geschähe[完全通过某种跳跃而发生的事情] <sup>b</sup> wobey gewisser maassen ein Sprung statt hat[一定程度上有某种跳跃发生于它那里的事情]

## §387

不具有任何一种切近的充分根据而实存的东西(§27)，将是那种通过纯粹的偶然而实存(§22, 383)的东西；所以，绝对的跳跃是不可能的(§386, 284)，无论是就我们这个世界还是就任何其他的世界而言(§354, 58)。任何一种相对的跳跃即便不是某种无序的东西，也是某种秩序外的东西(§384)。

## §388

世界既不是无限实体(§372, 248)，也不是这种实体的内在规定性(§365, 252)，因而也不是无限存在物的本质(§40)、属性、模态(§50)或变样(§209)。所以，一切世界都必须被视为外在于无限实体，我们这个世界因而也是在无限存在物之外实存的——无限存在物因而被称为**世界之外的存在物**[ ens extramundanum ]<sup>a</sup>，也即我们这个世界之外的某种现实的东西。

> <sup>a</sup> das Wesen ausser der Welt[世界之外的事物]

## §389

任何一个世界,因而也包括我们这个世界,要么是实体,要么是偶性(§191)。如果我们这个世界是实体,那么它就会持存于无限实体之外(§388),以至于无限实体也就不是唯一的实体了(§77)。

## §390

即便我们这个世界是偶性,它也不会是无限实体的偶性,否则的话,它就不会实存于实体性的东西之外了(§196,388),而是只能实存于某个或众多的实体中(§194)。所以,如果我们这个世界是偶性,无限实体就不是唯一的实体了(§77,389)。由于两种情况必居其一(§191,10),所以,无限实体并非唯一的实体。

## §391

无限的力并非唯一的力(§390,198);在任何一个世界、也包括在我们这个世界中,都存在着诸有限的力(§390,388)。

# 第二章 世界的部分

## 第一节 世界的简单部分

**§392**

任何一个世界要么是简单的，要么是复合的存在物（§224）；我们这个世界是一个复合的存在物。谁把我们这个世界视为简单的存在物，并把自己也视为这样的存在物，谁就是**唯我论者**。

**§393**

复合世界的各部分，无论单个地看还是总体地看，都不能是偶性，因为那样的一个世界将只能在实体中实存（§155，191）；但由于它既不能依存于无限实体，也不能只依存于唯一一个有限的实体（§224，194），所以，它将要求有诸多的有限实体——其所依附的众多有限实体（§77）。但诸多的有限实体将构成有限的现实事物的一个系列，而如果这个系列不是由单纯的诸偶性复合而成的某个世界的组成部分，它就将与后者重新构成一个有限的现实事物的系列，一个将会比它自身更大的系列（§160）——如此一来，它也就不成其为世界了（§354）。如果诸有限实体所构成的这个系列是

第二章 世界的部分

后者的组成部分，那么后者就不会是由单纯的诸偶性复合而成的了（§155）。所以，由纯粹的诸偶性复合而成的世界是不可能的（§61,62）。一切复合而成的世界都是某种狭义的复合物（§225）。一切世界要么是实体（§389,392），要么是某种狭义的复合物。

## §394

复合世界的各部分要么是实体性的，要么是偶性的（§393），而在前一种情况下，部分实际上就是单子（§235）。所以，任何一个，因而也包括我们这个复合的世界，都是由单子构成的（§392）。由此，再次变得清楚的是，世界只能产生于无，只能通过毁灭而消亡（§237,393）。

## §395

我们这个世界是狭义的复合物（§393），它由单子构成，在它之中，除了单子就没有什么实体性的东西了（§394）。谁否认单子的实存，谁就是**普遍的唯物论者**。谁否认作为宇宙，比如我们这个宇宙的组成部分的单子的实存，谁就是**宇宙论上的唯物论者**（参见§757）。

## §396

任何一个，因而也包括我们这个复合世界的单子都是可能的（§8）、理性的（§24）、整一的（§73）、真实的（§90）、客观上确定的（§93）、完满的（§99）、好的（§100）、偶然的（§257）、可变的（§133）、实在的（§136）、普遍关联着的（§357）存在物（§63）；单子具有力，单子甚至就是狭义的力（§199）；单子有一个内在的状态（§206）和一个外在的状态(§207);单子是可变样的(§209),非广延的;单子虽然单个地不能、但一起却能充实空间(§242);单子没有量上的大小(§243),是不可分的(§244),有限的(§354);所以单子在力上具有一定的局限(§249),带有某种形而上的恶(§250);单子相互之间部分地类似(§265,268),但也同样部分地不类似,不相同(§273);单子虽然单个来看是没有形体的,但由单子构成的整体却可以具有形体(§280)。

## §397

由于任何一个,因而也包括我们这个复合世界的各单子都是相互外在的现实东西(§354,224),所以,各单子要么是同时性的,要么是前后相继的,或者既是同时性的又是前后相继的(§238)。因而,单个的单子有一个位置(§148),同时性的单子有一个地点,前后相继的单子有一个时间点,或者,单子既有地点,也有时间点(§281),尽管单子单个来看并不能充实空间(§396)。

## §398

一切宇宙,因而也包括我们这个宇宙的任何一个有限单子(§354),如果其持存被设定的话,都与其余的单子相互外在地持存着(§192),不能与其他单子处于完全相同的地点(§282)。这样的实体,即没有外在于它的其他实体能够处于它的地点的,是**不可穿透的**[impenetrabilis][a](牢固的)。所以一切实体,因而也包括任何一个复合世界及我们这个复合世界的单子,都是不可穿透的(§230)。

[a] undurchdringlich [不可穿透的]

## §399

任何一个、也包括我们这个复合的因而广延的世界（§241，393），其单子都是点（§286），但绝非**数学意义上的点**——在数学上的点那里，除了非广延就再也没有别的什么东西被设定（§396-398）；被相互并列地设定的点，并不叠合或熔合在一起（§70，396）；如果众多的单子被设定为共存的，那么，由于每一个单子都是不可穿透的（§398），诸单子就被设定为一定秩序中相互外在的同时性的东西（§396，78）；因而，通过诸单子的聚集，空间就产生了（§239）。所以，任何一个、也包括我们这个复合世界的诸单子的所有聚集都是广延的（§241）。数学上的点作为某种可能的抽象物（§149），即使被设想为实存着的东西，也不过是**芝诺意义上的点**，也即某种虚构的东西（§62）。如果你们把物理上的点视为现实的、除了简单性还具有其余一切规定性的东西，那么我们这个宇宙的某些单子——这些单子的聚集确实使广延物产生——的确就是**物理意义上的点**。

## §400

任何一个，因而也包括我们这个复合的世界，其一切单子都处于普遍的关联中（§357），因而每个单子都是另一个单子的根据或结果，或者既是根据也是结果（§14，48）。通过结果可以认知根据（§29）。所以，通过任何一个，因而也包括我们这个复合世界的任何一个单子，都可以认知世界所具有的各个部分（§14）；也就是说，所有复合世界、因而也包括我们这个复合世界的一切单子都是力（§199），即表象它们的那个宇宙的力［单子是世界的一面主动的镜子（§210），单子是不可分的（§244），是它们那个世界的浓缩型的微小世界。换句话说，单子具有或被装备了表象它们的宇宙的力]。

## §401

表象其世界的单子(§400)，在表象世界的时候，对自己的知觉要么至少部分地有意识，要么没有(§10)。因而同样，我们这个宇宙的单子要么只是晦暗地，要么至少一定程度上清楚地表象着我们的这个世界。前一种情况下的单子是**赤裸裸的单子**[monades nudae][a](睡着的单子)。

[a] im tiefen Schlaf liegende Monaden[沉睡中的单子]

## §402

清楚地表象世界的单子要么至少在一定程度上明晰地表象着世界，要么就不是(§10)。在前一种情况下，单子在理解世界(§69)。所以，单子具有明晰地认知的能力(§216)，也即具有**理智**[intellectum][a](狭义的，参见 §519)。**理智实体**[intellectualis][b]，也即装备有理智的实体，就是**精神**[spiritus][c](理智者，人)。所以，我们这个宇宙中的理智性的单子就是精神(§230)。只承认我们这个世界中的精神的人，是**观念论者**。

[a] Verstand[理解力] [b] das mit Verstand begabt[具备理解力的东西] [c] ein Geist[一个精神]

## §403

世界中的精神之间的关联是**精神性关联**[nexus pneumaticus][a]。由于在精神所处的任何一个世界，因而也包括我们这个世界中，一个精神与另一个精神相联系,所以,在所有的世界,也包括我们这个世界中都存在着一种普遍的精神性关联[§357,精神性的、理智性的和道德的(参见§723)世界(参见§354),优雅之域]。

[a] Verbindung der Geister[精神的关联]

## §404

一切实体都是单子(§234)。一切精神都是实体(§402)。所以,精神是单子,是简单的存在物(§230)。

## §405

任何一个世界,也包括我们这个世界中的一切精神,都是单子(§404),都是至少一定程度上明晰地表象其世界的力(§402),都是非广延的;单个来看,精神不能填充空间;精神没有量上的大小,精神是不可分的,有限的,只具备一定程度的力,精神带有形而上的恶;精神一定程度上相互类似,但单个来看,相互间又在一定程度上不类似,不相同;单个来看,精神没有形体(§396),而且,所有精神中只有唯一一个精神是最完满的(§77,185)。

# 第二节 物体的最初生成

## §406

单子构成的整体就是**单子联合体**。所以,一切复合世界,也包括我们这个复合的世界,都是一个单子联合体(§394)。

## §407

复合世界的诸单子要么具有该世界的诸部分作为其单子联合体，要么不具有（§10，406）。无论哪种情况，这样的一个单子联合体都将是由不可穿透的（§398）、一定程度互不类似的（§396）诸部分所构成的某种**广延之物**（§396），也即**一定程度上异质的**（不同形式的，不类似的）**东西**，这种单子联合体因而并不是**完全同质的**（同一种形式的，类似的）**广延之物**，也就是说，它不是由完全类似的诸部分所构成的（§271）。

## §408

我们这个世界的同时性的诸单子相互规定着对方的地点，前后相继的单子相互规定着对方的时间点（§281，85）；所以，单子相互影响（§211），处于相互的冲突中（§213）。所以，我们这个世界中存在着一种普遍的影响和冲突（§48，306，一切事物反对一切事物的战争，一种不和谐的和谐，一种和谐的不和谐，§364）。

## §409

我们这个世界中的有些单子远远地相互影响（§408，27），有些单子，即同时在场的那些单子，更为切近地相互影响（§223）；而由于世界上的绝对跳跃是不可能的（§387），所以，有些单子，即那些相互邻接的单子，最为切近地相互影响（§223）。

## §410

由于我们这个世界的所有单子都是互相影响的（§408），所以，单子的跨界性活动或影响不会没有反作用（§213）。

## §411

世界的某个部分对外在于它的另一个部分的跨界性活动或影响要么是简单的，要么是复合的（§215）。简单的影响就是最小的影响（§247，214）。与简单影响对应的要么是最小的要么是较大一些的反作用（§160，161）。如果是最小的反作用，那么反作用就与影响对等（§70）。如果是较大一些的反作用，那么，反作用超过了影响的程度就设定了发挥影响的单子的反作用（§410）；这样一来，与假定情况相冲突的是，发挥影响的单子的影响就不再是简单的了（§215）。所以，与一个简单的影响对应的是一个对等的反作用（§70）。

## §412

世界的某个部分对外在于它的另一个部分的复合影响就是由诸多的简单影响所构成的一个整体（§215，214）；与这些简单影响中的任何一个相对应的都是一个对等的反作用（§411）。由于总和是对等的——如果你把对等的东西相加的话——（§70），所以，与世界的诸部分的任何一个复合影响对应的都是一个对等的反作用。所以，世界的任何一个部分对外在于它的另一个部分的反作用，都对等于影响或跨界性的活动（§411）。

## §413

由于相互接触而处于相互冲突中的世界的诸单子，其富于生气的力是对等的(§412,331),由于力不能是那些与自己冲突的事物的切近的根据(§140,36),所以,力最为切近地相互规定着对方的地点(§408,409),因而也规定着相互间的联系(§281,85),并且,力不包含彼此分离的切近的根据(§72)。所以,如果没有一个第三方的力被添加进来,那么力就不可分离地相互邻接(§386),就是一体的(§79),就构成了一个整一体(§73)。

## §414

如此地相互邻接以至于不通过一个第三方的力就不能被分开的东西,就是**粘连在一起的东西**[cohaerent][a]。所以,世界的那些相互邻接的单子互相粘连(§413)。没有无粘连的接触。所以,我们这个世界中的有些单子相互粘连在一起(§409)并构成了一个(§413)广延物(§407)。

[a] hangen an einander [互相粘附]

## §415

复合世界中不存在无运动的变化。假设有某个 A 从 B 变成了 –B。A 之前作为 B 与外在于它的、与它同时的事物共存,现在却作为 –B 而与它们共存,因而,它与那些事物的关系变得不同了(§37,38),位置不同了(§85),地点不同了(§281),运动出现了(§283,125)。只要复合世界中出现了这样的一个变化和运动,宇宙的状态以及作为其部分的那个改变了的东西的状态,就与之前的状态部分地相同(§265),部分地不同(§125)。所以,正如就新状态不同于旧状态而言一定的运动发生了一样,就状态保持不变而言,复合世界中的状态的持续以及地点的持续(§299),就是一定运动的缺失,也即静止(§283),也即对一定运动的阻碍(§221)和抵制(§222)。

## §416

构成广延物的宇宙中的诸单子(§410)通过它们的力(§400)而持续地活动着(§216,285),并表象着它们自身的以及宇宙的状态,包括将来的状态(§298);就状态与先前的状态保持相同而言,单子的力阻止了一定的运动,抵制了一定的运动(§415,210);但就状态不同于先前的状态而言,单子的力造成或推动了另一个一定的运动(§415,210)。与诸单个部分相适的诸谓述的集合,被归给整体(§155)。所以,我们这个宇宙的有些单子构成了某种被赋予了惰性力的广延物(§294),所以这些单子构成了物质(§295)。我们这个宇宙的或任何一个其他宇宙的物质不可能是完全同质的(§407)。

## §417

构成物质的我们这个宇宙的诸单子并没有构造出第一物质(§295)或单纯被动的物质,而是构成了那种具有动力的物质(§416),即第二物质,以及物理物体(§296)。当我们这个世界的某个部分被推动时,该部分与同时性的其余诸部分的关系就改变了(§283,281),因而,世界上并不存在什么**特殊的运动**[motus particularis][a],也即不存在世界的某个部分的不带有普遍运动的那种运动(§283)。所以,我们这个世界的一切物质都处于运动中(§415),**其静止只是相对的**[quies respectiva][b],也就是说,其静止说的只是缺少某种特定的运动(§283);如果运动的缺失变得如此严重,以至于我们看不到静止物有什么运动,那么这就是一种**消亡运动**[motus evanescens]<sup>c</sup>。世界上没有**绝对的静止**,也不存在所有的运动都缺失的情况。

<sup>a</sup> eine besondre Bewegung[某种特殊的运动]　<sup>b</sup> Ruhe von einer gewissen Bewegung, oder in Absicht auf eine gewisse Bewegung[一定的运动的静止,或就一定的运动来看的静止]　<sup>c</sup> eine unmerklich werdende, oder verschwindende Bewegung[一种变得不被察觉的或消失着的运动]

### §418

广延物或不可穿透的诸单子的聚集体因其不可穿透性现在会抵制位于它之外的、会侵占其地点的那些事物的运动(§398,222),因而会施展惰力(§294)。所以,广延物或诸单子的聚集体——单子不具有与外在于它的力完全对等的力,也不构成与外在于它的、先前的某个单子联合体就力而言完全对等的整体(§272,406)——永远不会处于相互冲突的诸部分之间的对等的力所导致的那种完全的**均衡**[aequilibrio]<sup>a</sup>中,所以它现在会施展动力(§294)。而我们这个世界中的一切单子联合体都是这样的一个广延物(§414,396)。所以,我们这个世界中的单子联合体由于它的诸单子具有同一种表象力(§400),并且就不可穿透的单子中的这种表象力包含有持续的地点、持续的静止以及一定运动的持续缺失之根据而言,制造了惰力;而就永远不会处于完全的均衡中的诸单子的这种表象力包含有地点的变化和一定的运动而言,单子联合体制造了动力、物质(§416)和物理物体(§417)。因而,事情并非是这样的,即这两种力相互对立，以至于设定了其中的一种力，就不同的运动而言的另一种力就不能被同时设定在同一个对象中(§87)；事情毋宁是这样的，即在我们这个世界的所有广延物中，两者是同时的，但涉及不同的运动(§417)；被归给既定的广延物的同一个力，就既定的运动来看就是动力，就相反的运动来看就是怠惰力，反之亦然(§415)。

   [a] Gleichgewicht der Kräfte [诸力之间的势均力敌]

### §419

由于物体被赋予了力(§296)，所以物体是狭义的复合物(§225，198)，所以复合方式是物体的本质(§226)；物体由单子构成(§235)，具有量上的大小(§243)。

### §420

物体具有相互外在的诸部分(§296，224)。物体的那些第一性的相互外在的现实的部分叫做元素 [elementa][a]。

   [a] die allerersten Grund-Teile [第一性的诸根本部分]

### §421

元素要么是物体的绝对第一性的部分，也就是说，这些部分自身不再具有相互外在的诸部分，要么是相对第一性的部分，其复合人们不愿进一步去关注(§420)。前一种情况的是简单的存在物或单子(§419，224)。

## §422

不是物质的东西就叫做**非物质性的**,是物质的东西就叫做**物质性的**;物体的绝对元素是非物质性的(§421,295)。不是物体的东西就是**非物体性的**,是物体的东西就是**物体性的**。由于一切物体性的东西都是物质性的(§296),所以,物体的绝对元素都是非物体性的,单个的元素因而都不是物体(§296)。

## §423

把相对第一性的部分视为绝对第一性的部分的哲学叫做**懒惰哲学**。既然这种哲学是错误的,那么,这类相对的元素(§421),即物质性的和物体性的东西(§422),就不能被视为绝对元素,也即不能被视为非物质性的和非物体性的(§422)。所以,更适合后者的叫法是绝对**元素**,更适合前者的叫法是**第一物质**[ materiae primae ][a](参见 §295)。

[a] eine allererster Grund-Stoff[第一性的根本材料]

## §424

本身不可分的存在物叫做**原子**[ atomus ][a]。一切单子都是本身不可分的(§244),所以,一切单子都是原子。所以,元素是原子(§423),因而叫做自然原子。

[a] das an und vor sich untheilbare[本身不可分的东西]

## §425

我们把我们通过感官而能认知(含混地认知)的东西叫做**可观**

察物[observabilia]ᵃ(现象)。我们无法观察的那种太小的**物体**叫做**粒子**。用粒子来解释物体现象的哲学是**粒子哲学**。

ᵃ das wahrzunehmende[可感知的东西]

### §426

粒子要么进一步具有其他的粒子作为其部分,要么不具有(§10,155)。前一种情况的粒子叫做**衍生粒子**[derivativa]ᵃ,后一种情况的叫做**原初粒子**[primitiva]ᵇ。

ᵃ zusammengesetztere[复合粒子]　ᵇ die ersten[第一性的粒子]

### §427

一切物质,正如其在我们这个世界中的情况那样,都是由元素构成的(§418,419)。所以,物质具有量上的大小(§419,243),也即为了构成一定的物质而被统一起来的诸元素的大小(§159,413)。所以,诸元素,也即一定物质的诸部分,与作为其单子联合体的该物质处于同一个地点(§155,406)。所以,如果诸元素的地点发生了改变,以至于它们与之前由它们构成的物质不再处于同一个地点,那么它们也就不再是之前物质的部分了(§155)。但由于任何一种关系的变化在就其自身来观察的存在物那里都是可能的(§133),所以,在一切就其自身来观察的元素那里,任何一种地点的改变都是可能的(§281,85)。所以,这种运动,也即使得元素不再是它们曾经所是的物质的部分的那种运动,也是可能的(§283)。如果元素经历了这种运动,物质就被分割了(§244,162)。所以,一切物质，正如其在我们这个世界中的情况那样，都是可分的，至少就其自身而言（§18）。

### §428

当人们说世界上的物质是无限可分的，这种说法要么把物质绝对地理解为不具有不可分的部分，但这种理解是错误的（§424，419）；要么它只是相对地认为，在物质的分割中，我们只能观察到那些可进一步分割的部分（§248），因而正确的说法是，物质是未定地可分的（§425）。

### §429

**物质性**原子将是那种本身不可分的粒子，但不存在这种粒子（§427，425）。所以，用物质性原子来解释物体现象的**原子哲学**是错误的。

## 第三节 物体的本性

### §430

存在物的**本性**（参见§431，466）就是它的这样一些内在规定性的集合，这些规定性是其变化的根源，或一般地说，是依附于它的诸偶性。所以，属于存在物本性的有：(1)它的本质性的规定性（§39），(2)它的本质（§40），(3)它的能力，(4)它的接受性（§216），以及(5)它所具备的力（§197）。其本性的开始就是**产生**[origo][a]，其持续就是**活着**[vita][b]，其结束就是**死亡**[mors][c]（参见§556）。

ᵃ Erzeugung［产生］　ᵇ Leben［生活］　ᶜ Todt［死亡］

## §431

物体的本性就是其与一切能力、接受性以及与它所施展的怠惰力、动力（§296，430）之间的复合方式（§419）。人们有时候也称其为绝对本性（参见§430，466）。

## §432

由于世界上存在着普遍的真（§363，90），所以，世界的一切变化都遵循着共同的标准（§86，89）——世界的各部分的本性就是依据这些标准来规定的（§431）——，世界中的物体的运动因而也遵循着这些共同标准（§283）。较高的标准叫做运动的**法则**［leges］ᵃ，较低的标准叫做运动的**规则**［regulae motus］ᵇ。

ᵃ gemeine［运动的共同法则］　ᵇ besondre Gesetze der Bewegung［运动的特殊法则］

## §433

**机器**就是遵循着运动法则的、可运动的狭义复合物。所以，世界上的一切物体都是机器（§419，432）。世界上没有不是偶然存在物的机器（§361）。由运动法则所规定的机器的本性就是**机制**。但任何非复合的东西都不是机器，所以，没有什么单子是机器（§320）。

## §434

机器间的关联是**机械性关联**，所以，世界上的物体间的关联是机械性的关联(§433)(物体性的物质性的世界,参见§354,自然领域)。但是在一个既包含有精神也包含有身体的世界中,身体[①]与精神之间也存在着关联(§357);所以,在一个既包含有精神也包含有身体的世界中存在着(1)身体间的关联,(2)精神间的关联(§403),以及(3)身体与精神之间的一种相互的精神-机械性和机械-精神性的关联(自然领域与优雅领域之间的和谐)。

### §435

**机械论哲学**通过身体的机制来解释身体的现象。基于身体机制的宿命是一种**物理-机械的宿命**(单纯物理性或机械性的),而如果世界上的某个事件是由这种宿命决定的,那么,该事件就是本身偶然的(§361,354),只是假定必然的(§382,105)。

---

[①] 与"精神"(spiritus)对举时以及在说人的时候,corpus译为"身体"。

# 第三章 世界的完满性

## 第一节 最好的世界

### §436

最完满的世界是这样的世界：其中，最多部分中的那些共可能的最大部分和最大部分中的那些共可能的最多部分，尽可能地协调一致，趋于一体。所以，最完满的世界具有一种最大的复合完满性，只具有简单完满性的世界不是最完满的世界(§185)。

### §437

设定了最完满的世界，也就设定了一个世界能够具有的那种最高的完满性(§436)。所以，最完满的世界同时又是所有可能世界中那种最好的世界(§187)。由于世界的诸部分是现实的(§354)，而现实的东西要么是同时性的，要么是前后相继的(§306)，所以，最完满的世界包含有(1)如此之多同时性的事物，(2)如此之多前后相继的事物，(3)如此之大的事物，正如这些事物在最好的世界中是共可能的那样；也就是说，就(1)泛性、(2)持久性和(3)强度而言，最完满的世界是众多世界中最好和最大的世界(§436, 368)。

## §438

即使在某个世界中只有两个相互外在的同时性的或前后相继的偶然事物是共可能的,其中一个的完满性并不损害另一个的完满性,或者并不像它给整体所具有的完满性带来的那种程度的增减那样损害另一个的完满性,这样的一个正如唯我论者所持有的**唯我论的世界**也并非最完满的世界。即便世界上只有唯一一个非理智的单子是本身可能的并与精神是共可能的,而其完满性并不损害精神的完满性,或者并不像它给整体所具有的完满性带来的那种程度的增减那样损害精神的完满性,这样的一个正如观念论者所持有的**观念论的世界**也并不是最完满的世界(§437)。

## §439

唯物论者否认我们这个世界中存在着单子(§395),所以唯物论者为自己构设的是一个不可能的世界(§394);所以,唯物论者所虚构的**唯物论的世界**是不存在的,这种世界更不是什么最完满的世界(§436)。

## §440

最完满的世界同样也是有限的(§372),其一切部分,包括它的那些最完满的部分,也都是有限的(§354,257)。所以,无论是最完满的世界本身,还是它之中的任何事物,都并非实实在在地是无限的(§248)。但不仅最完满的世界本身以及它的诸多部分在诸多情况下可以是无限的,而且,对不能或不愿去确定最大的偶然事物的局限的所有人来说,最完满的世界本身就是这样一种数学意义上无限的广泛性、持久性和强度,也即是说,它在广泛性、持久性和强度方面是未定的(§248,437)。

## §441

最完满的世界中存在着一个世界能够具有的那种最大程度的普遍关联(§437,94)、和谐与协调(§436,357)。

## §442

由于一切世界都是完满的(§360);最不完满的世界是这样的世界,即它具有的是一个世界能够具有的那种最小的完满性,一个最小事物中的那些最少和最小的东西间的最小协调(§354,185),因而具有的是一种简单的完满性(§96),毫无例外(§97)。最不完满的世界是最小的世界(§368)。

## §443

即使最完满的世界被设定为众多世界中的那个最好的世界,最好即形而上的至善也并没有因此而被设定(§437);即使最完满的世界中的那些在某个世界中共可能的最大最多的实在性被设定,绝对地最大最多的实在性也并没有被设定(§190),更不用说那些绝对必然的实在性了,因为单个实在性的实存是一种模态(§361)。即使最完满的世界被赋予了在某个特定的宇宙中所达到的实在性的那种最高程度,这个程度在一个偶然的存在物那里也只会是一种局限,一种与实在的无限物的那种绝对最大的、必然的和不变的实在性程度(§251)俨然不同的(§38)局限(§248,250)。

## §444

一切完满性中都存在着秩序(§95)。所以，最完满的世界中存在着一个世界能够具有的那种最大的秩序(§437，175)，因而也存在着完满性的最多的共同规则——比如，在相同的前提下，越多越大越宽广(§280)越持久(§299)的东西也越好(§437，187)——，因而也存在着一种复合程度最高的秩序(§183)；不过，其中较低的和较高的所有规则最终都可以从一个最高同时也最强的完满性规则来加以认知(§182，185)。

## §445

由于最完满的世界中存在有完满性的最多规则(§444)，所以，其中也可以有很多例外(§97，372)，只要这些例外并没有摧毁最大的协调一致性(§440)；所以，在相同的前提下，这些例外只能是尽可能地少(§161)和小的(§186)。

## §446

在最完满的世界中，如果完满性的一个充分根据与一个不充分的根据相冲突，那么，例外就是由不充分的根据造成的；如果一个较富于成果的根据与一个不怎么富于成果的根据相冲突，那么，例外就是由不怎么富于成果的根据造成的；如果一个较重大的根据与一个不怎么重大的根据相冲突，那么，例外就是由不怎么重大的根据造成的；如果一个较远的根据与一个从属于它的较近的根据相冲突，那么，例外就是由较近的根据造成的；如果一个就一定方面而言的充分根据与一个绝对充分的根据相冲突，那么，例外就是由前者造成的；如果一个较低的根据与一个较高的根据相冲突，那么，例外就是由较低的根据造成的。最后，在最完满的世界中，与最高规则相冲突的任何一条规则都造成了例外（§186，445）。

### §447

关于最完满的世界，不仅§§361-376、354和436所说的是有效的，同时，§§380-388、247和354表明，任何一个世界都不具有的那种东西在最完满的世界中同样也是根本不存在的，比如，最完满的世界中不存在斯宾诺莎式的宿命（§382），最完满的世界毋宁必须被赋予那种在广泛性、持久性和强度方面未定的、同时也是假定的（§104，127）偶性和可变性（§440，437）。

## 第二节　世界中的诸实体的相互作用

### §448

由于我们这个世界存在着和谐（§357）和普遍的影响（§408），所以，这种影响要么在任何情况下都是实在的或观念的，要么有时是实在的，有时是观念的（§212）。世界中的相互影响的诸单子之间的和谐就是**世界中的诸实体之间的相互作用**[substantiarum mundanarum commercium][a]。所以，所有世界、也包括我们这个世界中的诸实体处于普遍的相互作用中（§357）。似乎适合于去解释这种相互作用的一系列的主张叫做**世界的诸实体的相互作用的解释体系**[systemata explicandi commercii inter substantias mundi][b]；而如果这种体系被用来解释一切实体的一切相互作用，那么它就叫做**普遍的**(一般的)**体系**[ universalia ]ᶜ(参见 §761)。在世界的那些处于相互作用中的部分那里，如果其中一个部分发生变化的充分根据可以从相互作用中的另一个部分的力来加以认知，那么这些部分的诸变化就是**和谐的变化**[ mutationes harmonicae ]ᵈ。世界中所有实体之间的观念性的相互影响是**普遍的前定和谐**[ harmonia praestabilita universalis ]ᵉ(参见 §462)，而主张在我们这个世界中的这种和谐的人就是**普遍的和谐主义者**，其学说体系被称为**普遍的前定和谐之体系**[ systema harmoniae praestabilitae universalis ]ᶠ。

ᵃ die Verbindung des in einer gantzen Welt vor sich bestehenden[某个世界整体中的依自持存物的关联] ᵇ Meinungen von der Art und Weise solcher Verbindung[关于这类关联的方式的学说] ᶜ allgemeine[普遍的体系] ᵈ übereinstimmende Veränderungen[和谐的诸变化] ᵉ die allgemeine vorherbestimmte Übereinstimmung[普遍的前定和谐] ᶠ die Meinung der allgemeinen vorherbestimmten Übereinstimmung[普遍的前定和谐之主张]

### §449

普遍的前定和谐的体系并不否认我们这个世界的诸实体之间的相互影响，而是主张这种影响(§448)；它并不否认世界的一个实体受动于另一个实体(§448, 212)，而是主张受动于另一个实体的某个实体的所有变化都是通过它自己的力而产生的(§210)；它并不否认我们这个世界的诸部分之间的相互冲突(§213)，并不否认跨界性的活动所需的能力和接受性(§217)，更不会否认无限实体的影响及其影响所需的有限实体的接受性(§448)；它不仅不否认精神可以作用于身体以及身体可以作用于精神，而且还认为身体和精神在我们这个世界中也能相互影响（§408，434）、相互邻接（§223，409）。

### §450

作为世界的组成部分的某个实体对世界的另一个组成部分的实在影响是**物理影响**。所以，**普遍的物理影响**是世界中的诸实体之间的普遍和谐，通过此种影响，一个实体就实在地影响着另一个实体；而在我们这个世界中主张这种影响的人就是**普遍的影响主义者**，其学说就是**普遍的物理影响之体系**。

### §451

普遍的物理影响体系并不否认世界的诸实体之间相互的和普遍的和谐（§450，48），其否认的乃是前定和谐（§448）。并非所有持这种主张的人——即认为我们这个世界的诸实体相互影响、相互冲突并相互受动于对方，身体从精神方面来看，精神从身体方面来看，能够互相邻接——都是普遍的影响主义者（§449，450）。普遍的影响主义者（1）否认我们这个世界的实体，如果它受动于另一个实体的话，是凭借自己的力而活动并导致其受动性的（§450，212）；（2）认为我们这个世界的实体的受动是由我们这个世界中的影响着它的另一个实体实在地导致的（§450）。所以，按照普遍的物理影响的体系，就没有什么实体，也即世界的部分在其和谐变化中是凭借自己的力而活动的（§448）。但由于世界中的实体的一切变化都能通过该世界中的任意一个其他单子的力而得到充分的认知（§354，400），所以，按照普遍物理影响体系，一切变化都是和谐的

(§448),世界上没有什么实体在自己的变化中是主动的,而是在一切变化中都实在地受动于世界中的其他实体,但其他实体同理也根本不是主动的(§210),因而也不是力(§197)——这与§199相冲突。

### §452

**普遍的偶因论者**[occasionalista universalis](神助论者)认为,唯有无限实体实在地影响着我们这个世界的看似都受动于该世界的其他实体的所有实体——按照他们的观点,我们这个世界的所有实体都实在地受动于该世界的其他实体;普遍偶因论者的学说就是**普遍的偶然原因体系**[systema causarum occasionalium universale][a](笛卡尔的或毋宁是马勒布朗士的神助体系);但该体系与§400和§408相冲突,因而是错误的。这一点之所以是显然的,也是因为按照偶因论,世界上任何一个实体的和谐变化都不属于实体自己的活动,而只属于无限实体的活动(§448)。所以,这种体系同样取消了有限事物的所有的力和能量(§451)。

[a] die Meinung der allgemeinen sogenannten nur gelegentlichen Ursachen [普遍所谓的偶然原因的观点]

### §453

偶然原因的体系即便没有否认和谐,也无疑否认了我们这个世界中的实体之间的普遍的相互影响(§452,448),即物理的(§450)和观念的(§212)影响[如果人们不想采用似是而非的、臆想的名称(§12)],以及那种前定的和谐(§448)。并非所有认为无限实体实在地影响着一切有限实体的受动性的人,也并非所有认为唯有无限实体实在地影响着一切有限实体的人,都是普遍的偶因论者;只有这样的人,即认为(1)有限实体的一切受动都是实在的且都(2)唯独依赖于无限实体的影响(§452)的人,才是普遍的偶因论者。

### §454

普遍的前定和谐体系与普遍的物理影响体系在如下方面是类似的(§70):(1)两者都不否认我们这个世界的诸实体的普遍的相互影响,也不否认诸实体的普遍和谐或无限实体对诸实体的普遍而实在的影响(§448,450);(2)两者都认为我们这个世界的实体的受动是某个有限实体的主动。两者在以下方面又是不同的:后一种体系把受动实体从主动中排除出去,而前一种体系则没有(§449,451)。

### §455

普遍的前定和谐体系与普遍的偶然原因体系在如下方面是类似的:两者都否认了我们这个世界中的一个实体对另一个实体也即对我们这个世界的另一个组成部分的实在影响(§70)。两者在以下方面又是不同的(§70):前者认为实体的某些受动是观念的,后者则认为是实在的(§449,453)。

### §456

普遍的物理影响体系与普遍的偶然原因体系在如下方面是类似的:两者都认为我们这个世界的一个实体对我们这个世界的另一个组成部分的受动是实在的。两者在以下方面又是不同的(§70):前者否认了无限实体对诸实体的普遍影响,而后者则主张这种影响

(§451，452)。

## §457

**各种关于世界的诸实体的相互作用的普遍解释体系**如果是以类似的方式来解释世界的诸实体的各种相互作用，那么，它们就被认为是**简单的**[systemata explicandi substantiarum mundanarum commercium universalia simplicia][a]。所以，前定和谐体系、物理影响体系和偶然原因体系都是简单的体系(§448，456)。通过与其他方式不同的方式来解释世界的某些实体的某些相互作用的体系，则是**复合的普遍体系**[systemata universalia composita][b]。

[a] die allgemeine Meinungen von der Art und Weise der Verbindung des vor sich bestehenden in einer gantzen Welt sind entweder einfach[关于某个整体世界中存在的联合的方式方法的诸普遍看法要么是简单的]， [b] oder zusammengesetzt[要么是复合的]。

## §458

前定和谐的、物理影响的和偶然原因的普遍体系之外的第四种简单的普遍体系(§457)是不可能的(§448，452)，但可以有无限多的，或更好的说法是，其数量未定的众多的复合体系(§457，248)。

## §459

通过前定和谐或处于相互作用中的世界的众多实体间的观念性的相互影响，与通过实体间的物理影响相比，一个更大的关联得以实现(§167)。因为在物理影响那里，实在地受动着的实体的受动在自己的力中没有充分根据（§450，212）。而在前定和谐那里，受动着的实体的受动（1）在自己的力中，（2）在观念地发挥着影响的实体中，有其充分根据（§449）。所以，发挥着影响的实体在前定和谐那里的成效与它在物理影响那里的成效是一样大的；但受动着的实体在前定和谐那里比它在物理影响那里要更富于成效（§166）。

### §460

通过唯独归属于无限实体的影响，也即无限实体对处于相互作用中的实在地受动着的实体（无论它们遭遇的是何种受动）的影响，受动实体并不比通过物理影响而更富于成效（§453），但相互作用的其他有限部分的成效则要小一些（§453，166）。所以，相比于通过那种唯独归属于无限实体的影响，通过与无限实体的协作相联系的前定和谐，处于相互作用中的诸实体间的一种更大的关联就实现了（§167）。

### §461

最完满的世界具有一个世界中的可能事物之间的那种最大的关联（§441）。所以，一个世界能够具有的、数量上尽可能多的此类实体，通过与无限实体的协作相联系的前定和谐就相互关联在一起了（§460，459）。

### §462

如果与无限实体的协作相联系的普遍的前定和谐在最完满的世界中是可能的，那么，最完满的世界就是普遍的和谐论者所认为的那个样子（§448，461），而不是某个持有复合体系的人所设想的那样，无论他把它设想成什么样（§451）；相反，在最完满的世界中，任何一种特殊的前定和谐［particularis harmonia praestabilita］[a]，即最完满的世界的某些部分的前定和谐，都要被容许（§154）。

[a] besondre vorherbestimmte Übereinstimmung［特殊的前定和谐］

### §463

由于普遍的前定和谐的必然条件就是这种和谐在最完满的世界中的可能性，所以，想要按照§462来证明前定和谐的人，就必须证明这种可能性。另一方面显然的是，任何一个世界的任何一个属于该世界的部分，因而也包括该世界中的任何一个变化（§354，155），都可以从该世界中任意某个其他的单子那里得到认知（§400）。但一个世界中的任何一个单子的任何一个受动都是这样的，即它受动于该世界中的另一个单子（§210）。而一个受动的单子是一种力（§199）。所以，一切受动于世界中的另一个单子的单子本身都是自己受动的根据，是这个受动部分的根据（§354，155），因而也就是它自己的受动的充分根据（§14，21）；所以，一个既定的受动同时也是受动单子的主动（§210）。所以，任何一个世界的单子的一切受动——受动于该世界的其他单子——都只是观念的（§212）。所以，世界的一个单子对另一个单子的这样一种影响从来都不是实在的，从来都不是物理的（§450）。所以，我们这个世界中的所有实体也都只是通过前定和谐——而非在某个时候是通过物理影响——而处于一种普遍的相互作用中（§448）。普遍的前定和谐体系是一种正确的学说，一切特殊的前定和谐因而也都是正确的

(§462)；一切普遍的或特殊的物理影响及其体系(§450)，包括偶然原因的体系(§452)，都是错误的。

## §464

最完满的世界具有一个世界能够具有的那种最大的关联(§441)。因而，如果最完满的世界中存在着身体和精神(§438)，那么，最完满的世界中就存在着一种机械的、精气的和精气-机械的最大关联(§441)[自然领域与优雅领域之间(§434，403)最大的前定和谐(§463)]。

## §465

二元论者就是认为我们这个世界是由相互外在的精神与身体构成的人。于是，最完满的世界既不是一种唯我论的也不是一种观念论的世界(§438)，而是二元论者所设想的那种世界(§439)。

## 第三节 自然物

## §466

世界中的单个来看和总起来看的诸部分作为自然物，其集合就是**整体自然**(被创造的自然，参见§859)。所以我们这个宇宙以及最完满的宇宙的自然就是其一切部分，也即它的诸单子、元素、精神、物质和物体所具备的一切本质规定性、本质性、能力、接受性和力的一个聚集或集合(§430)。所以，自然当中的一切物体的一切复合模式、动力和机制都是整体自然的一个部分(§431，433)。

第二部分　宇宙论

### §467

复合世界的本质及其复合模式(§226)，连同其各个部分的本质，都只是整体自然(§466，155)的一个相当小的部分(§161)。

### §468

整体自然具有可变的内在的诸部分(§466)，最完满的世界的整体自然具有最多的这种部分(§437)。所以，任何一个世界的整体自然都是一种偶然的(§131)有限的(§225)存在物，最完满的世界的整体自然具有一种数学上的三重的无限偶然性(§447)。

### §469

由偶然存在物的本性[①]实现的事件是一种**不同于超自然事件的自然事件**(参见§474)。但由一定的偶然存在物的特定本性所实现的事件则是一种**不同于自然之外的事件的自然事件**(参见§474)。事物的本性所能实现的一切东西对该物来说都是**物理上可能的**；其本性所不能实现的东西，对它来说就是**物理上不可能的**。尽管如此，有些本身可能的事物却并不是随便哪一种本性都能实现的(§15，430)，所以，有些事物可以是对许多本性而言物理上不可能的东西。对有些事物而言物理上不可能的东西并非同时又都是绝对不可能的。对某个偶然事物而言物理上不可能的东西要么是在其本性借以被考察的一切状态中**就本性而言都绝对**(纯然、完全、根本)**不可能的东西**，要么只是在其本性借以被考察的一定状态中

---

[①] natura 根据中文习惯译为"自然"或"本性"。

就本性而言一定意义上(目前、在某些情况下)**不可能的东西**。实在性就本性而言的完全不可能性就是其**单就本性来看的无能**。并非所有就本性而言的不可能性都是一种在本性上的完全无能或一种绝对的不可能性(§467)。物理上不可能的东西的对立面就是**物理上必然的东西**,物理上可能的东西的对立面就是**物理上偶然的东西**。并非所有物理上必然的东西都是绝对必然的(§102)。有些本身偶然的东西对许多事物来说可以是物理上必然的(§104)。物理上必然的东西要么是绝对的,要么只是一定意义上的。

### §470

**对一定物体而言的自然东西**需要由该物体的特定本性来实现。**对一定的物体世界而言的自然东西**就是一定世界中的诸物体的整体本性[①]要去实现的东西(§466)。**对一定的偶然精神而言的自然事物**就是该精神的特定本性要去实现的东西。**对一定的精神世界而言的自然东西**就是一定世界中的诸精神的整体本性要去实现的东西(§469)。

### §471

世界中的自然事物的前后相继就是**自然过程**。所以,自然过程既对立于超自然事物的前后相继,也对立于自然之外的事物的前后相继(§469),因而它要么是通过一个物体或整个物体世界、要么是通过一个精神或整个精神世界,要么是通过整体自然来观察的

---

① "整体本性"即"整体自然"。

(§470，466)。

## §472

世界中的自然事物的秩序就是**自然秩序**，自然秩序对立于超自然事物或自然之外的事物间的联系，因而只能通过一定的物体、一定的物体世界、一定的精神、一定的精神世界(§469，470)或通过整体自然(§466)来考察。这些单个的秩序具有各自的共同标准(§86)。所以，我们这个世界中存在着自然秩序的诸种标准以及相互间虽不同(§38)却类似(§70)的各种共同法则和规则(§432)。类似的法则的集合就是广义的**法**[ius][a](参见§971)。自然秩序的法则的集合就是**最广义的自然法**，自然法的组成部分是运动的诸法则和规则(§432)，以及精神本性的法则。

[a] ein Recht[法]

## §473

如果某自然事物跟在另一自然事物之后到来，那么该事物就是**按照自然过程而到来的**，也就是按照一定的物体的自然过程或一定的物质世界中的一定关联的自然过程，或按照一定的精神的自然过程乃至一定的精气世界中的一定关联的自然过程而到来的(§471)，或者无论如何是按照整体自然的过程而到来的(§466)。如果某自然事物跟在另一自然事物之后到来或与另一自然事物共存，那么该事物就是按照自然秩序而到来的，也就是**按照**一定物体的**自然秩序**或一定的物质世界中的一定关联的自然秩序，或按照一定精神的自然秩序乃至一定的精气世界中的一定关联的自然秩序**而到来的**（§472），或者无论如何是按照整体自然的秩序而到来的（§466）。所以，跟在另一自然事物之后或与之共存的某个自然事物是按照自然法则而实现的（§472）。对一定的物体或物质世界中的一定关联而言的自然事物是按照运动的法则和规则、通过物体的机制而实现的（§433），所以，该事物可以通过机械论来解释（§435，433）。

## 第四节 超自然事物

### §474

并非由偶然存在物的本性所实现的世界中的事件，就是一个**超自然的事件**。在一定的偶然存在物中发生但并非由该存在物的特定本性所实现的事件，是一个就该存在物而言的**自然之外的事件**。所以，就整体自然而言，超自然事物就是自然之外的事物；自然之外的事物就整体自然而言就是超自然的事物（§466）。就超自然事件被视为秩序之外的东西而言，超自然事件就是**奇迹**[miraculum][a]。所以，奇迹是就整体自然而言的自然之外的某种东西。一切奇迹都是超自然的，但并非所有超自然的事物都被视为奇迹。

[a] ein Wunder, Wunderwerck[奇迹，奇迹之作]

### §475

超自然的事物和奇迹与自然事物和自然秩序相悖（§81，474）。由于任何一个世界中的自然事物和自然秩序都是偶然的（§354，

257），所以，超自然的事物和奇迹是可能的（§101）。

### §476

通过世界中的偶然存在物的本性所实现的东西既不是超自然的，也不是奇迹（§474）。所以，由作为世界的组成部分的精神之本性所实现的东西既不是超自然的，也不是奇迹（§354，257）。

### §477

有限精神对世界的其他部分采取的、并非由这些受动部分的特定本性所实现的各种活动因而是就这些受动部分而言的自然之外的（§474）和秩序之外的东西（§472，384），但这些活动既非超自然的，亦非什么奇迹（§474）。所以，如果这类活动被称为**相对的奇迹**［miracula comparativa］[a]，那么相对的奇迹就并非那种与之有别的、被称作**狭义奇迹**［rigorosa］[b]的奇迹。如果这样的活动被视为是超自然的，那么这也只是就一定物体的或物体世界的一定本性而言才可勉强容许的（§470）。

[a] Vergleichungs-Weise［相较而言的奇迹］　[b] nach der Strenge sogenannte Wunder［狭义的奇迹］

### §478

一个我们并不知晓其自然原因的秩序之外的事件就是一个**奇观**［prodigium］[a]（标记，（参见§347）、启示、征兆）。奇观要么是狭义的奇迹（§474，477），要么是自然事件，也即**对我们而言的奇迹**［miracula quoad nos］[b]。

ᵃ ein geschehendes Zeichen［一个正在发生的征兆］ ᵇ Wunder nach der Fassung des Wahrnemenden［就感知者的把握而言的奇迹］

## §479

由于超自然事物和奇迹不是通过整体自然实现的(§474,466)，尽管如此它们却也是偶然的存在物(§474,354)，因而也是效果(§334)；所以，当它们实存时，它们就具有世界之外的存在物作为其效果因(§388)，也即为它们所证实的效果因(§333)。

## §480

跟在自然事件之后的一个非自然事件的**发生与自然过程相悖**(§471,473)。由于超自然事物和奇迹不是自然事件(§474,469)，所以跟在自然事物之后的超自然事物和奇迹的发生与自然过程相悖，也就是与整体自然的过程相悖(§471)。对一定的物体、一定的物体世界、一定的精神世界或一定的精气世界而言的自然之外的事物的发生只与自然的某个过程相悖(§474,471)。所以，并非所有与自然的某个过程相悖的东西都是超自然的或是某种奇迹(§474)。

## §481

超自然事物和奇迹既不是绝对秩序外的(§475,385)，也不是与一切世界秩序相悖的(§359,7)，尽管如此它们却并不处于自然秩序中(§472,474)。而由于跟在自然事件之后或与之共存的非自然事件的**发生与自然秩序**相悖，所以超自然事物和奇迹与整体自然的一切秩序相悖，所以它们并不是按照一定的自然秩序的共同标准而发生的（§472）；所以，就自然秩序而言，它们是秩序外的（§384）。超自然事物和奇迹是秩序外的，这是就整体自然的秩序而言的（§472）。自然之外的事物是秩序之外的，这是就一定的物体或物体世界、一定的精神或精气关联而言的，是就这类事物那里的一定自然秩序而言的（§474，472），其发生与该秩序相悖（§384）。所以，并非所有就某个自然秩序而言的秩序外的事物，并非所有与某个自然秩序相悖的东西，都是超自然的事物，更不用说都是奇迹了（§474）。

## 第五节　超自然事物的假定可能性

### §482

最完满世界中的一条秩序法则（§84），也即诸较高法则中的一条法则（§182）是这样的：在最完满世界的那些共可能的事物当中，最好事物与最好事物相联系（§444）。该法则叫做世界中的最好事物法则（参见§822），从属于该法则的是自然中的最好事物法则，即，在最完满的世界的那些自然事物当中，最好事物与最好事物相联系（§469，444）。

### §483

假设最完满的世界中的一个自然的，因而也就是按照自然秩序而发生的事件（§473），与其余的事件共可能。假设一个超自然的、因而也就是与自然秩序相悖而发生的事件（§481）在相同前提下，要比一个自然事件更能与其余的事件共可能。但由于对立的事件，也即自然事件与超自然事件（比如一个神奇的事件），是不能同时实存的（§81），所以，在这种情况下，整体自然的秩序规则就将与更高的完满性规则（§482）相冲突（§97）。

### §484

由于最完满的世界中的各种秩序规则，无论是特定自然的还是整体自然的秩序规则，都次于并从属于世界中的最好事物的法则（§182，482），所以，在§483设定的情况下，就出现了自然秩序的诸法则的一个例外（§446），而某种超自然的事物，更准确地说，某种奇迹（§483），就将与最完满世界中的最高秩序最为相适地发生（§483）。

### §485

通过绝对的跳跃而来的超自然事物和奇迹是不可能的（§387），所以没有什么超自然事物或奇迹是通过绝对的跳跃而发生的（§475）。但由于世界中的处于自然秩序中的各种事件切近的充分根据就是偶然存在物的本性（§472，469），所以超自然事物和奇迹，当它们发生的时候，是通过相对的跳跃而发生的（§474，386）。

### §486

物体世界中出现的超自然事物和奇迹不能从机械论的角度来解释，出现在精气世界（恩赐领域）中的**精气性的事物**和奇迹更不能这样来解释。

## §487

如果一个超自然的神奇事件替代一个自然事件而被设置在世界中,那么该世界就不再与那种情况——即,如果该自然事件是该世界的一个部分(§267,155)——下的世界完全相同了。所以,如果某个超自然的事件或奇迹替代一个自然效果而被设置在世界中,那么,与既定的超自然事件或奇迹共存的该世界的某种状态就被设定了——而该状态本是一定程度上不同的状态,假如超自然事件或奇迹并没有被实现的话(§378,369)。

## §488

没有什么事物是完全无成效的(§23),所以也没有什么超自然的事物或奇迹是没有附带的成效或结果的;设定了结果,也就同时设定了某事物(§14),因而也就同时设定了该事物的结果(§23),依此类推。所以,一切超自然事件和奇迹的、贯穿于前后相继的世界诸状态中的未定的后果(§248)就在超自然事件和奇迹之后被设定了(§30,369)。

## §489

如果一个自然事件在§487和§488提到的情况下替代一个超自然事件或奇迹而被设置在世界中,那么该自然事件就具有贯穿于跟后而来的世界的所有状态中的未定的结果(§23,369),但自然**效果**的后果与超自然的或神奇的**效果**的后果不能是完全相同的(§267,38)。所以,如果一个超自然的或神奇的**效果**替代自然**效果**而被设定在世界中,那么跟在超自然事件或奇迹之后而来的所有的世界状态就会变得部分地不同——不同于既定的超自然**效果**或奇迹倘若没有被实现的情况下的世界状态（§369）。

### §490

在偶然原因的体系中，有限实体的一切受动都是超自然的（§474，453），即便某个受动就其被视为一个有序事件而言可以不被当作奇迹（§384）。

### §491

由于超自然事物和奇迹是活动（§474，323），所以超自然事物或奇迹要么是简单的，要么是复合的（§215），也就是说，它们要么是作为同时性的存在物，要么是作为前后相继的存在物，要么同时作为这两种存在物（§238）。简单的也好，复合的也罢，只要是同时性的存在物，该存在物就只发生于一瞬间而无较前或较后的部分（§300）。

### §492

超自然事物或奇迹越富于成效，越高贵（§166），也就越大（§491，214），所以最大的事物将是那种最富于成效、最高贵和复合程度最高的事物（§214，215）。

### §493

**广义的自然主义者**（参见§999）就是否认我们这个世界中一切超自然事件的人。所以，他否认我们这个世界中的奇迹的实存

(§474)；当他因为否定了这类事物的可能性而否认这类事物时，他是错误的(§475)。

## §494

如果我们这个世界的自然如其所是地被设定，也即被设定成数学上无限的广泛性、持久性和强度(§440，466)，那么该自然也就不过是诸如此类的无限的偶然东西(§468，361)，且只能作为它所证实的世界之外的某个原因(§375)的效果而实存，正如超自然事物和奇迹在它们实存时的情况一样(§479)。所以，这样的人，即，他没有把自己关于我们这个世界的整体自然的理论的局限与我们所说的自然本身的局限相混淆，且尔后也并没有粗心地单从自己对自然原因的无知而推论出对自然原因的完全否定，因而也就没有不公正地对待整体自然、超自然事物和奇迹的共同原因(§375，479)，并不是一个自然主义者(§493)。

## §495

假设在最完满的世界中，自然事件和超自然事件在相同的情况下与世界的其余部分共可能，而就它们的后果来说，两者又是一样的好。自然事件将同样地满足了世界中的最好事物的法则，正如超自然事件那样(§482)，同时又满足了自然秩序所规定的完满性的规则(§472)，因而与超自然事件相比，它满足了更多的规则(§481)。在这种情况下，最完满的世界中因而就不会有什么超自然的事物或奇迹发生(§482，445)。

## §496

由于最完满的世界的整体自然也是有限的(§468)，所以，这种自然也并不是所有能够依存于最完满世界的偶性的充分根源(§430，259)。所以，假设了最好的事件——它与最好世界中其余的最好事件共可能，但它通过自然的或寻常的[①]方式是不能实现的——，假设了最好的事件可以通过超自然的方式和非同寻常的方式来实现，那么，在这种情况下，正如§484 中的情况一样，超自然事物也即奇迹就将以一种与最完满世界的秩序最为相适的方式而发生(§482，444)。

## §497

最好的世界中有多少事物和多大的事物能够以自然的和寻常的方式发生，就有多少事物和多大的事物在其中以自然的方式发生(§495)。有多少最好的事物和多大的最好事物在最好的世界中根本不能以自然的和寻常的方式发生，或不能同样好地以这种方式发生，就有多少最好的事物和多大的最好事物在其中以超自然的和神奇的方式发生(§484，496)。前一种情况下的奇迹可以被称为**补充性的**[miracula supplentia][a]，后一种情况下的奇迹可以被称为**修正性的**[emendantia][b]。两种情况下的超自然事物的根据是一样的。

[a] ergäntzende[补充着的奇迹]　　[b] ausbessernde Wunder[修正着的奇迹]

---

① 遵循一定秩序的，就是"有序的"(ordinarius)，也即宇宙中的寻常事物；不遵循秩序的，就是"无序的"(inordinatus)或"秩序外的"(extraordinarius)，也即非同寻常的事物(参见§384)。故 ordinarius 和 extraordinarius 原则上译为"有序的"和"秩序之外的"，个别情况下按照当代语言习惯而译为"寻常的"和"非同寻常的"。

## §498

最完满的世界中的超自然事件和奇迹的数量(§160)与有可能的这类事物——即通过自然方式和按照自然秩序不能同样好地被实现的事物(§159,497)——的数量一样多,不多也不少。

## §499

如果某个时候,在最完满的世界中,某个超自然事件即便就后果而言也要好于一个自然事件,如果某个时候,最完满的世界中的某个可能事件以自然的方式或通过整体自然而是不可能的,那么,最完满的世界就并非自然主义者在较为一般的意义上所说的那样了(§498,493)。

## §500

并非所有这样的人,即,他否认自然之外的某些事物(§474)、有限精神的非同寻常的作用(§476)、相对的奇迹(§477)、我们眼中的征兆和奇迹(§478),这类有悖于自然过程(§480)和某种秩序(§481)而发生的事物,是我们这个世界中的奇迹(§474),都是一般意义上的自然主义者(§493)。

# 第三部分

# 心理学

# 导　　论

§501
**心理学**是关于心灵的普遍谓词的科学。

§502
由于心理学包含了神学、感性学、逻辑学和实践科学的诸第一根源，所以它有理由（§501）被归入（§2）形而上学（§1）。

§503
心理学（1）更为切近地从经验中得出自己的诸定理——这是**经验心理学**；（2）经过一长串的理性推理得出自己的诸定理——这是**理性心理学**。

# 第一章 经验心理学

## 第一节 心灵的实存

### §504

如果某存在物中有某东西能够对某事物具有意识,那么该东西就是**心灵**[anima][a]。在我这里存在着某种东西(§55),它能对某事物具有意识(§57)。所以,我这里存在着一颗心灵(我作为心灵而实存)。

[a] eine Seele[心灵]

### §505

我思考,我的心灵发生了变化(§125,504)。所以,思想是我心灵的诸偶性(§210)——至少其中一部分偶性在我的心灵中有其充分根据(§21)。所以,我的心灵是一种力(§197)。

### §506

思想就是表象。所以我的心灵是一种表象力(§505)。

## §507

我的心灵至少思考着我们这个宇宙的一些部分(§354)。所以它是一种至少部分地表象着我们这个宇宙的力(§155)。

## §508

我思考着我们这个宇宙的某些物体及其变化,我对其中一个物体的变化思考得少些,对另一个物体的变化思考得多些,而我思考最多的是这个物体的变化。最后的这个物体就是我的一个部分(§155),因而也就是**我的身体**[ corpus meum ][a]——比起我对任何其他物体的变化的思考,我更多思考的是我身体的变化。

[a] mein Leib[ 我的身体 ]

## §509

我的身体在我们这个世界中占据一定的位置(§85)、地点、时间点(§281)和处境(§284)。

## §510

有些事物我思考得明晰些,有些事物我思考得含混些。含混地思考某事物的人,并没有对该事物的诸特征做出辨别,尽管他表象或知觉了这些特征。因为假设他辨别了含混地被表象的事物的诸特征,他对自己含混表象出的事物的思考就会是明晰的;但假设他完全没有知觉到含混地被思考的事物的诸特征,他也就不能通过这些特征来把这个含混地被知觉的事物与其他事物区别开来。所以,含混地思考某事物的人，对该事物的表象也是晦暗的。

### §511

心灵中有各种晦暗的知觉（§510），这些知觉的集合叫做**心灵的基底**[ fundus animae ][a]。

[a] der Grund der Seele[ 心灵的根基 ]

### §512

从我的身体在世界中的位置可以得知，为何我对这个事物的知觉要晦暗些，对那个事物的知觉要清楚些，对其他事物的知觉要明晰些（§306，509），也就是说，**我是根据我的身体在我们这个宇宙中的位置来进行表象的**[a]。

[a] meine Vorstellungen richten sich nach der Stelle meines Leibes[ 我的表象取决于我身体的位置 ]

### §513

我的心灵是一种根据其身体的位置（§512）来表象（§506）宇宙（§507）的力（§505）。

### §514

心灵中的诸表象的整体就是**整体知觉**[ perceptio totalis ][a]，它的各个部分就是**局部知觉**[ perceptio partiales ][b]，局部知觉中的那些晦暗知觉的集合构成**晦暗（昏暗）领域**[ campus obscuritatis ][c]，该领域是心灵的基底（§511）。清楚知觉的集合构成了**清楚（光明）**

**领域**[campus claritatis]<sup>d</sup>，清楚领域包括了**含混领域、明晰领域**[campus confusionis, distinctionis]<sup>e</sup>和**适当领域**[adaequationis]，等等。

<sup>a</sup> die gantze Vorstellung[整体表象]　<sup>b</sup> jener Theile[部分知觉]　<sup>c</sup> das Feld der Dunckelheit[晦暗领域]　<sup>d</sup> das Feld des Lichtes[光明领域]　<sup>e</sup> die Felder der Verwirrung, der Deutlichkeit, u.s.w.[含混领域、明晰领域，等等]

### §515

真正的知识就是实在性(§12,36)，其对立面即没有知识或缺乏知识，就是**无知**[ignorantia]<sup>a</sup>，似是而非的知识或**错误**[error]<sup>b</sup>就是否定(§81,36)。最小的知识就是关于一个最小事物的最不真的知识(§161)。所以，关于越多越大事物的知识越真，知识就越大(§160)，直至关于最多最大事物的最真最大的知识。认知了较多事物的**知识程度**，就是知识的**丰富**[ubertas]<sup>c</sup>(丰实、广泛、富有和宽广)；认识了较少事物的知识程度，就是知识的**狭窄**[angustia]<sup>d</sup>；认识了较大事物的知识程度就是知识的**荣耀**[dignitas]<sup>e</sup>(高贵、高大、重大和崇高)；认识了较小事物的知识程度就是知识的**无价值**[vilitas]<sup>f</sup>(贫乏、肤浅)。知识将越真的事物编入越大的秩序中，知识就越真(§184)，因而也就越大。确定了较真东西的**知识**是**精确的**[exacta]<sup>g</sup>(精心琢磨出的)，揭示了不怎么真的东西的知识是**粗糙的**[crassa]<sup>h</sup>。知识中的较大秩序或方法，就是**知识的方法论方面的**(教学法的，规范性的)**东西**，知识中较小的秩序就是**杂乱无章的东西**[tumultuarium]<sup>i</sup>。我心灵中的知识及其诸表象要么较小，要么较大(§214),而就它们是根据而言,它们是**广义的论证**,具有力和效用(§197)。没有哪一种知识是毫无成效的(§23),但具有**较强大的**效用或力的知识是**较强的**[fortior]<sup>j</sup>,具有**微弱无力的**较小效用的知识,是**较弱的**[debilior]<sup>k</sup>(没能耐的、怠惰无力的)。较弱表象的出现对心灵状态的改变较小,较强表象的出现对心灵状态的改变较大(§208, 214)。

<sup>a</sup> Unwissenheit[无知] <sup>b</sup> Irrthum[错误] <sup>c</sup> Weite, Verbreitung, Ausdehnung, Vorrath, Reichthum der Erkenntniss[知识的范围、广度、延伸、储备、丰富] <sup>d</sup> eine Einschränkung, Armuth, Dürftigkeit der Erkenntniss[知识的局限、贫乏、匮乏] <sup>e</sup> Grösse, Wert, Würde, Wichtigkeit[大小、价值、尊严、重要性] <sup>f</sup> Geringschätzigkeit[价值甚微] <sup>g</sup> genau[精确的] <sup>h</sup> grob[粗糙的] <sup>i</sup> ein Gemenge[杂乱] <sup>j</sup> stärker[较强的] <sup>k</sup> schwächer[较弱的]

## §516

与整体知觉的其他部分连在一起的知觉叫做**相连的知觉**[perceptiones sociae]<sup>a</sup>,相连的知觉中的最强知觉**起统治作用**[regnat]<sup>b</sup>(在心灵中起支配作用)。

<sup>a</sup> vergesellschaftete Vorstellungen[相连的表象] <sup>b</sup> die herrschende[统治着的知觉]

## §517

知觉包含的特征越多,它就越强(§23,515)。所以,与一个清楚的知觉相比,一个晦暗的知觉包含有更多的特征,也更强;与一个明晰的知觉相比,一个含混的知觉包含有更多的特征,也更强。

包含有较多特征的**知觉**叫做**义涵丰富的**[preagnans]<sup>a</sup>。所以，义涵丰富的知觉更强。所以，观念具有强大的力量(§148)。义涵丰富的词语[Terminus]是**强调性的**[emphatici]<sup>b</sup>(强调)，其科学叫做**强调学**[Emphaseologia]。专名具有的力并不小。

<sup>a</sup> vielsagende Vorstellungen[含义丰富的表象]　<sup>b</sup> ein Nachdruck[强调]

### §518

晦暗的知觉在其中起支配作用的心灵状态，是**黑暗领域**[regnum tenebrarum]<sup>a</sup>；清楚的知觉于其中是主宰者的那种心灵状态是**光明领域**[regnum lucis]<sup>b</sup>。

<sup>a</sup> das Reich der Finsterniss[心灵中的黑暗领域]　<sup>b</sup> das Reich des Lichtes in der Seele[心灵中的光明领域]

## 第二节　低级认知能力

### §519

我的心灵认知一些事物(§506)。所以我的心灵具有**认知能力**[facultatem cognoscitivam]<sup>a</sup>，即，它具有认知一些事物的能力(§57，216，广义的理智，参见§402)。

<sup>a</sup> Vermögen zu erkennen[认知能力]

### §520

我的心灵晦暗地认知了一些事物，含混地认知了一些事物(§510)。在相同的前提下，如果我的心灵知觉到某事物，并知觉到该事物与其他事物不同，那么，与它只认知事物而不对事物进行区分的情况相比，它就知觉到了更多的东西（§67）。所以，在相同的前提下，一个清楚的认知比一个晦暗的认知更大（§515）。所以，晦暗是较低的认知程度，清楚是较高的认知程度（§160，246）。同理，含混是较小较低的认知程度，明晰是较大较高的认知程度。所以晦暗地、含混地或不明晰地认知某事物的能力是**低级的认知能力**[facultas cognoscitiva inferior][a]。所以，我的心灵具有低级的认知能力（§57，513）。

[a] das untere Vermögen zu erkennen［低级认知能力］

## §521

不明晰的表象叫做**感性表象**[repraesentatio sensitiva][a]。所以，我心灵的力通过低级认知能力来表象感性知觉（§520，513）。

[a] eine sinnliche Vorstellung［一个感性表象］

## §522

我是这样将事物表象在我面前的，即它的一些特征是清楚的，另一些特征则是晦暗的。这样的知觉，就其具有清楚的特征而言，是明晰的，就其具有晦暗的特征而言，是感性的（§521）。所以，存在着某种含混的和晦暗的东西参杂于其中的明晰知觉，以及某种明晰的东西寓于其中的感性知觉。后一种知觉，就其较差的方面而言，是通过低级的认知能力而形成的（§520）。

## §523

表象的特征要么是间接的,要么是直接的(§67,27)。只有后一种表象才是在判断知觉的清楚度时要留意的。

## §524

知觉的特征要么是充分的,要么是不充分的(§21,67);要么是绝对必然的(§106,107),要么是本身偶然的(§108);要么是绝对不可变的、持久的(§132),要么是本身可变的、可变化的(§133)。有时候只有前一种情况的特征出于其卓越性才被称为特征。

## §525

表象的特征要么是否定的,要么是实在的(§135)。具有前一种特征的知觉叫做**否定性知觉**[perceptio negativa][a],具有后一种特征的知觉叫做**肯定性知觉**[perceptio positiva][b]。**否定性知觉**要么是**完全否定性的**[perceptiones negativae totaliter][c],也即它的所有单个的特征都是否定性的,通过这些特征没有什么东西被知觉(§136),要么是**一定程度上**[partialiter]**否定性的**[d],也即它的某些特征真的是或看似是否定性的(§12)。

[a] verneinende [否定性知觉]　[b] bejahende [肯定性知觉]　[c] völlig verneinende [完全否定性的知觉]　[d] zum Theil verneinende Vorstellungen [部分否定性的知觉]

## §526

有些特征比其他特征更富于成效、更重要(§166);但这两类特征与不充分的特征相比,都是充分的(§169,524)。

### §527

**轻易的**[facile]<sup>a</sup> 指其实现只需少许力的那种东西,**困难的**[difficile]<sup>b</sup> 指其实现需要较大力的东西。所以,**对一定主体而言的轻易**[facile certo subiecto]<sup>c</sup>,就是指其实现只需这个主体所具有的力中很小一部分力的那种东西,**对一定主体而言的困难**[certo subiecto difficile]<sup>d</sup>,指其实现需要这个主体所具有的力中的较大部分的力的那种东西。所以轻易和困难存在程度上的差别(§246)。

<sup>a</sup> leicht[轻易的]  <sup>b</sup> schwehr[困难的]  <sup>c</sup> diesem oder jenem leicht[对这个人或那个人而言的轻易]  <sup>d</sup> diesem oder jenem schwehr[对这个人或那个人而言的困难]

### §528

这样的知觉是最不清楚的,即,它的特征只是足以使它极为困难地与另一个最为不同的知觉区别开来(§161)。所以,我越是轻易地将一个知觉与更多的更为类似的知觉区别开来,该知觉对我而言就越清楚(§160),直至对我而言最为清楚的知觉,也即这样的知觉,我最轻易地就能把它与一切其他知觉、包括那些最为类似的知觉区别开来(§161)。这样的表象是最不晦暗的,即,它的特征只是不足以使它与一个最为类似的表象最为轻易地区别开来(§161)。所以,如果运用越大的力却越不能把一个知觉与越多、越不同的知觉区别开来,那么该知觉就越晦暗,直至对我而言最为晦暗的知觉,也即这样的知觉,我运用了我所有的力也不能将之与其他知觉,包括与最为不同的知觉区别开来(§161)。

## §529

与我对其他事物的知觉相比,我更为清楚地知觉到的事物,**我予以关注**[attendo]<sup>a</sup>。与我对其他事物的知觉相比,我更加晦暗地知觉到的事物,**我把我的注意力从它那里抽离**[abstraho ab eo]<sup>b</sup>。所以我具有予以关注和不予关注的能力(§216),但两种能力都是有限的(§354),因而都只是一定程度上的,而不是最高程度上的(§248)。越是从一个有限的量那里拿走东西,余下的东西就越少。所以,我越是关注某个事物,我就越不能再关注其他事物。所以,一个要求我全神贯注的较强知觉使一个较弱知觉变得晦暗,或者使得我将注意力从较弱知觉那里抽离(§528,515)。

> <sup>a</sup> daran gedencke ich, darauf habe oder gebe ich Acht[我想起的东西,我对其具有或给予注意的东西] <sup>b</sup> das lasse ich aus der Acht, das werfe ich in Gedanken weg, das verdunkle ich mir, das entziehe ich meinen Gedanken[我不关注的东西,我不考虑的东西,我使之在我面前变得晦暗的东西,我将我的注意从它那里抽离的东西]

## §530

一个知觉,如果除了具有我最为关注的那些特征,还具有其他一些不怎么清楚的特征,那么这个知觉就是一个**复合知觉**[perceptio complexa]<sup>a</sup>。在**复合思想**的所有特征中,我最为关注的那些特征的集合,叫做**首要知觉**[perceptio primaria]<sup>b</sup>,那些不怎么清楚的特征的集合叫做**附属(次要)知觉**[perceptio adhaerens]<sup>c</sup>。所以,复合知觉就是由主要的和附属的知觉构成的整体(§155)。

ᵃ eine gehäufte[聚集而成的知觉] ᵇ die Haupt-[主要知觉] ᶜ Neben-Vorstellung[次要知觉]

## §531

假设有两个清楚的思想,各自都具有三个特征,但其中一个思想的特征是清楚的,另一个的特征是晦暗的,那么,前一个思想就将是更为清楚的(§528)。所以,知觉的清楚度随特征的清楚度(特征的清楚度基于明晰度、适当性等)的提升而提升。假设有两个思想,其特征的清楚度是相同的,但其中一个思想具有三个特征,而另一个具有六个特征,那么后一个思想就将是更加清楚的(§528)。所以,清楚度随特征的数量的增多而提升(§162)。基于特征清楚度的较高清楚度可以被称为**紧密的清楚度**[claritas intensive]ᵃ,基于特征数量的较高清楚度可以被称为**广泛的清楚度**[extensive maior]ᵇ。广泛的较清楚的**知觉**是**生动的**[perceptio vivida]ᶜ。生动性是**思想和言说的光辉**[cogitationum et orationis nitor]ᵈ(光彩),其对立面是**枯燥无味**[siccitas]ᵉ(即吹毛求疵式的思维与说话方式)。这两种清楚度都带来了**可理解性**[perspicuitas]ᶠ。所以,可理解性要么是生动的,要么是理智性的,或者既是生动的也是理智性的。一个知觉,如果它的力体现在对另一个知觉的真的认知过程中,那么这个**知觉连同它的力就是证明性的**[perceptio et vis eius est probans]ᵍ;一个知觉,如果它的力使另一个知觉变得更清楚,那么这个**知觉及其力就是解释性的**[et vis eius est explicans]ʰ(说明性的);一个知觉,如果它的力使另一个知觉变得生动,那么该**知觉及其力就是**

第一章　经验心理学

**阐明性的**［perceptio et vis eius est illustrans］[i]（描绘性的）；一个知觉如果使另一个知觉变得明晰，那么该**知觉及其力就是分解性的**［et vis eius est resolvens］[j]（揭示性的）。对真的意识就是**确定性**［certitudo］[k]（主观的，参见 §93）。感性确定性是**说服**［persuasio］[l]，理智确定性则是**信服**［convictio］[m]。在相同的前提下，谁思考事物及其真，谁就比只思考事物的人思考得更多。所以，在相同的前提下，确定的思想和认知比**不确定的思想和认知**［cogitatio et cognitio incerta］[n]（§515）更重大。过于不确定的**认知是肤浅的**［superficiaria］[o]，在必要程度上确定的认知**是坚固的**［solida］[p]。所以，认知越清楚、生动、明晰和确定，它也就越重大。知觉如果附带地带来了另一个知觉的确定性，那么该**知觉及其力就是说服性的**［persuasoria］[q]或令人信服的［convincens］[r]。确定的可理解性就是**显然性**［evidentia］[s]。

[a] ein schärferes, strengeres［一束尖锐的光］　[b] ein verbreitereres Licht［一束发散的光］　[c] eine lebhafte Vorstellung［一个生动的表象］[d] das schimmernde der Erkenntniss und Rede［认知和言说的闪光］　[e] das trockne［枯燥的东西］　[f] die Fasslichkeit, Verständlichkeit［可把握性、可理解性］　[g] die beweist, wahrmacht［证明性的、证之为真的知觉］　[h] die entdekt, anzeigt, voraus erhellt［揭示性的、说明性的、澄清性的知觉］　[i] die erläutert, aufhellt［阐释性的、澄清性的知觉］　[j] die aufschliesst, auseinandersetzt, entwickelt［分解性的、辨析性的、解说性的知觉］　[k] Gewissheit［确定性］　[l] Überredung［说服］　[m] Überzeugung, Überführung［使信服、使转变］　[n] ungewisse Erkenntniss und Gedanken［不确定的认知和思想］　[o] seichte, unsichre［浅薄不确定的认知］　[p] sichre, gründliche Kenntniss［确定牢靠的认知］　[q] von überredender［具有说服性的力和效果的知觉］　[r] von überzeugender Kraft und Wirksamkeit［具有使人信服的力和效

果的知觉] ˢ das völlig ausgemachte[完全确定的]

## §532

紧密的清楚知觉和广泛的清楚知觉都可以是感性的(§522,531);因而较生动的知觉就比不怎么生动的知觉更完满(§531,185)。较生动的知觉可以比紧密的清楚的、本身明晰的知觉更强(§517,531)。

## §533

关于感性认知和感性表达的科学是**感性学**[aesthetica]ᵃ(低级认识能力的逻辑学,关于优美和缪斯的哲学,低级认知论,以美的方式来思维的艺术,类理性的艺术)。

ᵃ die Wissenschaft des Schönen[关于美的事物的科学]

# 第三节 感官

## §534

我思考我当下的状态,因而我在表象我当下的状态,也就是说,**我在感觉**[sentio]ᵃ我的当下状态。对我当下状态的表象或**感觉**[sensationes]ᵇ(现象)就是对当下世界状态(§369)的表象。所以,我的感觉是通过心灵的表象力、依据我身体的位置来实现的(§513)。

ᵃ ich empfinde[我感觉]  ᵇ Empfindungen[感觉]

## §535

我具有感觉能力(§534,216),也即具有**感官**[sensum]ᵃ。感官表象的要么是我心灵的状态——**内感官**[sensus internus]ᵇ,要么是我身体的状态——**外感官**[externus]ᶜ(§508)。所以,感觉要么是通过内感官(狭义的意识)实现的**内感觉**(sensatio interna)ᵈ,要么是通过外感官实现的**外感觉**[externa]ᵉ(§534)。

ᵃ der Sinn[感官]　ᵇ der innre[内感官]　ᶜ die äussre Sinnen[外感官]　ᵈ eine innre[内感觉]　ᵉ eine äussre Empfindung[外感觉]

## §536

这样一些身体部分,即,有外感觉与这些身体部分的适当运动共存,是**诸感觉器官**[aestheteria]ᵃ(感官工具)。通过感觉器官,我具有了感觉(1)任何触碰我身体的物体的能力,也即具有了**触觉**[tactum]ᵇ;感觉(2)光的能力,也即具有了**视觉**[visum]ᶜ;感觉(3)声响的能力,也即具有了**听觉**[auditum]ᵈ;感觉(4)朝我鼻子袭来的某物体的气味,也即具有了**嗅觉**[olfactum]ᵉ;感觉(5)在我口中融化的盐的能力,也即具有了**味觉**[gustum]ᶠ。

ᵃ Werkzeuge der Sinnen[感官工具]　ᵇ Gefühl[触觉]　ᶜ Gesicht[视觉]　ᵈ Gehör[听觉]　ᵉ Geruch[嗅觉]　ᶠ Geschmack[味觉]

## §537

感觉器官越是以适当的方式被激发,感觉就越强烈、越清楚;反之,外感觉就越微弱、越晦暗(§513,512);这样的场所,即构造物于其中仍能以这般适当的方式激发感觉器官,从而使自身被清楚地感觉到,是**感觉领域**[sphaera sensationis]<sup>a</sup>。感觉领域中最适当的场所是**感觉点**[punctum sensationis]<sup>b</sup>。

<sup>a</sup> eines jeden Empfindungs-Kreiss[一切感觉领域]　<sup>b</sup> eines jeden Empfindungs-Punct[一切感觉点]

### §538

感觉对象越小,离感觉点越远,对它的感觉就越晦暗、越微弱;它越大,离感觉点越近,对它的感觉就越清楚、越强烈(§537,288)。

### §539

最弱小的感官应是这样的:它以最小程度的真、光明和确定性对最切近、最为合适的当下的唯一一个最大的对象进行表象(§531,538)。所以,在对象越多、越小、越远且越是以不适当的方式激发着感官的情况下,如果感官对对象的表象越真实、越清楚、越确定,那么感官就越强大(§219,535)。

### §540

强大的**感官**叫做**敏锐的**[sensus acutus]<sup>a</sup>,弱小的感官叫做**迟钝的**[hebes]<sup>b</sup>。感觉器官越是为适当的运动做好了调整或准备,外感官就越敏锐或将变得越敏锐。感觉器官越是没有为此做好准备或调整,外感官就越迟钝或将变得越迟钝(§537,539)。

<sup>a</sup> scharfe[敏锐的感官]　<sup>b</sup> stumpfe Sinnen[愚钝的感官]

## §541

感觉的法则是：正如世界的各种状态和我的各种状态是前后相继的一样，对两者当下状态的各种表象也应该是前后相继的（§534）。因而，内感觉的规则就是：正如我心灵的诸状态是前后相继的那样，对当下心灵状态的各种表象也应该是前后相继的；而外感觉的规则就是：正如我身体的诸状态是前后相继的那样，对当下身体状态的各种表象也应该是前后相继的。

## §542

感觉要比所有其他的单个知觉更强有力（§512，517）。所以，感觉使所有其他的单个知觉变得晦暗（§529）。尽管如此，众多其他的知觉总体来看是可以比这样或那样的单个感觉更强，特别是比一个弱的感觉更强，并使之变得晦暗；一个感觉可以被另一个更强的感觉弄得晦暗得多，或者被众多其他的感觉（这些感觉单个来看是弱的，但总起来看则是更强的）弄得晦暗得多（§529，517）。

## §543

外感觉将变得容易，(1)如果感官做好了准备（§536），(2)如果某物体被带入感觉领域，准确地说，(3)就是尽可能地被带到感觉点上（§537），(4)并且该物体不仅就质的方面（§536），(5)同时也就量的方面（§538）而言特别适合于激起感觉器官中的适当运动，(6)如果不仅仅是更强的异类感觉，(7)而且那些虽然单个来看较弱、但因其数量之多而更强的感觉，(8)当然还包括其他一些全然异类的知觉被阻止（§542）。外感觉将受到阻碍，(1)如果感觉器官被阻止以适当的方式运动，(2)如果人们至少会担心感觉器官不怎么会被激发(§537)，因为(3)可感觉的对象离得远，或(4)变小，或(5)完全被阻止出现，因为(6)某个更强的感觉产生，因为(7)注意力被更多的异类感觉或(8)知觉所分散，以至于这些虽然单个来看较弱的感觉或知觉总体上却使那个可能会被阻止的感觉变得晦暗(§542, 221)。

## §544

由于感官把我们这个世界中的单个事物，因而把完全确定的事物(§535, 148)表象为这样的事物，因而也就是表象为处于普遍关联中的事物(§357)，而由于关联，尤其是有关系的事物间的关联，是不能不通过被关联在一起的双方来表象的(§14, 37)，所以，在任何一个感觉中，与被感觉物关联在一起的那个关联方就被不清楚地、因而多半是晦暗地表象为单个物。所以，在任何一个感觉中都掺杂有某种晦暗的东西，因而在明晰的感觉中也总是掺杂着某种含混的东西。所以，一切感觉都是必然通过低级的认知能力而形成的感性知觉(§522)。由于**经验**[experientia][a]就是通过感官而达到的清楚认知，所以，获取并表述经验的感性学就是**经验感性学**。

[a] Erfahrung[经验]

## §545

**感官错觉**[fallaciae sensuum][a]是依赖于感官的错误表象；感官错觉要么是感觉本身，要么是以感觉作为其前提的推理，要么是通过歪曲而被视为感觉的知觉(§30, 35)。

ᵃ Betrug der Sinne［感官错觉］

## §546

由于感觉本身表象的是身体的或心灵的或同时是两者的当下状态(§535)，所以，内感觉和外感觉知觉到的是现实的(§205,298)、因而也是可能的(§57)、也即我们这个世界中的可能的事物(§377)。所以，感觉是整个世界中最真实的东西(§184)，没有哪一种感觉是感官错觉(§545)。所以，如果感官错觉是一个推理，那么错误就隐藏在其形式中，或隐藏在其他前提中；如果感官错觉是一个由于歪曲而被视为感觉的异类知觉的话，那么由仓促的判断所导致的一个双重错误就产生了——不过，这个错误可以很容易地被回溯为第二种情形(§545)。

## §547

**幻象**［praestigiae］ᵃ是欺骗感官的技巧；如果由此产生了感官错觉，那么幻象就是**有效的**［efficaces］ᵇ，如果没有产生，那么幻象就是**无效的**［inefficaces］ᵇ。所以，越是遭受着成见(成见与感觉具有共同之处)之苦的人，越不能提防歪曲之误，在他那里也就有越多的幻象能够是有效的(§545)。在不受任何成见和歪曲之误束缚的人面前，一切幻象也就不起作用了(§546)。

ᵃ Blendwerk der Sinne［感官幻象］　ᵇ kräftig［有力的］　ᶜ unkräftig［无力的］

## §548

对感官错觉，因而也就是对有效的幻象(§547)而言，这类命题是合适的大前提（§546），即：我没有经验到的或没有清楚地感觉到的东西（§544）是不存在的（**托马斯的成见**[ praeiudicium ][a]）或是不可能的；与另一个表象（一定程度上）相同的任何东西，都是该知觉本身；在共存的或前后相继的事物中，一事物实在地影响着另一事物（也即这样的诡辩：因为……，所以……）。

[a] das Vorurtheil des Thomas [托马斯的成见]

### §549

同理，一个不同的较强知觉使一个较弱知觉变得晦暗（§529），一个不同的较弱知觉使一个较强知觉变得明亮（§531）。所以，在某个对象这里，如果在一个较弱的知觉之后有一个不同的清楚的较强知觉跟随而来，那么正因为这个跟随而来的知觉是新的，它就在清楚知觉的领域中更多地被把握（§529）。所以，跟随一个不同的较弱感觉而来的清楚的较强感觉正因为它是新的而变得明亮起来（§542, 534）。所以，一个事物就是被它那个更弱的对立面所照亮的（§81, 531）。对立的事物如果并列而置，会更加光亮。

### §550

在即刻轮替的较多的总体知觉中，如果有一个就人们观察而言完全同一的感觉，那么，该感觉一开始是拥有新鲜光彩的（§549）。但这个感觉随后会部分地，再随后会更多地失去这个光彩，依次类推。 所以，如果这个感觉并没有被别的什么东西照亮的话，那么，它在随后的总体知觉中就会变得不那么清楚，在再后来的总体知觉中会变得更加不清楚，因为它总是跟在一个使其变得更加晦暗的知觉（§529）之后。所以，就人们的观察而言，长久地保持为同一个东西的感觉，单单因为时间之故就会变得晦暗（§539）。

### §551

感觉不会以相同的强度持续下去（§550）。所以，即使一个感觉是它能够是的那种最强烈的感觉，它也会减弱（§247）。

### §552

**我清醒着**［vigilo］[a]，只要我具有清楚的外感觉；只要我开始这样来感觉，**我就清醒了**［evigilo］[b]。如果在健全之人那里，单个的感觉具有一个通常的清楚度，那么人们就说，这个健全之人是一个**能主宰自己**［sui compos］[c]的人。如果在某个人那里，这些感觉中的某些感觉变得如此生动，以至于它们显著地使其余的感觉变得晦暗，那么，这个人就是**身不由己的**［extra se rapitur］[d]（他忘了自己，魂不守舍）。由内感觉导致的身不由己的状态，就是**迷狂**［ecstasis］[e]（幻觉、精神颤动、灵魂出窍）。

[a] ich wache［我清醒着］　[b] ich erwache［我清醒着］　[c] so sagt man, er sey bey sich selbst, seiner mächtig［人们就说，他在其自身，主宰着自身］　[d] so kommt er von sich, so wird er ausser sich gesetzt［他就从自身出走，就被安置在自身之外］　[e] eine Entzückung［迷狂］

### §553

自然性的心灵迷狂是通过心灵自身的本性实现的（§552, 470）；

并非通过心灵自身的本性实现的心灵迷狂是自然之外的(§474)。如果迷狂不是通过整体自然实现的,那么迷狂就是超自然的(§474)。神奇的迷狂是可能的(§475, 552),也是假定可能的(§482-500)。

## §554

如果一个清醒之人的感觉的清楚度因为饮酒所造成的头脑的晦暗状态而显著地降低,那么这个人就是**喝醉的**或**酩酊大醉的**[inebriatur seu ebrius][a];如果这种晦暗的大脑状态是由疾病造成的,那么该状态就叫做**眩晕**[vertigo][b]——一种简单的眩晕状态或昏暗的也即眼前一抹黑的眩晕状态。

[a] trunken[喝醉的]　[b] Schwindel[眩晕]

## §555

如果清楚的外感觉停止,那么,身体的生命运动要么仍保持为就人们的观察而言大致同一的,**我也就进入了睡眠中**[dormito][a](睡着了),要么就显著地减弱了,**我也就陷入了昏聩无能的状态中**[deliquium animi patior][b]。

[a] einschlafen[睡着]　[b] in Ohnmacht fallen[陷入昏聩无能中]

## §556

晦暗的外感觉的状态——在这种状态中,身体的生命运动正如它在清醒状态中那样,就人们观察到的情况而言,仍保持为就人们的观察而言大致同一的东西——叫做**睡眠**[somnus][a];进入这种状态的人，就是**睡着的人**［dormit］[b]；身体的生命运动显著减弱的状态叫做**昏聩无能**［deliquium animi］[c]（昏倒、衰竭、虚脱、衰退）；身体的生命运动完全停止的状态叫做**死亡**［mors］[d]。所以，睡眠、昏聩无能和死亡，这三种状态相互间是十分相似的（§265）。

[a] Schlaf［睡眠］  [b] schlafen［睡觉］  [c] Ohnmacht［昏聩无能］  [d] Todt［死亡］

## 第四节　想象力

### §557

我对我过去的状态、因而也对世界的过去状态具有意识（§369）。对世界的过去状态、因而也对我过去的状态的表象，是一种**想象**［phantasma］[a]（幻想、幻境、幻觉）。所以，我借助心灵根据我身体的位置来表象宇宙的力（§513）而建构了想象，或者说，来进行想象。

[a] eine Einbildung［想象］

### §558

我具有想象的能力或者说**想象力**（§557, 216）。由于我的想象就是对曾经当下的事物的知觉（§557, 298），所以，我的想象就是对在想象过程中并不在场（§223）的被感觉物的知觉。

### §559

一个知觉就产生了［producitur perceptio］[a]（展开了），如果它在心灵中并没有变得更晦暗；如果它变得更晦暗，它就**被遮蔽了起**

来[involvitur]^b；之前被遮蔽而现在被制造出来的知觉，就是**重新被制造了出来**[reproducitur]^c（重现）。由于被感觉过的东西通过想象力被制造了出来（§558），也就是说，它之前被制造了出来（§542），后来又被遮蔽了起来（§551），所以，通过想象力，知觉被重新制造了出来，想象中没有什么东西不是之前在感官中出现过的（§558，534）。

　　^a eine Vorstellung wird hervorgebracht[一个表象被制造出来]　^b verdunckelt[变得晦暗]　^c wieder hervorgebracht, erneuert[重新被制造出来，重现]

### §560

与前后相继的心灵诸表象共存的大脑运动，叫做**物质性观念**。所以，物质性观念存在于感觉着的身体或想象着的心灵中（§508）。

### §561

想象和感觉是关于单个事物的（§559，534），因而是关于那些处于普遍关联中的事物的（§257）。所以，想象的法则是：如果一个局部观念被知觉到了，那么其整体观念就会重现（§306，514）。这个定理也叫做观念联想律[associatio idearum]。

### §562

由于我是依据我身体的位置来表象（§512）、因而来想象的（§557），而我外在地感觉到的东西比我想象的东西离我的身体要近一些（§535，558），所以，为什么我感觉到的东西能够比我想象的东西更清楚、更强烈（§538），就很清楚了。实际上，只要与想象共存的感觉仍旧使想象变得晦暗(§542),就不会有什么我想象的东西像我对它进行感觉时那样清楚,而想象的清楚度取决于感觉的清楚度(§561)。

## §563

我经常感觉到的东西,经常被我重新制造出来的东西,是较多的观念(多于我较少感觉到的或被我重新制造的东西)构成的整体的一个部分(§514)。所以,与后一种情况下的想象相比,前一种情况下的想象是在更大的关联中(§561)被知觉的,带有更多的附属特征(§530),所以,前一种想象比后一种想象要更为广泛地清楚和生动(§531)。基于相反的理由,我较少感觉的东西,较少重新制造出来的东西,在其被感觉的时候,就具有比经常被感觉的东西更大的新鲜光彩(§549)。所以,对较少被感觉、被重新制造出来的东西的感觉,在相同的前提下,要比对较频繁地被感觉、被重新制造出来的东西的感觉更生动(§531)。

## §564

正如感觉使想象变得晦暗一样,同理,对较为晚近的事物的较强想象也使对较早事物的较弱想象变得晦暗(§562)。所以,在同等清楚地被感觉的诸物当中,我对较为晚近的事物的想象要更清楚些,如果我的想象并没有受到什么阻碍的话。

## §565

最微弱的想象力应是这样的:一个被最强烈地感觉(§562)、被最频繁地重新制造出来的(§563)最晚近的事物(§564),与相连的先前的最微弱的诸异类知觉(§529)一道,被它最为晦暗地表象。所以,如果越多的、越弱地被感觉的事物与先行的相连的最强烈的诸知觉一道,在越长的时间之后,越是能够被想像力正确、清楚而确定地重新制造出来,那么,想像力就越强大(§219)。

### §566

我借以对感觉过的事物进行想象的感官越迟钝或越敏锐,对该事物的想象就能够是越晦暗的或越清楚的(§562,540)。

### §567

我通过(1)清楚度(§562),通过(2)想象确定下来的过去状态与感觉所确定下来的当下状态(§298)之间的不能共存,从而把想象与感觉区别开来。所以,即使较强的想象与较弱的感觉在清楚度方面,就人们的观察而言,是相等的,两者间也仍存在着其他区别,即状况方面的区别(§323)。只要由此人们清楚地知道,并非这两种知觉都是感觉,我就把这样的知觉视为感觉:我在这种知觉那里清楚地知觉到它与相连的诸感觉和想象,特别是与刚刚过去了的感觉和想象之间最大的共可能性和关联,以及它与将来事物的知觉,特别是与马上就跟随而来的知觉之间最大的共可能性和关联(§544)。所以,我清楚地认识到,另一个知觉不是感觉(§38,67)。

### §568

想象将变得容易(§527),如果将要被想象的事物(1)被较清楚地感觉过(§562),(2)被较频繁地重新制造过(§563),(3)在较弱的表象时段中也总是具有新鲜光彩(§549),(4)并非太长时间之前的东西(§564),如果想象(5)跟在较弱的诸异类知觉之后到来,或(6)随同它们而来(§516,549),因而随同不清楚的或不太清楚的诸异类感觉而来(§562),此外(7)跟在常常与想象对象相连的表象之后到来或随同这种表象而来(§561)。

### §569

想象将受阻,如果(1)对并非将要被想象的事物的感觉、(2)重新制造,特别是(3)被较弱知觉打断的重新制造——因为未被打断的持续本身会变得晦暗(§550)——按照§534,部分地或完全地受到阻碍;想象也受阻于(4)重新制造的延迟,如果其间有许多东西被较生动地思考(§564),(5)如果想象跟在较强的知觉之后而来,(6)或随同异类的,因而单个来看或总体来看(§542)更强烈的感觉、想象或知觉而来,(7)如果这些感觉、想象或知觉从不与或较少与那些在想象时部分地或完全地受到阻碍的事物相连(§561,221)。

### §570

由于一切感觉中都有某种晦暗的东西(§544),而在同一个对象上,想象总是不如感觉清楚(§562),所以,即使明晰的想象中也会有许多含混之处。一切想象都是感性的(§522),都必须由低级的认知能力来构成(§520)。借助想象来思维并对被如此思维的东西加以陈述的科学就是**想象力的感性学**。

## §571

如果想象力表象的东西与我感觉过的东西是完全相同的，那么，想象就是正确的(§546, 38)，就不是**空洞的想象**[vana phantasmata][a]或错误的想象，即便这些想象并没有以完全同等的清楚度被把握(§558, 562)。制造空洞想象的才能是**放荡不羁的想象力**[phantasia effrenis][b]，相反，正确地去想象的才能则是**中规中矩的想象力**[subacta][c]。

[a] leere Einbildungen[空洞的想象]　[b] eine ausschweifende[放荡不羁的想像力]　[c] eine wohlgeordnete Einbildungskraft[中规中矩的想象力]

## 第五节　洞察力

### §572

我把握到诸事物的同与异。所以我具有把握诸事物的同与异的能力(§216)。前一种能力应当是最小的，如果它能够做到这一点的话，即在最微弱的相连的先前的诸异类知觉那里，它最为微弱地只表象了其中两个被最强烈地知觉到的最为类似的事物之间的唯一一个相同性。所以，如果在越强烈的相连的先前的诸异类知觉那里，洞察力越是清楚地把握到其中越少被了解的越为不同的越多事物之间的越多越大的相同性，因而也即一致性、相等性，因而也即相等关系或**相称**[proportiones][a]以及类似性，那么洞察力就越强大(§219)。观察到事物间的相同性的才能是**狭义的才智**[ingenium strictius dictum][b]。

[a] Vergleichungen der Grössen[大小的比较]　[b] Witz in engrer Bedeutung

# 第一章　经验心理学

[狭义的才智]

### §573

把握事物间差异性的最小能力应是这样的：它在最微弱地相连的先前的诸异类知觉那里最为微弱地只把握到两个被最强烈地知觉到的、最为不同的事物之间的一个最小的差异性。所以，它在越强烈地相连的先前的诸异类知觉那里越强烈地表象了越多的、越类似的而又越少被了解的事物之间的越多越大的差异性，因而不一致性，因而也包括比例的不相等或不相称[disproportiones]<sup>a</sup>以及不类似性，它就越强大（§219）。观察到事物间差异性的才能是**敏锐**[acumen]<sup>b</sup>。敏锐的才智就是**洞察力**[perspicacia]<sup>c</sup>。

<sup>a</sup> Ungleichheit der Verhältnisse[比例关系上的不同]　<sup>b</sup> Scharfsinnigkeit[敏锐]　<sup>c</sup> eine artige oder feine Einsicht[一种好使的或精致的洞见]

### §574

洞察事物间相同性的能力的法则，因而也即才智（§572）的法则，是这样的：如果A的一个特征被表象为B的一个特征，那么A与B就被表象为相同的（§38）。把握事物间差异性的能力的法则，因而也即敏锐（§573）的法则，是这样的：如果A的一个特征被表象为与B是相抵触的，那么A与B就被洞察为不同的（§38）。

### §575

我要么明晰地要么感性地把握到事物间的同与异（§521）。所以，把握事物间同与异的能力，也即才智、敏锐和洞察力（§572，

573），要么是感性的，要么是理智性的（§402）。**洞察力的感性学**是感性学的一个组成部分，它研究的是机智而敏锐的思维和表述。

## §576

由于我们这个世界上的所有事物都是部分地相同，部分地不同（§265，269），所以，关于它们之间的同与异的表象，因而也就是**才智的施展**［ingenii lusus］<sup>a</sup>（成果），即依赖才智的思想，以及**精微思维**［subtilitates］<sup>b</sup>，也即依赖于敏锐的思想，是通过表象宇宙的心灵之力来实现的（§513）。才智的错误施展叫做它的**幻象**［illusiones ingenii］<sup>c</sup>，而错误的精微思维则叫做**空虚的玄想**［inanes argutationes］<sup>d</sup>。

<sup>a</sup> Spiele des Witzes［才智的施展］ <sup>b</sup> Scharfsinnige Gedanken［敏锐的思想］ <sup>c</sup> Betrug des Witzes［才智的欺骗］ <sup>d</sup> Spitzfindigkeiten, leere Grübeleien［过分仔细，空虚的玄想］

## §577

由于较高程度的心灵能力就是才能（§219），而同类活动，也即具有相同的独特之处的类似活动的经常性重复就是**练习**［exercitium］<sup>a</sup>，所以，心灵的才能通过练习而被增强（§162）。心灵的那些不依赖于练习的天然才能叫做**天生的才能**［habitus connati］<sup>b</sup>（天然禀赋），依赖于练习的才能叫做**习得的才能**［acquisiti］<sup>c</sup>，超自然的才能叫做**神赐的才能**［infusi］<sup>d</sup>，认知能力之才能叫做**理论才能**。

<sup>a</sup> Übung［练习］ <sup>b</sup> angebohrne［天生的］ <sup>c</sup> erworbene［习得的］ <sup>d</sup> göt-

tliche Fertigkeiten der Seele［神性的心灵才能］

## §578

敏锐和狭义的才智，因而也即洞察力（§572，573），是理论才能（§577，519）；天生的才能越强大，就越容易通过练习而被增强（§577，527）。这一点同样适用于感觉才能和想象才能（§535，558）。显著缺乏才智的人是**蠢人**［stupidum］[a]（笨蛋），显著缺乏敏锐的人是**迟钝之人**［obtusum caput］[b]，两方面都显著缺乏的人是**无趣的人**［homo bliteus］[c]。由于一切错误都在于把真、假视为同一个东西（§515），所以，错误就是把握事物间相同性的能力的幻象（§576，572）；错误要通过敏锐来加以避免（§573，221）。所以，错误是精微思维的一个契机（§576，323）。

[a] ein dummer［蠢人］ [b] ein stumpfer Kopf［迟钝之人］ [c] ein abgeschmackter Mensch［无趣的人］

## 第六节 记忆

## §579

我把一个被重新制造出来的表象与一个我先前制造出的表象把握为同一个东西（§572，559），也就是说我**再次认知**［recognosco］[a]（回忆）该表象。所以，我具有再次认知被重新制造出的表象的能力，或者说，我具有**记忆**［memoriam］[b]（§216），记忆要么是感性的，要么是理智性的（§575）。

[a] ich erkenne etwas wieder［我再次认知某事物］ [b] Gedächtniss［记忆］

## §580

记忆的法则是：如果前后相继的直到当下的诸多知觉被表象为具有一个共同的部分，那么这个共同部分就被表象为包含在先前的和后来的知觉中（§572）；这样，记忆就通过表象宇宙的心灵之力（§557，576）而被实现了。

## §581

以一种使得事物在将来可以较容易地被重新认知的方式来知觉的事物，**被我植入到记忆中**[memoriae mando][a]。所以，按照§537，538，549和568，较频繁、较清楚地被重新制造出来的诸事物——人们在这些事物这里注意到诸单个知觉之间的同与异（§580）——被深深地植入记忆中（§527）。

[a] in das Gedächtniss fassen[纳入到记忆中]

## §582

当一个知觉重现时，我要么能清楚地再次认知它，于是人们说，该知觉对象**还驻留在我的记忆中**[memoria tenere][a]，要么不能（§10），于是人们说**我已经忘了**[oblitus sum][b]它的对象。所以，不能再次认知重新被制造出来的知觉，就是**遗忘**[oblivio][c]。使我回忆起被遗忘事物的东西，为我**把该事物召回到记忆中来**。通过相连的诸观念，我把某事物召回到记忆中来，也就是说，**我回忆起来了**[reminiscor][d]。所以，我具有回忆的能力，或者说，我具有**回忆力**[reminiscentiam][e]（§216）。

[a] etwas noch im Gedächtniss[还在记忆中]　[b] vergessen haben[已

经忘记] ᶜVergessenheit[遗忘] ᵈdas Andencken von etwas erneuern[重新想起某事物] ᵉich entsinne mich, das Vermögen sich worauf wieder zu besinnen[我回想起，使人得以重新想起的能力]

## §583

回忆就是记忆(§582, 579)，回忆遵循这样的规则：我借助相连的诸观念而回想起重新被制造出来的知觉(§580, 516)。借助相连的关于地点的观念的回忆是**对地点的记忆**[memoria localis]ᵃ，借助相连的关于时间的观念的回忆是**对同时性事物的回忆**[synchronismus]ᵇ。

ᵃ das Andencken des Ortes[对地点的回忆]　ᵇ die Erinnerung des Gleichzeitigen[对同时性事物的回忆]

## §584

最微弱的记忆应是这样的：它最暗淡失色地再次认知了最微弱地相连的先前的诸异类知觉当中的最强烈、最频繁、最近被重新制造出来的一个最微弱的知觉。记忆越是强烈地再次认知了越强地相连的先前的诸知觉当中的越多越大的、在越长的时间（这段时间中穿插进来的又是极强烈的诸异类知觉）之后(§564)被越微弱越少地重新制造出来的知觉，记忆力就越强大(§219)。

## §585

较强大的记忆力叫做**好的和卓越的**[bona et felix]ᵃ；就其能再次认知较多较大的事物而言，记忆力叫做**宽广的**[diffusa]ᵇ(丰富的、广大的）；就其也能再次认知足够强烈地相连的先前的诸异类表象中的较微弱地被重新制造出来的东西而言，它叫做**牢靠的**［firma］[c]；就其在足够强烈的诸异类知觉穿插进来的较长时间之后仍能再次认知之前的某东西而言，它叫做**持久的**［tenax］[d]；就其能再次认知较少地被重新制造出来的东西而言，它叫做**有能力的**［capax］[e]；就其能较强烈地再次认知一些东西而言，它叫做**生动的**［vegeta］[f]；就其只需很少的东西便可进行回忆而言，它叫做**随时可用的**［prompta］[g]。

[a] ein gutes und glückliches［好的和幸运的］ [b] weitläuftiges［宽广的］ [c] festes und zuverlässiges［牢固而可靠的］ [d] dauerhaftes［持久的］ [e] fähiges［有能力的］ [f] frisches［新鲜的］ [g] fertiges Gedächtniss［做好准备的记忆］

## §586

显著地缺乏好的记忆就是**遗忘**［obliviositas］[a]。取决于记忆的错误叫做**记忆的失误**［lapsus memoriae］[b]。由于记忆能够把实际上并不相同的两个一前一后的知觉视为相同的，所以，记忆是**不可靠的**，也就是说，失误在记忆这里是可能的。并非特别不可靠的记忆是**可信的**［fida］[c]。有才智的人的记忆也并非完全可信（§576），但敏锐性使其可信度得到了提升（§573）。

[a] Vergesslichkeit［遗忘］ [b] ein Irrthum des Gedächtnisses［记忆的失误］ [c] treu［可信的］

## §587

在记忆力完善方面的诸规则的集合叫做**记忆的艺术**。感性记忆的艺术（§579）是感性学（§533）的一个部分，它给出了扩展、加强、维持和激发记忆、使记忆变得更为胜任和可信的诸规则（§586，585）。

## §588

如果实际上并不相同的一个先前的想象与一个随后的感觉或想象被视为相同的，那么，一个空洞的想象（§571）就从错误的根源中（§578）产生了，也即通过记忆的失误（§586）而产生了；如果该想象被视为感觉（§548），那么，从同样的根源中（§586，578）就产生了一个感官错觉（§546，545）。

## 第七节　创作能力

### §589

我通过连接和**拆分**[praescindendo]<sup>a</sup> 诸想象，也即通过只关注某个知觉的某个部分而进行着**创作**[fingo]<sup>b</sup>。所以我具有创作能力（§216），即**作诗**的能力。由于连接就是把诸多事物作为一个整体事物来表象，由于连接因而是通过把握事物间的相同性的能力而实现的（§572，155），所以，创作能力是通过表象宇宙的心灵之力来实现的（§557，576）。

<sup>a</sup> durch Trennen und Absondern[通过拆分和分离]　<sup>b</sup> dichte ich[我创作]

### §590

创作能力的规则是这样的：想象的各部分被知觉为一个整体

(§589)。由此产生的知觉就叫做**虚构**[fictiones]<sup>a</sup>(虚造),错误的虚构叫做**荒诞**[chimaerae]或空洞的想象(§571)。

<sup>a</sup> etwas erdichtetes[某种虚构的东西]

## §591

假设通过创作活动,不可连接的东西被连接起来(§589),或者那种如果自己被取消,想象对象就会被取消的东西被拆分,比如本质(§63)、本质规定性或属性(§64);或者假设,通过创作活动,创作对象的一切模态和关系,或对该对象成为现实的个体事物而言那些必要的模态和关系,在没有替代的情况下被取消了,但该对象却又被表象为某种现实的个体事物(§54,148),那么,在上述的各种情形中,荒诞(§590)也即空洞的想象就通过把握事物间相同性的能力(§576,578)的幻觉而产生了——通过似是而非的再次认知所导致的记忆失误,空洞的想象会被大大增强(§588,515)。

## §592

最小的创作能力应当是这样的:它最黯淡失色地仅仅连接了两个最小最强烈的想象,或极为草率地把一个最大想象的一个最小部分拆分开来(§530,589)。所以,如果创作能力越是连接了越多越大的越不强烈的东西,越多地拆分了越多越小的想象部分中的那些越多越大的部分,如果它越多越强地做到了这两点,那么它就越强大(§219,590)。较强大的创作能力可以被称作**富于成效的**[fertilis]<sup>a</sup>(多产的),趋向于荒诞的创作能力可以被称为**不羁的**

[exorbitans]^b（放纵的、狂想的），提防了荒诞的创作能力可以被称作**中规中矩的**[architectonica]^c。**神话感性学**是感性学的这样一个部分，它研究并阐述虚构。

    ^a eine fruchtbare［富于成效的］  ^b unbändige［不羁的］  ^c wohlgeordnete Gabe zu dichten［中规中矩的作诗才能］

## §593

当我在睡眠中清楚地想象时，我就是在**做梦**[somnio]^a。做梦之人的想象是**主观的梦想**[somnia subiective sumpta]^b（参见 §91），它要么是正确的（§571），要么是错误的（§588，591）；它要么是通过心灵的本性（根据 §561，574，580，583，590）而实现的自然梦想（§470），要么是对心灵而言并非自然的，而是超出了心灵本性的梦想。如果后一种情况下的梦想并不是通过整体自然实现的，那么它就是超自然的梦想（§474）。

    ^a träumen［做梦］  ^b ein Traum in der Seele［心灵中的一个梦］

## §594

与醒着的人相比，做梦之人的想象更加无拘束（§571），其创作能力也更为不羁（§592），能制造出不被较强烈的感觉弄得黯淡的较生动的想象和虚构（§549）。在一个人那里，如果其梦想通常伴随有较容易被观察到的身体的外部运动，就像醒着的人的类似感觉伴随有身体的外部运动一样，那么这样的人就叫做**梦游者**[noctambuli]^a。但在醒着的时候也习惯性地把一定的想象视为感觉的人，是**幻想者**（幻觉者、狂热者）；总是把想象混淆为感觉的人是**精神错乱者**[deliri]^b，

**精神错乱**就是醒着的人的这样一种状态，即习惯性地把想象视为感觉、把感觉视为想象。

[a] Nachtwandler[夜游者]　[b] verrückte Leute[精神错乱的人]

## 第八节　预见

### §595

我对我的，因而也对世界的将来状态具有意识（§369）。对世界的，因而也包括对我的将来状态的表象是**预见**（praevisio）[a]。我预见，所以我具有预见的能力（§216），该能力必然是通过根据我身体的位置来表象宇宙的心灵的力而实现的（§513）。

[a] die Vorhersehung, das Vorhersehen, vorausbemercken[预见、预见活动、预先注意到]

### §596

预见的法则是：如果相互共有一个局部知觉的感觉和想象被把握到了，那么，由此就产生了关于将来状态的一个整体知觉——在此将来状态中，感觉与想象之间的不同的诸部分被连接了起来，也就是说，将来产生于由过去所孕育出的现在。

### §597

由于我是根据我身体的位置（§512）来表象的，因而也是据此来预见的（§595），而我外在地感觉到的东西的确要比我预见的、我以后才能感觉到的东西（§535,595）离我的身体更近；由此，为何前者能够比后者更清楚更强烈（§529），就是显而易见的了。因而，由于与预见共存的感觉使预见继续变得晦暗，所以，我并不能像感觉那般清楚地预见事物；尽管如此，预见的清楚度却取决于将来的感觉的清楚度（§596）。

### §598

我较频繁地感觉和想象的东西，我预见得要清楚些——与我较少地感觉和想象的东西相比（§563，596）。由于想象把被感觉物，也即被极强烈地知觉过的东西作为对象（§542，588），所以，想象比把还没有被极为强烈地知觉过的东西作为对象的预见（§597）要强烈些，并且，想象与感觉一道，使预见变得相当地晦暗（§529）。由于对较近事件的预见能够比对较远事件的预见要清楚些（§597），所以，在这种情况下，关于较近事件的预见会使关于较远事件的预见变得晦暗，而较远事件的晦暗则会使关于较近事件的预见变得清楚（§549）。所以，在两个被同等清楚地感觉的事物当中，比起其中的较远事物，我更清楚地预见的是较近的事物（§549）。

### §599

最小的预见能力应是这样的：它最为黯淡失色地表象了最微弱地相连的先前的诸异类知觉当中的唯一一个已经最为频繁地被感觉过且被想象重新制造出来的、即将被极强烈地感觉的东西（§597，598）、（§595）。所以，在越强烈地相连的先前的诸知觉中，预见能力越强烈地表象的那个将要被感觉的东西越黯淡失色，越久远、越少地被感觉过或被想象重新制造出来，那么，预见能力就越强大

(§219)。

### §600

我借以对感觉过的事物进行一定程度的预见的感官越迟钝或越敏锐,我借以进行预见活动的想象力越弱小或越强大(§565),预见就越晦暗或越清楚(§596)。

### §601

通过(1)清楚度——在此方面,预见不及感觉和想象(§597,598)——以及(2)预见与过去状态、现在状态之间的共存的不可能性,我把预见与感觉和想象区别开来。而即便一个较强的预见与较弱的想象或感觉,就人们的观察而言,是同等的清楚,它们也能通过其他的特征区别开来(§67)。因为按照§567,当我根据状况的不同而知道什么东西并不是感觉时,我也就清楚地知道(§38,67),这种东西,即被发现与相连的过去的和后来的诸想象及知觉并无关联的东西(§557,357),以及不能被同时性地感觉到的东西(§377),同样也不是想象。

### §602

预见将变得容易(§527),如果被预见的对象是一个(1)要被较为清楚地感觉的东西(§597),(2)在很大程度上已经被感觉过的东西,(3)被想象重新制造出来的东西(§598),(4)已经被频繁地预见过的东西(§563),是(5)一个被较微弱的诸知觉打断却总是具有新鲜光亮的东西(§549),(6)一个并非很久之后才被感觉的东西(§598),如果被预见的对象(7)具有与自己相连的较微弱的过去了的诸异类知觉,因而也即如果它不是跟着或随同清楚的或并不十分清楚的感觉和想象而到来(§597,598),(8)而是跟着或随同与自己共有一个局部知觉的那些较强烈的想象和感觉而到来(§596,597)。

### §603

预见将受阻,(1)如果关于我们要预见的东西的将来感觉按照§543而受阻,(2)如果与将被预见的东西在很大程度上相同的当下感觉和(3)想象按照§569而受阻,(4)如果最初的预见受阻,尤其是,(5)如果最初的预见没有被较微弱的诸知觉打断[①]——因为预见的持续会使其自身变得晦暗(§550),(6)如果将被预见的东西被延迟(§598),(7)如果将被预见的东西具有相连的较强烈的过去了的诸异类想象和感觉,或者(8)具有较微弱的、与将被预见的东西共有一个知觉的此类想象和感觉(§602,221)。

### §604

由于一切感觉(§544)和想象中都有某种晦暗的东西(§570),并且,在对象相同的情况下,预见没有感觉和想象那般清楚(§597,598),所以,即使一个明晰的预见中也掺杂许多的晦暗和含混,所

---

① 在1739年、1743年、1750年、1760年、1768年和1779年的共六个版本中,此处都是 interruptae(被打断),而不是 non interruptae(没有被打断)。伽里克和克莱门德的德译本添加了 non。按照 §569,未被打断的知觉在持续过程中自身会变得微弱或暗淡,而被中断、打断的知觉再次被知觉时会变得相对而言更强烈、清楚和鲜活,所以,福格特与希莫斯的英译本采纳了这个改动。这里,我们遵从此改动。

以，我的一切预见都是感性的（§522），并且都是通过低级的认知能力实现的（§520）。规范着预见能力的认知和表述的占卜术（§349），是感性学的一个部分（§533）。

### §605

如果被预见的东西与将要被感觉的东西是完全相同的，那么，预见就是正确的或者就是一种**预感觉**[ praesensiones ]<sup>a</sup>，尽管预见的对象并不是通过与感觉对象相同的那种方式和清楚度而被知觉的（§597）。如果被预感觉的东西也被感觉到，那么预见就**被充实了**[ impletur praevisio ]<sup>b</sup>。没有被充实的预见是**虚假的预见**[ fallax ]<sup>c</sup>，它是实践错误的一个根源（§578）。

<sup>a</sup> Vorherempfindungen[预感觉]　<sup>b</sup> das vorherbemerckte trifft ein, die Vorhersehung wird erfüllt[预先注意的东西出现了，预见被充实了]　<sup>c</sup> das betrügliche Vorhersehn[虚假的预见]

## 第九节　判断

### §606

我知觉到事物的完满性或不完满性，也即，我对其完满性或不完满性做了**判断**[ diiudico ]<sup>a</sup>。所以我具有判断能力（§216）。最小的判断能力应是这样的：它最黯淡失色地表象了最微弱的相连的过去了的诸异类知觉中的一个最小的但被最强烈地知觉的东西的一个最小的完满性或不完满性。所以，判断能力越强烈地表象了越强烈的相连的过去了的诸异类知觉中的越多越大的而又越黯淡失色地被知觉的东西的越多越大的完满性或不完满性，判断能力就越强大（§219）。对事物做出判断的才能就是**判断力**[iudicium]<sup>b</sup>，如果它是关于被预见的事物的，那么它就叫做**实践的**，如果它是关于其他事物的，那么它就叫做**理论的**，而如果它在较晦暗地被知觉的事物那里揭示出较多的完满性或不完满性，那么它就叫做**敏锐的**[penetrans]<sup>c</sup>。

<sup>a</sup> ich beurtheile[我判断]　<sup>b</sup> das Vermögen zu beurtheilen[做判断的能力]　<sup>c</sup> durchdringend[敏锐的]

## §607

判断能力的法则是：如果事物的多样方面被把握为相一致的或不一致的，那么，事物的完满性或不完满性也就被把握了（§94,121）。由于这要么是明晰地要么是不明晰地发生的，所以，做出判断的能力，因而也即判断能力（§606），要么是感性的，要么是理智性的（§402, 521）。感性判断能力就是**广义的品味**[gustus significatu latiori]<sup>a</sup>（口味、味道、气味）。**最广义的批评**就是判断艺术。所以，塑造品味的艺术，也即感性地做判断并阐述所做出的判断的艺术，就是**批评感性学**（§533）。乐意做理智性判断的人是**广义的批评者**，所以，**一般意义上的批评**就是对完满性或不完满性做出明晰判断时的相关规则的科学。

<sup>a</sup> der Geschmack in weitrer Bedeutung[广义的品味]

## §608

关于**可感觉的事物**[sensualibus]<sup>a</sup>，也即关于被感觉的事物的广义品味，是**感官判断力**［iudicium sensuum］<sup>b</sup>，它归属于判断对象借以被感觉的感觉器官。所以，有眼睛的判断、耳朵的判断，等等。此类判断正如任何一种判断能力一样，是通过表象宇宙的心灵之力实现的（§513），因为我们这个宇宙中的一切事物都是部分地完满部分地不完满的（§250, 354）。错误的判断是**判断能力的失误**［iudicii eclipses］<sup>c</sup>；趋向于失误的判断能力叫做**草率的判断能力**［iudicium praeceps］<sup>d</sup>，此类判断能力是**堕落的品味**［gustus corruptus］<sup>e</sup>。提防了判断能力的失误的才能，就叫做**判断能力的成熟**［iudicii maturitas］<sup>f</sup>，此类判断能力是**非同一般的口味**［sapor non publicus］<sup>g</sup>（较纯粹的、有教养的），这种口味如果在判断过程中还能敏锐地揭示较小的一致或不一致，就叫做**精细的品味**［delicatus］<sup>h</sup>。感官判断的失误就是感官错觉（§545）。

<sup>a</sup> von dem, das man empfindet［被感觉的事物］ <sup>b</sup> das Urtheil der Sinne［感官的判断］ <sup>c</sup> Fehltritte der Beurtheilungs-Kraft［判断力的失误］ <sup>d</sup> eine vorschnelle, übereilige Beurtheilungs-Kraft, oder allzugeschwinde［匆忙仓促的或过快的判断力］ <sup>e</sup> ein verderbter Geschmack［堕落的品味］ <sup>f</sup> das Reife der Beurtheilungs-Kraft［判断力的成熟］ <sup>g</sup> ein ungemeiner［非同一般的］ <sup>h</sup> feiner, zarter Geschmack［精细的品味］

### §609

记忆（§579）、回忆（§582）、创作能力（§589）、预见的才能（§595）以及判断能力越是生而强大，它们就越容易通过练习而被提升（§577, 606）。

## 第十节　预期能力

### §610

谁把一个被预见的知觉与一个将来被知觉的东西表象为同一个东西，谁就是在**预期**[ praesagit ]<sup>a</sup>，因而也就具有做出预期的能力，也即具有**广义的预期能力**[ significatu latiori praesagitionem ]<sup>b</sup>。通过这种预期能力而实现的知觉就是**广义的预期**[ praesagia latius dicta ]<sup>c</sup>，它要么是感性的，要么是理智性的（§402，521）。**狭义的预期和预期能力**[ praesagia strictius dicta et praesagitio ]<sup>d</sup> 只是感性的。感性的预期是占卜感性学的研究对象（§604）。

<sup>a</sup> ich erwarte etwas［我预期某事物］　<sup>b</sup> das Vermögen etwas zu erwarten［对某事物做出预期的能力］　<sup>c</sup> überhaupt［一般而言］　<sup>d</sup> Ahnungen und das Vermögen sich etwas ahnden zu lassen［预感和让自己对某事物做出预感的能力］

### §611

预期能力的法则是：如果在那些跟在一个当下知觉之后而来的诸知觉中，有些知觉被表象为与过去的诸知觉共有一个部分，那么这个共同的部分就被表象为包含在过去的及后来的诸知觉当中（§572）。所以，预期与预见的关系，正如记忆与想象的关系一样（§579，610）。

### §612

感性预期就是**对类似情况的期待**[ exspectatio casuum similium ]<sup>a</sup>，

其规则是这样的：我对 A 有一个感觉、想象或预见，而这个 A 与某个被预见的 B 具有诸多共同的地方，所以，我就把 B 表象为与 A 是相同的（§611）。通过与被预见的某事物相连的诸观念而对以前没有预期过的该事物做出预期的心灵，就是在**预测**[ praesumit ][b]，因而心灵具有做出预测的能力（§216），而预测与预期的关系，正如回忆与记忆的关系一样（§582，610）。

[a] die Erwartung ähnlicher Fälle［对类似情况的期待］　[b] Vorhervermuthen［预测］

## §613

做出预测的能力就是遵循这样一条规则的预期：心灵对一个凭借相连的中介性的诸观念而被预见的知觉做出预期。

## §614

最小的预期能力应是这样的：它最黯淡失色地知觉到最微弱的相连的过去的诸异类知觉中的一个最小的但却最强烈、最频繁地被预见的即将到来的东西（§582，610）。

## §615

在极强烈的其他知觉插进来的越长时间之后（§564），预期越是强烈地知觉到相连的越强烈的过去了的诸异类知觉中的越多越大的被越少越黯淡失色地预见的东西，预期能力就越强大（§219），也就越不需要预测的帮助了（§613）。

## §616

显著的预期才能就是**预言能力**[facultas divinatrix]<sup>a</sup>，预言能力要么是天然的或天生的，要么是习得的，要么是神赐的(§577)。最后一种是**先知之禀赋**[donum propheticum]<sup>b</sup>。基于预言能力的预期就是**预言**[divinatio]<sup>c</sup>，基于先知禀赋的预期就是**预知**[vaticinium]<sup>d</sup>(先知)。

<sup>a</sup> das Vermögen wahr zu sagen[预言能力]　<sup>b</sup> die Gabe der Weissagung[先知之禀赋]　<sup>c</sup> das Wahrsagen oder die Voranzeige[预言、预示]　<sup>d</sup> die Weissagung[预知]

## §617

出自预期能力的错误是**空虚的预期**[vana praesagia]<sup>a</sup>，是一种掺杂了正确预见的欺骗性预见，这种欺骗性预见源于对事物间相同性进行知觉的能力的错觉(§578, 605)。如果我对类似情况有着某种预期、期待(§612)或预测(§613)，这预期、期待或预测就是通过表象宇宙的心灵之力而实现的(§595, 576)。

<sup>a</sup> leere Erwartungen und Ahndungen[空洞的预期和预感]

## §618

如果被预见的某事物错误地被视为与某个先前的感觉物、想象物或另一个被预见的事物在某种程度上是相同的东西，那么由空虚的预期所导致的(§617, 576)欺骗性预见就产生了(§605)。

## 第十一节　标识能力

### §619

我同时知觉到标记与被标记物；所以我具有这样一种能力，即通过表象活动来连接标记与被标记物，这种能力可以被称为**标识能力**［facultas characteristica］[a]（§216）。由于我们这个世界中存在着标记关联（§358），所以，标识能力的知觉是通过表象宇宙的心灵之力而实现的（§513）。标记关联要么被明晰地要么被不明晰地认知，因而标识能力要么是感性的（§521），要么是理智性的（§402）。

[a] das Vermögen der Zeichen-Kunde［标记学的能力］

### §620

如果标记与被标记物在知觉活动中被连接在一起，并且如果对标记的知觉大于对被标记物的知觉，那么，这样的认知就被称为**象征性的**；而如果对被标记物的表象大于对标记的表象，那么，该认知就是**直观性的**［cognitio intuitiva］[a]（直觉）。在这两种类型的认知这里，标识能力的法则都这样的：相连的诸表象中某个表象将成为认知其他表象之实存的手段（§347）。

[a] ein anschauendes Erkenntniss［直观性认知］

### §621

假设，通过认知事物间相同性的能力的错觉，某事物被错误地视为某个标记,而另一个事物被错误地视为被标记物(§576),那么,错误的象征性认知和直观性认知就将产生(§620)。假设,某事物以同样的方式而被错误地视为某种先兆,那么,错误的预见就将产生——这种预见通过似是而非的预期和预测而被大大增强(§605,515)。

### §622

最小的标识能力应是这样的:它最黯淡失色地把最微弱的相连的过去了的诸异类知觉中的一个最小的标记与一个最小的被标记物连接起来。所以,标识能力越是强烈地把相连的过去了的越强烈的诸异类知觉中的越多越大的标记与被标记物连接起来,标识能力就越强大(§219)。关于通过标记而获得的感性认知及相应的表述的科学就是**标识感性学**,它分为发明性的和释义性的(§349)。言语标记学就是**语文学**(广义的语法),而如果它为各种各样的语言教授了较多的共同东西,那么它就是**普遍的**。在一切言说当中,教授了我们(1)在语词及其组成部分方面需要加以注意的(一)诸普遍规则的语文学,是**广义的正字法**,教授了我们在(2)语词变形方面需要加以注意的诸普遍规则的语文学,是**词源学**(类似词),教授了我们在(3)语词的构成及其相互间的关联方面需要加以注意的诸普遍规则的语文学,是**句法学**,教授了我们在(4)语词数量方面需要加以注意的诸普遍规则的语文学,是**韵律学**。这四个方面的规范的集合就是**语法**(狭义的)。教授了我们在(5)被标记物方面需要加以注意的诸普遍规则的语文学,是**词汇学**(词汇表),教授了我们在(6)书写方面需要加以注意的诸普遍规则的语文学,是**书法学**。教授了我们在感性的言说时需要加以注意的（二）**诸特殊规则**——比如（1）有关**健谈**［eloquentiae］<sup>a</sup> 的规则或完美地说话的规则——的语文学，是一般而言的**演说术**［oratoria］<sup>b</sup>，或（2）特殊而言的**修辞术**（如果涉及的是自由的说话），以及**诗学**（如果涉及的是受约束的说话）。就这些规范连同其分支阐明了说话的共同规则而言，这些规范是**普遍的**［universales］<sup>c</sup>。

<sup>a</sup> der Beredsamkeit［健谈］  <sup>b</sup> die Kunst wohl zu sprechen［娴熟地说话的艺术］  <sup>c</sup> die allgemeinen, z.B. Redekunst, Dichtkunst u.s.w.［普遍的规范，比如说话艺术、创作艺术等］

### §623

由于睡着的人的外部感觉是不清楚的（§556），所以，与醒着的人的状态相比，带有微弱想象的睡眠状态更适合于感性预见（§598, 539）。如果预期基于梦的预见，那么其诸规则的总和，就是**释梦艺术**。

## 第十二节　理智

### §624

我的心灵明晰地认知了一些事物（§522）；明晰地认知事物的能力是**高级认知能力**<sup>a</sup>［facultas cognoscitiva superior］（精神），也即我所具有的（§216）理智（§402）。

<sup>a</sup> das obere Erkenntniss-Vermögen［高级认知能力］

## §625

因为我具有注意的能力，也即具有**注意力**[attentionem]<sup>a</sup>，具有抽离的能力，也即具有**抽离能力**[abstractionem]<sup>b</sup>（§529），以及把一个部分从整体中分离或抽离出来的能力（§589），并且这些能力按照各自的对象与我身体的关系（§538，600）而在感觉、想象、预见等活动中有相应的表现，所以，这些能力是通过依据我身体的位置对宇宙进行表象的心灵之力实现的（§513）。

> <sup>a</sup> das Vermögen der Aufmerksamkeit, oder auf etwas zu achten[注意力，或注意某事物的能力]　<sup>b</sup> der Absonderung, oder sich etwas aus den gedancken zu schlagen[抽离，或不考虑某事物]

## §626

前后相继地指向某个知觉整体的各个部分的注意叫做反思[reflexio]<sup>a</sup>。反思之后指向某个知觉整体的注意叫**比较**[comparatio]<sup>b</sup>。我反思，我比较，所以，我具有反思和比较的能力，它们是通过依据我身体的位置来表象宇宙的心灵之力实现的。（§625）。

> <sup>a</sup> Überlegung[考虑]　<sup>b</sup> Vergleichung, das Zusammenhalten[比较，放在一起来看]

## §627

注意力的法则是：如果与其他事物相比，我在某事物那里知觉到更多的较不晦暗的特征，那么，我对该事物的知觉就比对其他事物的知觉更清楚（§628）；因而，反思的规则就是：如果我在一个知觉整体的某个部分那里知觉到更多的较不晦暗的特征,那么,我对该部分的注意就比对其他部分的注意要多(§626);而比较的规则就是:如果我将我的反思指向某个知觉整体的各个部分,并在某个部分那里知觉到更多且更清楚的特征,那么,我此后对这个部分的注意就更多一些(§529)。

### §628

最弱小的注意力应是这样的:它使一个最小的知觉仅仅在唯一一个程度上比最晦暗的其他诸知觉更清楚。所以,注意力使越多越大的知觉越是比其他知觉清楚,且其他这些知觉越清楚,那么,注意力就越强大(§219)。关注更多东西的才能叫做**广泛的注意力**[attentionis extensio][a];以一种显著地大于已经相当清楚的事物的那种清楚度来关注事物的才能,就是**紧密的注意力**[attentionis intensio][b];较长时间地关注同一个事物的才能就是**持久的注意力**[attentionis protensio][c]。

[a] die Erweiterung, Verbreitung oder Ausdehnung[注意力的扩展、拓宽或延伸]　[b] die Anstrengung[注意力的紧绷]　[c] das Anhalten der Aufmerksamkeit[注意力的坚定不移]

### §629

抽离的法则是:如果与其他事物相比,我在某事物那里知觉到更少且更不清楚的特征,那么,我对该事物的表象就比对其他事物的表象更晦暗(§528)。因而,分离的规则就是:如果在关于某个整体的知觉中,某个部分的特征比其他部分的特征要少且更加不清楚，那么，对该部分的知觉就比对其他部分的知觉更晦暗(§625)。

### §630

最弱小的抽离能力应是这样的：它使一个最小的知觉仅仅在唯一一个程度上比最清楚的其他知觉更晦暗(§528)。所以，抽离能力使越多越大的知觉越是比其他知觉晦暗，且其他的这些知觉越晦暗，那么，抽离能力就越强大(§219)。

### §631

我的理智的法则是：如果我在比较时忽略①未经比较的事物，那么，剩下的就是明晰地被知觉的事物(§627)。由于我的理智是有限的(§248)，所以，该法则就是在注意、反思、比较、抽离和分离活动中通过表象宇宙的心灵之力而实现的有限理智的法则(§625, 626)。

### §632

通过理智而对事物做出的表象就是对该事物的**理解**[conceptio]ᵃ。所以，**可理解的事物**[conceptible]ᵇ就是可以对其形成明晰知觉的事物，也即**本身**[in se]ᶜ或就其自身来看可以被明晰地理解的事物。由于一切可能的事物都具有不完全相同(§267, 41)，因而可以相互区分的(§67)本质和结果规定性(§53, 43)，所以，一切可能的事物都具有可以被清楚地认知的诸特征(§67)，一切可能的事物因而都是本身可理解的。

---

① 将注意力从某物那里抽离，就是忽略该物，故abstraho在本书中又译为"忽略"。

ᵃ das Verstehn oder Verständniss einer Sache［对一个事物的理解］
ᵇ verständlich, begreiflich［可理解的,可把握的］  ᶜ in und an sich selbst［本身］

## §633

**本身（绝对地）不可理解的事物**［inconceptible in se］ᵃ应是这样的事物,即,在对它的明晰知觉中,就这种知觉自身来看,包含有一个矛盾。但这样的事物不过是个无（§632,7）。而**相对可理解的事物**［conceptibile relative tale］ᵇ则是这样的事物,即,一个既定的理智的各种力足以达到对它的明晰认知；**相对不可理解的事物**［relative inconceptibile］ᶜ（它超出了一个既定的理智）则是这样的事物,即,一个既定的精神的各种力不足以达到对它的理解。所以,许多本身可以被恰如其分地理解的事物（§632）可能超出了我的理智（§631）。

ᵃ an sich selbst unverständlich und unbegreiflich［本身不可理解和把握的］  ᵇ diesem oder jenem begreiflich und verständlich［可把握、可理解的这样或那样的事物］  ᶜ desem oder jenem unverständlich und unbegreiflich［不可理解和把握的这样那样的事物］

## §634

由于明晰性就是事物及其特征的清楚性,所以,明晰性可以通过特征的量,通过特征就强度和广度来看的清楚性而得到提升（§531）。比其他明晰的知觉具有更多的更生动的特征的知觉,是一个**从广度方面来看更为明晰的知觉**［perceptio extensive distinctior］ᵃ；比其他明晰知觉具有从强度方面来看更为清楚的特征的知觉,是一个**更纯**

粹的[purior^b]（从强度来看更为明晰的）知觉。

^a eine Vorstellung von verbreiteter Deutlichkeit[从广度来看的明晰表象]    ^b eine reinere Vorstellung[更纯粹的表象]

### §635

我通过反思和比较活动越多地注意某个事物，我对该事物的理解[intellectio]就会变得就广度而言越加明晰（§634，631）。我通过反思和比较活动越是重新注意某个已经被理解的事物的诸特征，越是忽略未经比较的东西，就能带来越加纯粹的理解（§634，559）。

### §636

我对一个事物的注意越少，或者，如果我尽管也予以了充分的注意，但予以的反思很少，或者，如果我尽管予以了充分的反思，但予以的比较很少，那么，我对该事物的理解就会变得在广度方面越加地不明晰。我对已经被理解的事物的诸特征越是不再重新实施上述这些活动，越是不忽略未经比较的东西，我对该事物的明晰知觉就越保持为不纯粹的（§634，631）。

### §637

最弱小的理智应是这样的：它在一个最小事物的那些最微弱的相连的先前的诸异类知觉当中只是区分了该事物最少最不清楚的诸特征。所以，理智在越多越大的事物的越强烈的相连的先前的诸异类知觉当中区分了其越多越清楚的特征，理智就越强大（§219）。在就强度而言的明晰特征的建构中，理智的完满性就是理智的**深**

刻性[profunditas]ᵃ，较大的深刻性就是理智的**纯粹性**[puritas]ᵃ。在就广泛度而言的明晰特征的建构中，理智的完满就是**理智的美**[intellectus pulchritudo]ᶜ。

ᵃ ein tiefer[深刻的理解力]　ᵇ ein reiner[纯粹的理解力]　ᶜ ein schöner Verstand[美的理解力]

### §638

在我对较多的相连的诸异类知觉予以注意时，如果我对某个特定客体的注意减少了，那么，我就是**注意力分散的**[distrahor]ᵃ。所以，注意力的分散，使感觉本身变得晦暗(§543)，而对某个特定客体的任何一种注意也由于注意力的分散而受到了阻碍(§221)。如果一个注意力分散的心灵忽略了较多的异类知觉，由此，其对某个特定客体的注意得到了加强，那么，它就是一个**注意力集中的心灵**[animi collectio]ᵇ。所以，注意力的集中，以及忽略，是注意力分散的阻碍(§221)。由于阻碍的阻碍就是达成目的的手段(§342)，所以，心灵的注意力集中，正如忽略一样，会提升注意——这一点也是§549所表明的。注意会促进忽略，因而也会促进心灵的注意力的集中(§529)。

ᵃ Zerstreuung[内心涣散]　ᵇ Sammlung des Gemüthes[内心集中]

### §639

谁凭借理智而实现了明晰的知觉，谁就使用了自己的理智(§338)。使用理智的才能，叫做**理智的使用**[usus intellectus]ᵃ，它是我身上的一种习得的才能(§577)。还没有习得说话所需的那种对理智的使用的人，是**小孩**［infans］[b]；还没有习得一般生命的较重要的活动通常所需的对理智的诸多使用的人，是**心理上还未成年的人**；而习得了为此所需的对理智的诸多使用的人，则是**心理上成熟的人**。对理智的使用明显少于大多数同龄人的人，是**贬义的头脑简单的人**［simplex significatu malo］[c]。在一个本应相应地被看到对理智的使用的年纪却没有或几乎没有被看到对理智的使用——这样的人是**心智不健全的人**［mente capti］[d]。

[a] der Gebrauch des Verstandes［理解力的使用］ [b] ein Kind［小孩］ [c] einfältig in schlechter Bedeutung［贬义意义上头脑简单的］ [d] die nie zu, oder von Sinnen und Verstand gekommen［从未或没有达到感官和理智的人］

## 第十三节　理性

### §640

我含混地知觉到一些事物的关联，明晰地知觉到另一些事物的关联。所以，我具有洞察事物的关联的理智（§402, 216），也即**理性**（ratio）[a]，以及较含混认知关联的诸能力。这些能力包括(1)认知事物间的相同性的低级能力（§572, 279），即感性天赋（§575）；(2)认知事物间的差异性的低级能力（§572, 279），即感性敏锐（§575）；(3)感性记忆（§579, 306）；(4)创作能力（§589）；(5)判断能力（§606, 94），即感性判断（§607）以及感官判断（§608）；(6)对类似情况的预期（§610, 612）；(7)感性的标识能力（§619, 347）。就所有这些能力在对事物的关联进行表象时类似于理性而言，它们构成了**类理性**［analogon rationis］[b]（§70），也即构成了含混地表象事物间关联的那些心灵能力的总体。

<sup>a</sup> die Vernunft［理性］　<sup>b</sup> das der Vernunft ähnliche［与理性类似的东西］

### §641

理性（§640）是：明晰地洞察事物间同与异的能力（§572，579），因而也就是理智方面的天赋与敏锐（§575），理智性的记忆或**人格**（§579，306），明晰地做判断的能力（§606，94），即理智性的判断力（§607），理智性的预期或**先见**［providentia］<sup>a</sup>（预先考虑）（§610），以及理智性的标识能力（§619）。

<sup>a</sup> Vorsicht［先见］

### §642

由于我们这个世界中的万事万物处于普遍的关联中（§356-358），所以，理性是通过按照身体的位置来表象宇宙的心灵之力实现的（§631），而其实现遵循着这样一条法则：如果我在 A 中清楚地认知了 C，也即某东西，通过该东西，我就清楚地认识到这个东西为什么在 B 中也是要清楚地去认知的，那么，我就把 A 和 B 把握为相关联的（§14，632）。

### §643

可以通过某个根据来认知的东西，叫做**合理的**［rationabile］<sup>a</sup>；不能通过根据来认知的东西，叫做**不合理的**［irrationabile］<sup>b</sup>（违背理性的）。由于所有的可能事物都既是合理的，又是相关联的（§24），

第一章　经验心理学

由于不仅其根据，而且其结果，连同两者间的关联，都是本身可理解的（§632，14），所以，一切可能的事物都是合理的。一切不合理的事物、违背理性的事物，都是不可能的（§7，8）。

  a vernünftig［理性的］ b unvernünftig［非理性的］

### §644

如果一个既定理性的各种力不足以认知某事物的关联，那么，该关联就**超出了既定理性的范围**［extra datae rationis sphaeram］a——要么位于既定理性的下面，要么位它的上面，或者，这两种情况都不是，但不管怎样都超出了既定理性的视野。所以，如果一个理性是有局限的，比如我的理性（§631，640），那么，很多合理的东西就可能超出了其范围（§643）。

  a von diesem oder jenem nicht vernünftig einzusehn［不能被这个或那个人理性地洞察］

### §645

最弱小的理性应是洞察了唯一一个事物的最小关联的那种最弱小的理智。所以，理智越强大，在越多的事物中洞察到越大的关联，理性就越强大（§219）。洞察事物间较大关联的才能，是**坚固的理性**［soliditas］a；洞察较多事物间关联的才能，是**聪颖的理性**［sagacitas rationis］b。所以，理性要么是纯粹的，要么是不纯粹的（§637）。

  a eine gründliche［坚实的理性］ b erfindsame Vernunft［聪明的理性］

## §646

理性的知觉就是**推理**[ratiocinia][a]；如果推理是正确的，人们就称理性为**健全的理性**[sana][b]；如果是错误的，则人们称其为**堕落的理性**[corrupta ratio][c]。正确的推理的集合，叫做**客观的理性**[ratio obiective sumpta][d]，以区别于主观的理性（§640）。**理性的使用**[usus rationis][e]，是我习得的一种使用理性的才能（§577）。对理性使用的强化，就是**对理性的培育**[cultura rationis][f]。所以，关于真的一切哲学认知都培育着理性（§577）。错误的三段论规则严重地损害着理性。

[a] Vernunft-Schlüsse; Beweise des Verstandes[理性-推论；理解力的证明]  [b] eine gesunde[健全的理性]  [c] eine verderbte Vernunft[腐坏了的理性]  [d] die Vernunft vor ihren wahren Gegenstand gesetzt[被置于其真正对象面前的理性]  [e] der Gebrauch[对理性的使用]  [f] die Bearbeitung der Vernunft[对理性的加工]

## §647

谁把类理性的错误归咎于堕落的理性（§640, 646），谁就会因为缺乏敏锐性而被自己认知事物间相同性的能力所欺骗（§576）。而如果此类错误被当作前提，那么，此类错误就能损害理性（§646）。

## §648

由于我所有的认知能力都是受限的，因而都有一定的可确定的局限（§248, 354），所以，通过对心灵的诸认识能力进行相互的比较，我们就会知道，它们之间存在着一定的比例关系（§572），依据此比例关系，其中的一种认知能力就大于或小于另一种认知能力（§160）。某个人的诸认知能力相互间的一定的比例关系，就是他的**广义的头脑**[ ingenium latius dictum ]<sup>a</sup>。带有诸多才能的头脑，是**活跃的**[ vegetum ]<sup>b</sup>；带有很少或完全不带有才能的头脑，是**迟钝的**[ tardum ]<sup>c</sup>；从迟钝变活跃，是**觉醒的**[ excitatur ]<sup>d</sup> 头脑；从活跃变得迟钝，是**呆化的**[ torpescit ]<sup>e</sup> 头脑。在对主体的广义头脑进行考察时，广义的头脑中大于其他能力的某种能力，就为该主体带来称名。由此，我们也就明白了，谁是**特别有天赋的人、特别敏锐的人，特别有记忆力、预见力、判断力的人，特别有理智**或**理性的人**[ ingeniosi, acuti, memoriosi, provide, iudiciosi, intelligentes, rationabiles sensu eminentiori ]<sup>f</sup>，等等。

<sup>a</sup> Kopf, Gemüths-Fähigkeit[头脑，心灵能力] <sup>b</sup> munter[活跃的] <sup>c</sup> langsam[迟钝的] <sup>d</sup> wird aufgeweckt[苏醒的] <sup>e</sup> wird stumpf, eingeschläfert[呆化，麻木的] <sup>f</sup> witzig, scharfsinnig, von gutem Gedächtniss, guter Vorsicht, Beurtheilungs-Kraft, verständig, vernünftig in ausnehmender Bedeutung[特别有天赋、特别敏锐的、特别有记忆力、预见力、判断力的人，特别有理解力、理性的人]

## §649

由于相互间处于一定比例关系中的诸认知能力，对一定类型的认知对象比对其他类型的认知对象更适合（§648），所以，对一定类型的认知对象比对其他类型的认知对象更适合的一个广义的头脑就从它更合适于的认知对象那里获得了它的称名。由此，我们也就明白了，什么是**经验头脑、历史头脑、诗学头脑、预言头脑、批评头**

脑、哲学头脑、数学头脑、机械学头脑、音乐头脑①，等等。明显比其他许多头脑更适合于一切类型的认知对象的广义头脑，叫做**普遍的头脑**[ingenia universalia]<sup>a</sup>；就其在绝大多数认知能力方面超过了其他许多头脑而言，它就叫做**更高的头脑**[superiora]<sup>b</sup>。

<sup>a</sup> allgemeine[普遍的精神或天赋]　<sup>b</sup> höhere Geister oder Genies[更高的精神或天赋]

### §650

**习惯**[consuetudo]<sup>a</sup>就是使一定活动中的注意的必然性降低的才能。由于任何一种习得的理论才能都改变着广义的头脑（§577,648），所以，广义的头脑通过实践和习惯可以发生重大的频繁的变化——要么变得活跃，要么变得呆滞（§648）。由此，我们也就明白了，一个人是如何能从一个聪明之人变成一个有判断力的人，或者，从一个诗学头脑变成一个哲学头脑，等等（§649）。

<sup>a</sup> Gewohnheit[习惯]

## 第十四节　漠然性

### §651

通过判断力，我知觉到某事物的完满性或不完满性（§606）。我要么象征地、要么直观地认知完满性或不完满性（§620）。所以，我

---

① 头脑与天赋（或天才）是同一个拉丁文单词 ingenium。所以，如果觉得"头脑"在某些场合下，比如"经验头脑""历史头脑""普遍的头脑"等有些别扭，可以将之换成"天赋"。

要么直观到某客体的完满性并**感到高兴**[placet]ᵃ，要么直观到某客体的不完满性并**感到不高兴**[displicet]ᵇ；或者，我既没有直观到它的完满性，也没有直观到它的不完满性，也就是说，它既不令人喜爱，也不令人讨厌，它**于我而言是漠然的**[mihi indifferens]ᶜ（我对它不感兴趣）。令人喜爱的东西，我从善这个方面把它直观为好东西（§100）；令人讨厌的东西，我从恶这个方面把它直观为坏东西（§146）。我漠不关心的东西，我既不把它直观为好东西，也不把它直观为坏东西，既不从善这个方面，也不从恶这个方面来直观它（§100，146）。

ᵃ gefällt[令我喜爱]　ᵇ missfällt mir[令我讨厌]　ᶜ es ist mir gleichgültig, ich bin dagegen gleichgültig[它于我而言是漠然的，我对它不感兴趣]

### §652

我漠不关心的东西，我要么完全直观不到其完满性或不完满性，因而，它**对我而言就是完全漠然的**[mihi plenarie indifferens]ᵃ；我要么只是没有直观到其一定的完满性，也没有直观到其一定的不完满性，因而，就该完满性而言，该事物就是**在此方面于我而言漠然的东西**[mihi respective indifferens]ᵇ。我没有表象的东西，就是**我不知道的东西**[ignotum mihi]ᶜ。所以，我不知道的东西，我根本就没有直观到它的完满性或不完满性（§651）。所以，我不知道的东西，于我而言就是完全漠然的东西，它既不令人喜爱，也不令人讨厌。我在一定程度上不知道的东西，就是在我不知道的那个部分的完满性方面对我而言漠然的东西。只是象征地被我把握到的东西，即使我象征地高度意识到它是好的或坏的，我也不会把它清楚地直观为这样的东西(§620)，所以，它既不使我喜爱，也不令我讨厌，就人们的观察而言，它毋宁是对我而言漠然的东西(§651)。

<sup>a</sup> gänzlich [ 对我而言是完全漠然的 ] <sup>b</sup> gewisser Maassen mir gleichgültig [ 对我而言一定程度上漠然的 ] <sup>c</sup> das mir unbekannte [ 我不知道的东西 ]

### §653

**完全漠然的心灵** [ animus indifferens totaliter ]<sup>a</sup> 应是这样的，即，在它的整个知觉中根本就没有什么使它喜爱或讨厌的东西。**一定程度上漠然的心灵** [ partialiter indifferens ]<sup>b</sup>，就是具有对它而言完全或一定程度上漠然的诸局部知觉的那种心灵。所以，即使只是在唯一一个事物那里感到最低程度的喜爱或讨厌的心灵，也不是完全漠然的。就所有可能的完满性而言，并非对自己的一切局部知觉都感到喜爱或讨厌的心灵，是一定程度上漠然的。

<sup>a</sup> ein gänzlich [ 完全漠然的心灵 ] <sup>b</sup> ein zum Theil gleichgültig Gemüth [ 一定程度上漠然的心灵 ]

### §654

一定的表象力既不直观它为好也不直观它为坏的东西，叫做**主观上中立的** [ subiective adiaphoron ]<sup>a</sup>（漠然的），比如我不知道的东西以及只是象征地被清楚认知的东西(§652)。**客观上中立的** [ obieictve adiaphoron ]<sup>b</sup>，就是既不好也不坏的东西。这种东西要么又将是**绝对漠然的** [ absolute indifferens ]<sup>c</sup>，它没有设立任何一种完满性或不完满性，因而它就是一个非存在(§100)；要么将是**相对漠然的** [ respective ]<sup>d</sup>，它对一定的完满性或不完满性毫无贡献。最好的世界中没有这样的东西(§441)。所以,直观着事物的人——以便看看该事物是怎样的——在任何一种事物那里都不是绝对漠然的(§651)。

<sup>a</sup> diesem oder jenem[对这人或那人而言漠然的]　<sup>b</sup> an sich selbst[本身漠然的]　<sup>c</sup> schlechterdings[绝对漠然的]　<sup>d</sup> in gewisser Absicht gleichgültig[一定意图下漠然的]

## 第十五节　愉快与不愉快

### §655

通过对完满性进行直观而产生的心灵状态是**愉快的**[voluptas]<sup>a</sup>(令人喜爱的),通过对不完满性进行直观而产生的心灵状态是**不愉快的**[taedium]<sup>b</sup>(令人讨厌的)。所以,**漠然状态**[status indifferentiae]<sup>c</sup>就是既不感到愉快也没有感到不愉快的心灵状态。由正确的直观带来的愉快或不愉快叫做**真正的愉快或不愉快**[vera]<sup>d</sup>,由错误的直观带来的,叫做**似是而非的愉快或不愉快**[apparentia]<sup>e</sup>。所以,对完满性和好东西的直观带来愉快,对两者的正确直观带来真正的愉快,对两者似是而非的直观带来似是而非的愉快;对不完满性和坏东西的直观带来不愉快,对两者的正确直观带来真正的不愉快,对两者的似是而非的直观带来似是而非的不愉快(§12)。

<sup>a</sup> Lust, Gefallen, Vergnügen[愉快、喜欢、高兴]　<sup>b</sup> Unlust, Missfallen, Missvergnügen[不愉快、不喜欢、不高兴]　<sup>c</sup> der Stand der Gleichgültigkeit[漠然状态]　<sup>d</sup> wahre[真正的愉快或不愉快]　<sup>e</sup> Schein-Lust, scheinende Unlust[似是而非的愉快或不愉快]

## §656

通过对简单的完满性或不完满性进行直观而产生的**愉快或不愉快**是**简单的**[simplex]<sup>a</sup>，通过对复合的完满性或不完满性进行直观而产生的**愉快或不愉快**是**复合的**[composita]<sup>b</sup>；感性直观带来**感性的愉快或不愉快**[sensitiva]<sup>c</sup>，感官直观带来**感官的愉快或不愉快**[voluptas taediumve sensuum]<sup>d</sup>，明晰的直观带来**理性的**（理智性的）**愉快或不愉快**[rationalia]<sup>e</sup>（§521，640）。在关于某个并非完全漠然的事物的整体知觉中，要么，令人喜欢的东西强于令人不喜欢的东西——这是**愉快占优势的状态**[praedominium voluptatis]<sup>f</sup>；要么，令人不喜欢的东西强于令人喜欢的东西——这是**不愉快占优势的状态**[praedominium taedii]<sup>g</sup>；或者，在强度上，两者是相同的——这是一种**完全均衡的状态**[status totalis aequilibrii]<sup>h</sup>（§516，参见§661）。

<sup>a</sup> ein einfaches[简单的愉快或不愉快] <sup>b</sup> zusammengesetztes[复合的愉快或不愉快] <sup>c</sup> sinnliches Vergnügen und Missvergnügen[感性的愉快或不愉快] <sup>d</sup> der Sinne[感官的愉快或不愉快] <sup>e</sup> des Verstandes[理智的愉快或不愉快] <sup>f</sup> Übergewicht des Vergnügens[愉快占优势] <sup>g</sup> des Missvergnügens[不愉快占优势] <sup>h</sup> Stand des gänzlichen Gleichgewichts[完全均衡的状态]

## §657

较强的愉快使相连的先前的较弱的异类的愉快或不愉快变得晦暗；较强的不愉快使相连的先前的较弱的异类的愉快和不愉快变得晦暗（§529）。所以，如果愉快占优势，相连的先前的不愉快就会变得晦暗；如果不愉快占优势，相连的先前的愉快就会变得晦暗（§656）。较弱的愉快使相连的先前的较强的异类的愉快以及不愉快变得明亮；较弱的不愉快使相连的先前的较强的异类的不愉快和愉快变得明亮（§549）。

### §658

在相连的先前的绝大多数时候较强烈的异类的愉快或不愉快中，对一个最小完满性或不完满性的可能的最小直观，也即最不真、最不清楚、最不确定的（§531，620）直观，带来的是最小的愉快和不愉快的状态（§651，161）。所以，在越弱的相连的先前的异类的愉快和不愉快那里，对越多越大的完满性或不完满性的直观越大，也就是说越真，也即越生动或越明晰、清楚和确定（§531），其带来的此类愉快或不愉快也就越大（§160，657）。愉快的原因**使人开心**［delectat］[a]。提升愉快的东西，**令人高兴**［iucundum］[b]（使人感到舒适）；降低愉快的东西，**令人不快**［incommodum］[c]（使人感到不舒服）。提升不愉快的东西，**令人厌恶**［molestum］[d]；降低不愉快的东西，**使人喜爱**［gratum］[e]。

[a] ergözt［使人开心］ [b] bequem, belustigend, angenehm［舒服的，使人感兴趣的，舒适的］ [c] unangenehm［不舒服的］ [d] beschwehrlich［讨厌的］ [e] erquickend, nicht unangenehm［使人精神复苏，并非不舒服的］

### §659

由于对当下事物的直观更清楚（§542）、更真、更确定（§546），因而也更大（§531），所以，当下事物带来的愉快和不愉快能够大于过去和将来事物带来的愉快和不愉快(§658)。但如果过去或将来的某个事物被表象为包含有大得多、多得多的完满性或不完满性，或者，如果心灵被诸多过去或将来的令人喜欢或讨厌的事物分散了注意，那么，这些事物带来的愉快和不愉快就可以强于当下事物带来的愉快和不愉快(§658,543)。愉快或不愉快——若无它们，心灵就几乎是漠然的或完全均衡的——被清楚地感觉到(§658,653)。

### §660

**对我而言好的事物**[mihi bona]<sup>a</sup>是这样的事物：设定了它，也就在我这里设定了实在性。**对我而言坏的事物**[mihi mala]是这样的事物：设定了它，也就在我这里设定了广义的否定性。与我对许多其他事物的意识相比(§508)，我更多地也即更真、更清楚、更确定地(§531)意识到我自己、我的身体及两者的状态。所以，不言自明的是，为什么我将之直观为对我而言或好或坏的那些事物，带来的愉快和不愉快要比许多其他事物带来的更大，即便我把这些其他事物评判为更好的或更坏的事物(§658)。在对我而言或好或坏的事物当中，有些事物处于我之外，有些则不是：后一种事物是对我而言**本土的**[domestica]<sup>c</sup>(内在的)或好或坏的事物，前一种则是对我而言**外来的**[adventicia]<sup>d</sup>(外在的)有用的事物(§336)。对我而言本土的或好或坏的事物可以比外来的事物更加令人喜欢或令人讨厌(§658)。

<sup>a</sup> mir gut[对我来说是好的]　<sup>b</sup> mir böse[对我来说是坏的]　<sup>c</sup> innre, einheimische[内在的,本土的]　<sup>d</sup> äussre, fremde, von aussen kommende[外在的,陌生的,外来的]

## §661

如果某事物被我直观为完全好的事物，那么，由此产生的就是**纯愉快**[pura voluptas]<sup>a</sup>；如果某事物被我直观为完全坏的事物，那么，由此产生的就**只有不愉快**[merum taedium]<sup>b</sup>。如果某事物被我直观为同样好同时又同样坏的事物，那么，由此产生的就是一**定程度上的均衡状态**[status aequilibrii partialis]<sup>c</sup>（参见§656）；如果某事物被我直观为既好又坏、但好坏程度不同的事物，那么，要么把这个客体视为好的直观将变得更大，从而带来**甜蜜的不愉快**[dulce taedium]<sup>d</sup>，要么，把该客体视为坏的直观将变得更大，从而带来**痛苦的愉快**[amara voluptas]<sup>e</sup>。由于一切有限事物都是一定程度上好、一定程度上坏的事物（§264）。所以，当我直观有限事物，看看它是怎样的，由此产生的就都是不纯粹的愉快或不愉快；一切有限事物都是一定程度上令人喜爱、一定程度上令人讨厌的（§651，654）。

<sup>a</sup> ein reines Vergnügen[纯愉快]　<sup>b</sup> nichts, als Unlust[无非是不愉快]　<sup>c</sup> der Zustand einiges Gleichgewichtes[某些东西的均衡状态]　<sup>d</sup> ein süsses Missvergnügen[甜蜜的不愉快]　<sup>e</sup> eine bittre Lust[痛苦的愉快]

## §662

完满性作为现象，或说，可以通过广义的品味来观察的完满性，就是**美**[pulchritudo]<sup>a</sup>；不完满性作为现象，或说，可以通过广义的品味来观察的不完满性，就是**丑**[deformitas]<sup>b</sup>。所以，美的东西令直观它的人高兴（§658），丑的东西令直观它的人讨厌它（§658）。

直观变了，愉快和不愉快也就变了（§326, 328）。由于我的一切直观都是本身可变的（§257），所以，我的一切愉快和不愉快也是本身可变的。对大多数人而言难以发生改变的愉快和不愉快，叫做**持久的**（持续的）**愉快和不愉快**[constantia]<sup>c</sup>；比持久的愉快和不愉快更容易发生改变的，是**易逝的**（短暂的、逃逸的）**愉快和不愉快**[voluptates et taedia transitoria]<sup>d</sup>。

<sup>a</sup> Schönheit[美]　<sup>b</sup> Hässlichkeit[丑]　<sup>c</sup> beständige, dauerhafte[持续的, 持久的]　<sup>d</sup> flüchtige, vergängliche[逃逸的, 短暂的]

## 第十六节　欲求能力

### §663

如果我努力制造出一个知觉来，也就是说，如果我决定我自己或我心灵的力去制造出一定的知觉来，那么我就是在**欲求**[appeto]<sup>a</sup>。如果我欲求某事物的对立面，那么，我就**厌恶**[aversor]<sup>b</sup>该事物。所以，我具有欲求和厌恶的能力（§216），也即是说，我具有**欲求力**[appetitivam]<sup>c</sup>（广义的意愿，参见§690）。当我欲求的时候，我的努力或对我的各种力做出的决定就是**欲求**[appetitio]<sup>d</sup>（渴求）；当我厌恶的时候，它们则是**厌恶**[aversatio]<sup>e</sup>。

<sup>a</sup> so begehre ich[我欲求]　<sup>b</sup> davon bin ich abgeneigt[我厌恶它]　<sup>c</sup> das Vermögen zu begehren[欲求的能力]　<sup>d</sup> Begierden[欲求]　<sup>e</sup> Abneigungen[厌恶]

### §664

我欲求的东西，(1)我预见它包含在我整个知觉的未来系列中，

(2)我预期它将来会存在,如果我的力朝着它努力,是(3)令人喜爱的东西。我完全没有预见的东西,因而也即我不知道的东西(§652,595),我完全没有预期通过我的力将来会存在的东西,完全令人讨厌的东西,因而对我而言完全漠然的东西(§652),我并不欲求它。我厌恶的东西,(1)我把它预见为、(2)预期为需要通过我的一定努力来阻止的东西,是(3)令人讨厌的东西。我完全没有预见的东西,因而也即我不知道的东西,我没有预期需要通过我的努力来阻止的东西,根本不是什么令人讨厌的东西,我也并不厌恶它,所以,我并不厌恶那种对我而言完全漠然的东西(§652)。

### §665

欲求能力的法则是:我努力把我预见的令人喜爱的东西、预期通过我的努力将来会存在的东西制造出来;我预见的令人讨厌的东西,我预期可以通过我的努力加以阻止的东西,我则欲求它的对立面(§664,663)。所以,我可以从善这个角度出发来欲求许多或好或坏的东西,也可以着眼于恶而厌恶它们(§651)。

### §666

许多好的东西我也可以不去欲求,这类东西包括(1)我不知道的东西;(2)对我而言完全漠然的东西;(3)人们错误地讨厌的东西;(4)虽也令人喜爱但我完全没有预见的东西;(5)虽然也被我预见为好的但我完全没有预期通过我的某种努力将来会存在的东西。我也可以不厌恶许多坏的东西,这类东西包括(1)我不知道的东西;(2)对我而言完全漠然的东西;(3)人们错爱的东西;(4)虽也令人讨厌但我完全没有预见的东西;(5)虽也被我预见为坏的但我完全没有预期需要通过我的努力去阻止的东西(§664,665)。

### §667

由于直观(§620)、判断(§608)、因而愉快和不愉快(§655)、预见(§595)和预期(§610),是通过按照我身体的位置来表象宇宙的心灵之力实现的,而渴求和厌恶是通过这些能力实现的,所以,欲求和厌恶是通过按照我身体的位置来表象宇宙的心灵之力实现的(§513,317)。

### §668

欲求或厌恶所需的认知能力越小或越大(§667),遵循着认知能力并由其决定的欲求能力或厌恶能力也就越小或越大(§331)。

### §669

谁若欲求或厌恶意图去制造出某个知觉(§341,663),那么,以这种意图为根据的知觉就是欲求和厌恶的推动因[causa impulsivae],因而又叫**心灵的发动机**[elateres animi]<sup>a</sup>(§342)。就认知包含有心灵的发动机而言,认知是**推动性的**[movens]<sup>b</sup>(激发性的、打动性的、炙热的、实用的、实践的和广义而言有生气的);如果不包含,那么,认知就是**怠惰性的**[iners]<sup>c</sup>(广义理论的和或死的),除此之外而在其他方面足够完满的(§515,531)这种认知就叫做**思辨**[speculatio]<sup>d</sup>(思辨性的,空虚的,空洞的)。所以,象征型的认知显然是怠惰性的(§652),只有直观型认知才是推动性的

(§652)。所以，处于完全漠然状态中的整个知觉是怠惰的(§653)，而处于纯粹愉快或不愉快状态中或处于两者的均衡状态中的整个知觉是推动性的(§656,661)。具有动力的认知，在相同的前提下，要比怠惰性的认知、也比思辨更强大(§515)。所以，认知越广博，越高贵，越真实，越清楚，因而越生动或越明晰，越确定，越炙热，认知也就越强大[§515,531]。

<sup>a</sup> Triebfedern des Gemüths[内心的发动机] <sup>b</sup> eine rührende, bewegende, thätige, wircksame Kenntniss[触动性的、推动性的、活动着的、作用着的认知] <sup>c</sup> eine kalte, leblose Kenntniss[冰冷无生气的认知] <sup>d</sup> ein untaugliches Hirngebäude[无用的头脑构想物]

### §670

就一定客体而言的均衡状态是这样的一种状态，在此状态中，该客体同等程度地令人喜爱和讨厌(§661)。所以，在这种均衡状态中，人们知觉到的是同等程度的欲求动力和厌恶动力(§669)。如果在均衡状态中，推动着人们欲求一定对象的认知与推动着人们厌恶一定对象的认知是完全对等的，那么，由此产生的状态就将是一种**完全均衡的状态**[status perfecti aequilibrii]<sup>a</sup>。在均衡状态中，我着眼于好而欲求被预见为"令人喜爱的"的东西(§331)，着眼于坏而厌恶被预见为"令人讨厌的"的东西(§667)，我现在欲求或厌恶的不仅仅是本身令人喜爱或讨厌的东西，同时也欲求或厌恶就人们鉴于心灵预期产生或阻止该东西所需的力(§665)而对它做出预见的各种情况(§664)而言仍令人喜爱或讨厌的东西(§669)。由于这个东西同等程度地令人喜爱和讨厌，所以，我既欲求它，也同等程度地厌恶它。

ᵃ der Stand des völligen Gleichgewichts［完全均衡的状态］

## §671

由于一个知觉的产生比另一个知觉的产生要容易些（§527），所以，并非通过随便一个什么欲求就能实现任意某个知觉；任何一个知觉的实现都要求心灵之力的一定程度（§331）。如果欲求或厌恶强烈得足以产生其对象或对象的对立面，那么，**欲求**［appetitio］和**厌恶**［aversatio］就是**有效果的**［efficientes］ᵃ；如果它们并非如此强烈，那么它们就是**无效果的**［inefficientes］ᵇ。如果欲求和厌恶正如欲求者或厌恶者预期的那样强烈得足以产生其对象或对象的对立面，那么它们就是**充足的**［plenus］ᶜ；如果它们较微弱，那么它们就是**不充足的**［minus plenus］ᵈ。推动着有效果的欲求或厌恶**的认知**［cognitio movens］，以及**该认知的动力**［vis eius motrix］（§222），是**有生气的**［viva］ᵉ（狭义的，参见§669，激发性的，能充分地导致活动）；无效果的欲求或厌恶的认知及其动力（§222），是**死的**［mortua］ᶠ（狭义的，参见§669，不足以导致活动，煽动）。推动着的欲求或厌恶的**认知**［cognitio］，以及**该认知的力**［eius vis］，是**充分推动性的**［complete movens］ᵍ；只是推动着不怎么充足的欲求或厌恶的认知，是**不充分推动性的**［incomplete movens］ʰ。在相同的前提下，有生气的认知比死的认知更强大，不充分推动性的认知比充分推动性的认知更弱小（§669）。

ᵃ Wirckende［有效果的］　ᵇ ohne Wirckung［无效果］　ᶜ völlig［完全

ᵈ noch nicht völlig［不完全］ ᵉ die Erkenntniss und Ihre Bewegende Kraft ist lebendig［认知及其动力是有生气的］ ᶠ todt, und höchstens in blossen Reizungen, oder Rührungen bestehend［死的，顶多处于单纯的激发或触发当中的］ ᵍ vollständig［充分推动性的］ ʰ unvollständig bewegend［不充分推动性的］

## §672

由于通过空虚的预期，我能把某种实际上不充足程度的（§617）欲求或厌恶视为足以产生客体或其对立面的，所以，我充足的欲求和厌恶也可能是无效果的；同理，如果我预期所需的欲求或厌恶比那些实际上充分的欲求和厌恶更强大，它们也可能是不怎么充分有效的（§671）。

## §673

在预见和预期之后的均衡状态下，欲求与厌恶是对等的（§670）。所以，在充分厌恶某东西的时候，对该东西的欲求也应是充分的（§671），同样，在充分厌恶某东西的时候，对该东西的欲求应该是不怎么充分，在充分欲求某东西的时候，对该东西的厌恶应该是不怎么充分（§81，671）。所以，如果我在均衡状态下充分地欲求或厌恶某东西，我就是在不怎么充分地厌恶或欲求该东西，但这是不可能的（§7）。所以，在预见和预期之后的完全的或一定程度上的、（§656，661）完满的或并非如此完满的均衡状态下（§670），我既不会充分地欲求也不会充分地厌恶。所以，假如我充分地欲求或厌恶了，我就并不处于关于要去实现的客体或其对立面的预见和预期之后的均衡状态中了（§671）。

## §674

如果我预见某事物并预期它通过我的努力将来会存在或被阻止，同时，我怀着占优势的愉快或不愉快而把它直观为好的或坏的，那么，由此产生的心灵状态就叫做**压倒性状态**[status superpondii][a]。在压倒性状态中，人们知觉到的导向欲求和厌恶的发动机是不均衡的（§669）。所以，在压倒性状态中，欲求比厌恶强烈，或者厌恶比欲求强烈，正如愉快压倒了不愉快或不愉快压倒了愉快一样（§331，665）——愉快或不愉快不仅源于客体自身，而且也源于就各种将来的情况加以打量的客体，也即源于就产生或阻止客体而必须付诸的力来打量的客体（§670）。

[a] der Stand des Übergewichts[压倒性状态]

## §675

**有效果的欲求和厌恶**[appetitiones et aversationes efficaces][a]叫做：(1)严肃的，也即并非假冒的，假冒的欲求和厌恶乃是**无效果的**[inefficaces][b]；(2)非假冒的或严肃的，就它们是根据而言，就它们有其后果而言，就某事物取决于它们而言（§197）。没有**完全无效果的**[inefficaces omnino][c]，也即完全不出成果的欲求和厌恶（§23）。(a)但不怎么充分的无效果的欲求和厌恶是效果较小的（§671）；(b)充分的欲求和厌恶是效果较大的，即使它们是无效果的（§672）——它们的无效果是就此而言的，即不怎么充分的欲求和厌恶有时也被说成是相较而言无效果的，正如这些欲求和厌恶，如果它们是无效果的，只是与有效果的欲求和厌恶相比而被说成是无效

第一章 经验心理学

果的一样。(c)有效果的欲求和厌恶是效果最大的——最大是就此而言的,即不怎么充分的和无效果的欲求和厌恶有时也被说成是相较而言无效果的(§671)。在漠然状态下,我根本就不欲求,也不厌恶(§664,665),因而也即,我不在任何一种意义上有效果地来欲求或厌恶。在对客体或客体对立面的预见和预期之后仍保持下来的均衡状态下,我并不在我们视之为适中的那种程度上有效果地欲求或厌恶(§673)。欲求和厌恶的这种效果程度,要求的要么是纯粹的愉快,要么是纯粹的不愉快,要么是压倒性的状态(§661,674)。

a Begierden und Abneigungen sind wircksam und ernstlich, es ist uns damit ein Ernst[欲求和厌恶是有效果的,严肃的,它对我们来说因而是严肃的] b angenommene vorgegebene[假定的伪冒的] c gar nichts heissende, mit denen es gar nichts zusagen hätte, völlig unwirksam[一无所说的,根本没说出任何东西的,完全无效果的]

## 第十七节 低级欲求能力

### §676

由于欲求能力遵循着认知能力(§665,668),所以,欲求能力要么遵循着低级的认知能力并因而是**低级的欲求能力**[facultas appetitiva inferior]a(§520),要么遵循着高级认知能力(§624)。我欲求或厌恶某些感性地被表象的东西(§521),所以我有低级的欲求能力(§216)。低级欲求能力实现的是**感性的欲求和厌恶**[appetitiones aversationesque sensitivae]b,感性的欲求和厌恶产生自按照身体的位置来表象宇宙的心灵之力(§667)。感性的欲求叫**肉欲能力**[facultas concupiscibilis]ᶜ,感性的厌恶叫做**易怒能力**[facultas ihrascibilis]ᵈ。两者连同低级认知能力一起有时候被称为**肉体**[caro]ᵉ。

  ᵃ das untre Vermögen zu begehren[低级欲求能力]　ᵇ sinnliche Begierden und Abneigungen[感性的欲求和厌恶]　ᶜ das Vermögen sinnlicher Begierden[感性欲求能力]　ᵈ das Vermögen sinnlicher Abneigungen[感性厌恶能力]　ᵉ das Fleisch[肉体]

## §677

感性的欲求或厌恶要么产自晦暗的表象,要么产自含混的表象(§676,520)。就这两种表象是欲求和厌恶的推动因而言,此二者是**刺激**(stimuli]ᵃ(§669)。出自晦暗刺激的较强欲求是**冲动**[instinctus]ᵇ(好感,爱),这种类型的厌恶是**逃避**[fuga]ᶜ(天然的反感和恨)。

  ᵃ sinnliche Triebfedern[感性的推动]　ᵇ ein blinder Trieb[盲目的冲动]　ᶜ ein blinder Abscheu[盲目的憎恶]

## §678

出自含混认知的(较强)欲求和厌恶是**激动**[affectus]ᵃ(心灵的受动、波动、被搅动)①,关于激动的科学是(1)**心理病理学**,它阐释了关于激动的理论;(2)**感性学的病理学**,它包含了激发、平复和标

---

① affectus(一般译为"情感")以及鲍姆加通所给出的德文解释词 Leidenschaft(一般译为"激情"),指心灵受到刺激而产生的较强烈的波动,故 affectus 译为"激动",Leidenschaft 按其本义译为"受动"。

记激动状态的诸规则，与此对应的是演说病理学、修辞病理学和诗学病理学（§622）；(3) **实践病理学**，它展示的是就激动而言人们的义务。

[a] Gemüths-Bewegungen, Beunruhigungen, Leidenschaften［心灵的运动、不宁和受动］

### §679

由于激动作为较强的欲求产自较强的感性愉快（§678，665），所以，该愉快增强了相连的愉快（§162），这样的**激动**因而被称为**舒适的**［affectus iucundi］[a]（§658）；如果激动所出自的愉快使另一个相连的不愉快变得晦暗（§529），那么，激动就被称为**惬意的**［grati］[b]（§658）。由于激动作为较强的厌恶产自较强的感性不愉快（§678，665），所以，后者增强了相连的不愉快（§162），这样的**激动**因而被称为**令人反感的**［molesti］[c]；如果激动所出自的不愉快使相连的愉快变得晦暗，那么，激动就被称为**不惬意的**［ingrati］[d]（§658）。由惬意的和不惬意的激动复合而成的那种激动，叫做**混合的激动**［mixti］[e]。

[a] angenehme［舒服的］  [b] nicht unangenehme［并非不舒服的］  [c] beschwehrliche［讨厌的］  [d] unangenehme［不舒服的］  [e] gemischte Leidenschaften［混合的受动］

### §680

如果作为内感觉的激动（§678，535）曾是其能够是的那种最强的激动，那么它就会减弱（§551），而时间是它的良药（§550）。由于较强的激动产自较强的直观（§655，679），所以，后者会使关于令人喜爱的或令人讨厌的事物的象征性认知变得晦暗（§529，620）。较强的激动因而是难以言表的东西，所以如果人们想用语词把它说出来，那么基于这个原因，它就经常会被减弱（§529）。

### §681

使较强的感性愉快或不愉快得以增强的一切事物，也增强了激动（§678）。激动所出自的愉快或不愉快越强，越高贵（§515），越真，越生动，越确定，越炙热（§658，669），激动就越强（§656）。如果某个人只是感到，激动的原因要么是坏的要么是好的，而另一个人此外还想象或预见了该激动，那么，在相同的前提下，后一种情况下的激动要比前一种情况下的激动更强烈（§595，557）。

### §682

令人舒服的激动是**快乐**[gaudium][a]。当下事物带来的快乐（基于其将来的后果）是**欢乐**[laetitia][b]。过去事物带来的快乐（基于其将来的后果）是**满意**[satisfactio][c]。自己所做的使人快乐的事情带来的满意是**自身中的安宁**[acquiescentia in se ipso][d]。因丑恶事物不再逼近而感到的快乐是**高兴**[hilaritas][e]。

[a] Freude[快乐]　[b] Frölichkeit[欢乐]　[c] Zufriedenheit[满意]　[d] Beruhigung in sich selbst[自身中的安心]　[e] Frohseyn[高兴]

### §683

不确定的未来事物带来的快乐是**希望**[spes][a]，确定的未来事物带来的快乐是**信念**［fiducia］[b]；就人们欲求当下的该事物而言，快乐则是**渴望**［cupiditas］[c]。对难以实现的好事物的信念性渴望是**勇气**［animositas］[d]，较大的勇气就是**果敢**［audacia］[e]。

[a] Hofnung［希望］ [b] Zuversicht［信念］ [c] Verlangen［希求］ [d] Muth［勇气］ [e] Kühnheit［果敢］

### §684

荣耀带来的快乐是**光荣**［gloria］[a]（参见 §942），不完满的事物带来的快乐是**不满**［malevolentia］[b]，不光彩的事物带来的不满的快乐是**嘲笑**［irrisio］[c]。完满的事物带来的快乐是**爱**［amor］[d]：对行善之人的爱是**感激**［gratitudo］[e]（感激的心）；对不幸之人的爱是**怜悯**［misericordia］[f]；对相较而言完满之人的爱是**厚爱**［favor］[g]；对底层人士的爱是**友善**［benevolentia］[h]；如果这个底层之人于友善者而言没什么利用价值，那么友善者对他的爱就是**仁慈**［clementia］[i]。

[a] Ehrliebe［荣誉之爱］ [b] Missgunst, Ungunst［不满, 不喜欢］ [c] Verspottung［嘲笑］ [d] Liebe［爱］ [e] Danckbarkeit［感激］ [f] Barmhertzigkeit, das Erbarmen［怜悯, 同情］ [g] Gunst［偏爱］ [h] Gewogenheit［友善］ [i] Gnade［仁慈］

### §685

令人厌烦的激动是**抑郁**［tristitia］[a]：过去事物带来的抑郁（基于其将来的后果）是**悲伤**［luctus］[b]；当下事物带来的抑郁（基于其将来的后果）是**悲痛**［maestitia］[c]（悲哀）；自己所做的事情带来的

悲伤是**悔恨**[poenitentia]<sup>d</sup>。

<sup>a</sup> Betrübniss[抑郁]　<sup>b</sup> das Trauern, Traurigkeit[悲伤]　<sup>c</sup> der Harm, das Härmen[悲痛]　<sup>d</sup> die Reue[悔恨]

## §686

不确定的将来事物带来的抑郁是**焦虑**[metus]<sup>a</sup>，逼近的将来事物带来的抑郁是**害怕**[timor]<sup>b</sup>，较大的不确定的将来事物带来的抑郁是**恐惧**[horror]<sup>c</sup>，确定的灾祸带来的恐惧是**绝望**[desperatio]<sup>d</sup>，出乎意料的事物带来的恐惧是**恐怖**[terror]<sup>e</sup>，不确定的希望带来的抑郁是**怯懦**[pusillanimitas]<sup>f</sup>，在渴望之物上表现出的犹疑不定带来的抑郁是**向往**[desiderium]<sup>g</sup>，人们之前将其表象为好事物的那些东西带来的抑郁是**恶心**[fastidium]<sup>h</sup>。

<sup>a</sup> Besorgniss, Kummer[担心，忧虑]　<sup>b</sup> Furcht[害怕]　<sup>c</sup> das Grausen[恐惧]　<sup>d</sup> Verzweifelung[绝望]　<sup>e</sup> Schreck[惊颤]　<sup>f</sup> Kleimuthigkeit[怯懦]　<sup>g</sup> Sehnsucht[向往]　<sup>h</sup> Ekel[恶心]

## §687

因轻视而产生的抑郁是**羞愧**[pudor]<sup>a</sup>，对不完满之人生发的抑郁是**同情**[commiseratio]<sup>b</sup>，对完满之人生发的抑郁是**敌意**[odium]<sup>c</sup>，对陌生的好东西的欲求带来的敌意是**嫉妒**[invidia]，<sup>d</sup> 不公正带来的恐怖是**愤怒**[ira]<sup>e</sup>。

<sup>a</sup> Scham[羞愧]　<sup>b</sup> Mitleid[同情]　<sup>c</sup> Hass[敌意]　<sup>d</sup> Neid[嫉妒]　<sup>e</sup> Zorn[愤怒]

## §688

对并非重新制造出的事物的直观是**惊奇**[ admiratio ]ᵃ。去认知尚未被认知的事物的冲动是**好奇心**[ curiositas ]ᵇ；随着广义的头脑相互间的差别，认知冲动要么是走向历史认知的**历史好奇心**，要么是走向哲学认知的**哲学好奇心**，要么是走向数学认知的**数学好奇心**。心灵在其中只是受令人厌烦的激动所支配的那种不健全的精神状态，是**忧郁的**[ melancholici ]ᶜ，愤怒在其中处于支配地位的那种不健康的精神状态，是**狂躁的**[ furiosi ]ᵈ。

ᵃ Verwunderung[惊奇] ᵇ Neubegierde[好奇欲] ᶜ schwermuthige[忧伤的] ᵈ rasende[急躁的]

# 第十八节 高级欲求能力

## §689

欲求能力，就其遵循着高级认知能力而言（§665，668），叫做**高级欲求能力**[ superior ]ᵃ（心灵）。我欲求或者厌恶理智性的判断能力明晰地表象的东西（§607）。所以，我具有高级欲求能力（§216）。通过这种能力实现的**欲求和厌恶是理性的**[ rationalis ]ᵇ（§641），是通过按照自己身体的位置来表象宇宙的心灵之力而产生的（§667，642）。

ᵃ das obre Vermögen zu be begehren[高级欲求能力] ᵇ vernunftige Begierden und Abneigungen[理性的欲求和厌恶]

## §690

理性的欲求是**意愿**[ volitio ]ᵃ（§216）。我有所愿，所以我有意愿的能力，即**意愿力**［voluntatem］[b]。理性的厌恶是**不愿**［nolitio］[c]。我有所不愿，所以我有不愿的能力，即**不愿力**［noluntatem］[d]（§216）。高级欲求能力要么是一个意愿力，要么是一个不愿力（§689）。表象作为意愿或不愿的推动因就是**动机**［motiva］[e]。发动心灵的（§669）要么是刺激，要么是动机（§677，521）。

[a] das Wollen, die Willens-Meinung［想要，意愿］　[b] den Willen［意志力］
[c] das Nicht-Wollen［不想要］　[d] das Vermögen den Willen von etwas abzuneigen［对某事物的厌恶能力］　[e] Bewegungsgründe［推动因］

### §691

无动机地去意愿或者不愿，其意思就是说，在还没有被明晰地表象出来的事物那里（§690），决定以自己的力明晰地把它们表象出来（§663）。由于这是不可能的（§7），所以，我既不会无动机地意愿，也不会无动机地不愿。由于在完全漠然的状态中我将会无动机地意愿或不愿（§690，655）；所以，在这样的状态中，我实际上既不愿，也并非不愿。动机要么是真实的，要么是似是而非的（§12）。

### §692

由于意愿和不愿遵循着理智（§690），所以，它们要么遵循着完全不掺杂有含混性的纯粹理智，并因而是**纯粹的意愿和不愿**［volitiones nolitionesque purae］[a]，要么遵循着掺杂有含混性的理智，并因而是掺杂有感性东西的意愿和不愿。纯粹的意愿和不愿只产生自纯粹的预见、先见（§641）和纯粹的理智性判断（§665）。所以，我的单个意愿或不愿是掺杂有某种感性东西的（§604）。

ᵃ ein reines Wollen und Nicht-Wollen [一种纯粹的想要和不想要]

## §693

在决定着我去意愿或不愿的诸动机(§690)那里总是存在有刺激(§692,677)。但如果与诸动机相连的一些刺激驱使我走向动机所决定的东西的反面，那么，**低级的与高级的欲求能力之间**(感性欲求与理性欲求、肉体欲求与理性欲求之间)**的争执**[lucta facultatis appetitivae inferioris et superioris]ᵃ(不一致)就产生了。相反，如果并没有什么刺激驱使我走向动机所决定的东西的反面，那么，**低级的与高级的欲求能力之间的和谐**[harmonia facultatis appetitivae inferioris et superioris]ᵇ(一致)就产生了。在争执之后，我借以去充分地欲求或厌恶的那种欲求能力**获得了胜利**[vincit]ᶜ。

ᵃ ein Streit [争执]　ᵇ Einigkeit des obern und untern Vermögen zu begehren [低级与高级欲求能力之间的一致]　ᶜ dieses sieget [该欲求能力获胜]

## §694

在我身上，从纯粹的理智性愉快和不愉快中(§656)产生了诸欲求能力之间的一致(§661,693)。在漠然状态中，诸欲求能力既不相互一致，也不相互冲突(§693,691)。在对客体或其对立面的预见和预期之后仍保持下来的均衡状态中，动机寓于其中的推动因与相反的刺激将会是同等强烈的(§670)。所以，在这种状态下，没有哪一种欲求能力会获胜(§693,673)。所以，如果我处于压倒性状态中，那么，不是低级欲求能力获胜就是高级欲求能力获胜(§674)。

## §695

欲求或厌恶的完全充分的**推动因**是**完备的**[completae]<sup>a</sup>，不充分的推动因是**不完备的**[incompletae]<sup>b</sup>。所以，完备的刺激对充分的感性欲求和厌恶来说是充分的（§677）。完备的动机对充分的意愿或不愿来说是充分的（§671）。带有相连的诸刺激的完备推动因对掺杂有感性东西的充分意愿或不愿来说是充分的（§690，692）。但仅出自不完备的动机或出自与诸刺激相连的不完备动机的**意愿或不愿**则是**先前的**[antecedens]<sup>c</sup>（之前的、倾向性的、刺激性的）。所以先前的意愿是不怎么完备的（§671），但它仍是第一和第二意义上起作用的东西（§675），尽管并不是以充分意愿的那种方式和程度而起作用。仅出自完备动机或出自与刺激相连的完备动机的**意愿或不愿**是**后来的**[consequens]<sup>d</sup>（最终的、决定了的、裁定了的）。而后来的意愿或不愿是一种**决定**[decretum]<sup>e</sup>（决心，广义的抉择）。所以，决定是充分的意愿或不愿（§671），因而它以我们所说的适中的程度而起作用，尽管它并非总是以我们已经观察过的第三种程度而起作用（§675）。

<sup>a</sup> vollständige［完整的］　<sup>b</sup> unvollständige Bewegungs-Gründe［不完整的推动因］　<sup>c</sup> ein vorläufiges, vorhergehendes Wollen oder Nichtwollen［先行的、过去了的想要或不想要］　<sup>d</sup> das endliche, beschliessende, nachfolgende［最终的、决定了的、后来的］　<sup>e</sup> der Rathschluss, der Entschluss［决议、决定］

## §696

涉及对动机和刺激做出决定的认知能力的活动的集合就是**考量**

## 第一章 经验心理学

[deliberatio][a]。所以,在做出任何一个决定时,都要考量:(1)对象本身及其对立面是否可能?(2)两者对我而言在物理上是可能的吗(§665)——并非只是绝对地而且也是相对地可能(§469)——,也即,它们能否通过我的各种力而被实现?(3)实现对象本身或其对立面需要多少力(§671)?(4)这两个对立的东西当中的一个能带来多少好处?(5)另一个呢?(6)其中一个能带来多少坏处?(7)另一个呢?(8)其中一个带来的好处有多大?(9)另一个呢?(10)其中一个带来的坏处有多少?(11)另一个呢?(12)哪一个是更好的(§665)?

[a] das Bedencken[考虑]

### §697

以数学认知为**考量**目的的人就是在**估算诸根据**[rationes subducit][a](算计)。在他考虑从两者那里可以期待多少好处或坏处的时候,他就是在**对诸推动因进行计算**(causas impulsivas numerat)[b]和**称量**[ponderat][c];在他判断从两者那里可以期待多大好处或坏处的时候,在他仔细权衡哪一个更好的时候,他**偏向了**[praefert][d]其中的一个。当他决定了哪一个是他偏向的东西时,他**就做出了选择**[eligit][e]。当考量者抉择了其中的一个时——由此他就可以去检验自己的各种力是否足够、以及多大的力才足以实现该事物——,他就是在**尝试**[tentat][f]该事物。如果考量者把权衡过程中显得较大的推动因看做小得多的推动因,正如他也这样来看待这些推动因的大小程度那样,并这样来比较这些推动因,那么他就是在对诸推动因进行**总体性的计算**[connumerat][g]。

ᵃ überschlagen［估算］ ᵇ die Bewegungs-Gründe zehlen［计算诸推动因］ ᶜ erwegen［衡量］ ᵈ etwas vorziehn［更倾向于某事物］ ᵉ erwehlen［选择］ ᶠ Versuchen［尝试］ ᵍ zusammenrechnen［算总账］

### §698

显著地缺乏心灵发动机的人是**迟钝的人**［socors］ᵃ，显著地具有心灵发动机的人是**活跃的人**［activus］ᵇ。在他那里通常是愉快占优势的人，是**永远快乐的**［semper-hilaris］ᶜ（高兴的）。在他那里通常是不愉快占优势的人，是**永远忧伤的**［semper-tristis］ᵈ。容易向相反的支配性情绪转变的人是**能伸能屈的人**［flexilis］ᵈ，反之则是**固执的人**［firmus］ᶠ。

ᵃ eine schlaffe Seele［松弛无力的人］ ᵇ ein wircksahmes［发挥着作用的人］ ᶜ ein freudiges［欢乐的人］ ᵈ ein niedergeschlagenes［低落的人］ ᵉ ein biegsames Gemüth［可弯曲的内心］ ᶠ ein fester Sinn［固执的心灵］

### §699

具有强大的考量才能的人是**谨慎周到之人**［circumspectus］ᵃ（考虑周全的），习惯于不加思索就开始欲求或厌恶的人是**不谨慎的人**［inconsideratus］ᵇ。难以做出决定的谨慎周到之人，是**犹豫不决的人**［anceps］ᶜ（不果决的人），反之则是**快速决断之人**［promptus］ᵈ（果决的人）。在三段论实践中经常改变大前提或**公理**［maximas］ᵉ的人是**变化不定的人**［variabilis］ᶠ（变化无常的、变化着的人），很少改变好的大前提的人是**恒常之人**［constans］ᵍ，很少改变坏的大前提的人是**固执之人**［pertinax］ʰ。在尝试某事物的活动中使用了恰当力度的人是**勤勉能干之人**[ strenuus ]ⁱ，错误地超过了该力度的人是**奋发过头之人**[ vehemens ]ʲ，错误地未达到该力度的人则是**软弱之人**[ languidus ]ᵏ（非常无力的人）。

  ᵃ ein bedachtsames[谨慎周到之人]  ᵇ unbedachtsames[欠考虑的人]  ᶜ mehrentheils unentschlossenes Gemüth[犹豫不决的内心]  ᵈ ein Mensch von kurzen Entschliessungen[快速决定之人]  ᵉ jemandes gewöhnliche Gesinnungen[某个人的惯常看法]  ᶠ ein veränderliches[变化不定的人]  ᵍ beständiges, standhaftes[持久坚定的人]  ʰ halsstarriges Gemüth[顽固的内心]  ⁱ brav und genug[适宜而足够的]  ʲ heftig und zuviel-[激烈的、做得太多的]  ᵏ matt und zu wenig-thuend[无力的、做得太少的]

## 第十九节　自发性

### §700

  我内在地（§126）发生着改变（§505-699）。所以我是有限的（§254）和偶然的（§257）存在物。所以，我的实存是一种模态（§134），而我所有的状态都是本身偶然的（§205,108），状态的一切变化因而也都是偶然的（§124，125）。所以我的一切主动、受动都是本身偶然的（§210），一切将来的我的主动因而也都是偶然的（§298）。所以，我的主动或受动没有哪一个是绝对必然或内在必然的（§105）。

### §701

  **强制**[ necessitatio ]ᵃ（强迫）就是存在物从偶然到必然的变化，因而强制要么是就强制者——强制者真正说来就是实体（§198）——而言**主动的**[ activa ]ᵃ，要么是就受制者而言**被动的**[ passiva ]ᶜ。后一种强制有时被归给从偶然变成必然的或主动或被动的偶性,有时被归给此类受制的偶性依存于其中的实体。

ᵃ die Nöthigung[强制]　ᵇ die vorgenommene[决心去实施的]　ᶜ die gelittene[受动的]

## §702

**绝对的强制**[necessitatio absoluta]ᵃ(强迫)应是这样的:它使本身偶然的东西变成绝对必然的东西。由于没有什么东西能被变成绝对必然的东西(§130),所以,也没有什么活动,包括我的活动,可以被变成绝对必然的东西。所以,对我的任何一个活动的绝对强制都是不可能的(§7)。我的一切活动在实施当中以及在实施之后都是本身偶然的,并总是保持为本身偶然的,因而,我的活动的对立面也是本身可能的(§700,104)。

ᵃ an und vor sich nothwendig machen, eine unbedingte Nöthigung[使之成为本身必然的,一种无条件的强制]

## §703

我的很多活动的对立面的假定可能性是非常大的(§168)。所以,我的很多活动的偶然性,因而也包括其假定的偶然性,是非常大的(§188,700)。所以,将来的活动就是相当偶然的将来的东西(§298)。

## §704

依赖于充分根源、对活动者而言内在的活动就是**自发的活动**[actio spontanea]ᵃ。自发性因而被归给(1)依赖于充分根源、对活动者而言内在的活动,以及(2)实施了这种活动的实体。由于所有这种本来意义上的活动都取决于对活动者而言内在的根源(§210,37),所以,所有这种本来意义上的活动都是自发的。但由于由活动和受动复合而成的变化有时候是着眼于其中更强势的部分而被称为活动,所以,这种变化,就其是受动而言,就被视为非自发的(§210)。

[a] eine selbstthätige Handlung [自主的行动]

## §705

我的很多活动,更准确地说,我所有的本来意义上的活动,因而也包括我心灵的活动,都是自发的;自发性因而被正确地归给这些活动,正如它被正确地归给我的心灵一样(§704)。如果自己改变自己的东西被称为**自动机**,那么,心灵就是一台自动机。

## §706

自发性是最小的,如果内在于活动者的根源只对一个最小的活动来说才是充分的(§704,161)。所以,内在于活动者的根源对越多越大的活动而言是充分的,活动者的自发性就越大,直至对活动者的最多最大的活动而言都是充分的那种最大的自发性。我的心灵具有相当大的自发性(§705)。

## §707

**外在的强制**[necessitatio externa][a](来自外部事物的强迫)依赖于在受制实体之外实存的力,因而它要么是观念的,要么是实在的(§701,212)。实在地受制于外部事物的活动既不会是自发的活动，也不会是本来意义上的活动（§704），而是实在的受动（§210）。实在的外在强制是一种**绝对的外在强制**［necessitatio externa simpliciter talis］<sup>b</sup>（强迫）。所以，受制于全然的外部强制的活动将是一种实在的受动。并非绝对受制的实体和活动是**不受绝对强制束缚的实体和活动**［substantia et actiones liberae a coactione absoluta］<sup>c</sup>（参见 §719）。并非受制于绝对的外在强制的实体和活动是**不受绝对的外在强制束缚的实体和活动**［substantia et actiones liberae a coactione externa simpliciter tali］<sup>d</sup>。所以，我的一切变化都不受绝对强制的束缚，我所有的活动以及我心灵的所有自发活动（§702），也即，一切本来意义上的活动（§704）以及我的心灵——就心灵自发地活动而言——都不受全然的外在强制的束缚。

[a] die äussre Nöthigung［外部强制］　[b] die äussre schlechterdings so genannte Nöthigung［所谓的全然的外部强制］　[c] Kraft und Handlung sind frey von unbedingter Nöthigung［不受无条件的强制束缚的力和行动］　[d] Kraft und Handlung sind frey von äussrer schlechterdings so genannter Nöthigung［不受外部的全然的强制束缚的力与行动］

## 第二十节　任意

### §708

对我而言物理上可能的**活动处于我的控制之下**［actiones in potestate mea positae］<sup>a</sup>，对我而言物理上不可能的实在性则**超出我的控制范围**［extra potestatem meam positae］<sup>b</sup>。所以，一个既定的活动要么完全或者也可以只是在某种程度上处于我的控制之下，要么完全或者只是某种程度上超出我的控制范围(§469)。处于活动者控制之下的活动，其对立面同样要么处于该活动者的控制之下，要么超出其控制范围(§9)，这两种情况同样也要么是完全的，要么只是某种程度上的(§469)。与对立面一道至少完全处于某人控制之下的活动，就是**听凭某人自由实施的活动**[liberae ratione exsecutionis]<sup>c</sup>(参见§719)；其对立面完全超出某人控制范围的活动，就是对该人来说**单纯自然的活动**。如果一个**活动**是听凭人自由实施的，并且其对立面对该活动者而言具有同等的物理可能性，那么该活动就是对该活动者而言**物理上无所谓的**[physice indifferens]<sup>d</sup>(就其实施而言，无所谓的)。

<sup>a</sup> Handlungen stehn[行动处于我的控制之下] <sup>b</sup> stehn nicht in meiner Gewalt[不处于我的控制之下] <sup>c</sup> bey denen Thun und Lassen in meiner Gewalt steht[就做或不做而言处于我的控制之下] <sup>d</sup> gleich leicht und schwehr ist[容易度与困难度相等]

### §709

单纯自然的活动是自然地必然的。所以，与这种活动不同，听凭人自由实施的活动是物理上偶然的(§708, 469)。所以，将来的活动有时候被单纯地称为**偶然的将来事物**[futura contingentia]<sup>a</sup>。

<sup>a</sup> das Zufällig-künftige[偶然的将来事物]

### §710

**内在的强制**[interna necessitatio]<sup>a</sup>(强迫)就是取决于受制实体内在规定性的强制。内在强制被归给实体及其活动：(1)如果实体的活动被认为单单出于其本质而是受制的——这就将是一种**绝对的**(本质性的)**强制**[absoluta][b],这种强制就其将使活动变成绝对必然的活动而言(§702,107)是完全不可能的(§702);(2)如果有些活动通过实体的本性而从物理上偶然的活动变成对这种本性而言全然的或某种程度上的物理上必然的活动(§469)——这将是一种**物理的**(自然的)**强制**。所以,单纯自然的活动可以被称为通过内在的物理强迫而被强制的东西(§709,708)。并非上述两种意义上内在地被强迫的活动和实体,是**不受内在的绝对强制和物理强制束缚的**[liberae a necessitatione interna tam absoluta, quam physica][c](参见§719)。但由于听凭人自由实施的活动以及实施了这种活动的实体,并不是上述两种意义上内在地被强迫的活动和实体(§709,708),所以,它们是不受内在的绝对强迫和物理强迫束缚的。

[a] die innre Nöthigung[内在的强制] [b] die wesentliche[本质性的强制] [c] frey von der innern so wohl wesentlichen als natürlichen Nöthigung[不受内在的本质性强制和自然性强制所束缚]

### §711

我的很多活动,我心灵的很多自发活动,都是听凭我自由地实施的(§708)。所以这样的活动和心灵——就心灵实施了这样的活动而言——具有不受全然外在的强迫(§707)或内在的绝对强迫及内在的物理强迫所束缚的自由(§710)。

### §712

**喜好**[lubitus][a]是实体具有的认知,通过这种认知,依据欲求

第一章 经验心理学

和厌恶之法则，人们就能知道为什么实体在涉及听凭人自由地实施的活动时做出这样的决定，而不是别的决定。而由于这也可以通过预见、预期、愉快或不愉快（§665）、刺激和动机（§677，690）来了解，所以，被一定的实体所了解的预见、预期、愉快或不愉快、刺激和动机就构成了该实体的喜好。如果在涉及到听凭人自由地实施的活动时，实体对自己的力做出的决定可以通过其喜好来了解，那么，实体就是**根据喜好来欲求或厌恶的**[ appetit vel aversatur pro lubitu ][b]。所以，如果一个人在没有任何刺激或动机的情况下欲求或厌恶那种并非被预见的东西，或他根本没有预期到通过他的某种努力将会产生的东西，或对他而言无所谓喜欢或不喜欢的东西，那么他就不是根据喜好来欲求或厌恶的。由于我对很多东西的欲求或厌恶是根据我的喜好的，所以我具有根据我的喜好来欲求或厌恶的能力，也就是说，我具有**任意**[ arbitrium ][c]。如果这件事，即根据任意来决定活动，处于某个实体的掌控中，那么这样的活动就是对该实体而言**任意的**[ arbitrariae ][d]。我的很多活动都是任意的。

[a] das Belieben [ 喜好 ]　[b] nach Belieben begehren oder abgeneigt seyn [ 根据喜好来欲求或厌恶 ]　[c] Willkür [ 任意 ]　[d] willkürlich [ 任意的 ]

## §713

**我乐意欲求或厌恶**[ lubenter appeto vel aversor ][a]（1）我根据喜好而去欲求或厌恶的东西，因而我并非不乐意地或**不情愿地**[ invitus ][b]欲求或厌恶什么东西（§712，665），（2）如果喜好当中包含有单纯的不愉快或愉快，或者其中一方占据着极大的优势。因而，我**不情愿地**（不乐意地、违背喜好地）欲求或厌恶着，如果喜好当中并没有哪一方占据着极大的优势，或者说，喜好中包含有诸多类似的强势方面，这些方面似乎驱使我走向我所欲求或厌恶的东西的反面。在后面这种"不情愿"的意义上，我的欲求或厌恶仍是根据喜好做出的，因而在这种"不情愿"的意义上，活动仍是任意的（§712）。

<sup>a</sup> ich begehre oder verwerfe gern［我乐意地欲求或拒绝］ <sup>b</sup> ungern［不乐意地］

## §714

由于**狭义的强迫**［coactio significatu stricto］<sup>a</sup>（参见§701）就是制造出不情愿的活动，所以，**被强迫的活动**［actio coacta］或**被视为出于绝对的外部强迫的不情愿的活动**［invita per coactionem simpliciter sumptam externam］<sup>b</sup>，就将是我不带喜好地、与一切喜好相违背地、被视为出于绝对的外部强迫而实施的活动；但这样的活动并非本来意义上的活动（§707）。如果按照§713所说的，我根据喜好而不情愿地做了某件事情，那么，我所欲求或厌恶的占优势的东西就要么被视为是由我导致的，于是人们说，**我是强迫我自己做这件事的**［me ipse coegisse］<sup>c</sup>，要么被视为是由我之外的其他事物导致的（§22），于是**活动**就被说成是**不情愿的**，或**一定程度上受制于外部强迫的**［actio coacta per coactionem externam secundum quid］<sup>d</sup>（混合性的活动，即，由任意的活动和被视为出自绝对的外部强迫的不情愿的活动混合而成的）。

<sup>a</sup> Zwang in engerer Bedeutung［狭义的强迫］ <sup>b</sup> eine von aussen schlechterdings erzwungene Handlung［完全受制于外部强制的行动］ <sup>c</sup> ich

zwinge mich selbst zu etwas［我强迫我自己走向某事物］ ᵈ eine von aussen gewisser Massen erzwungene Handlung［某种程度上受制于外部强制的行动］

## §715

不情愿的活动(如人们所说的,是我强迫自己做出的或一定程度上由其他事物外在地强迫我做出的),也是根据我的喜好而实施的(§714),因而是任意的(§712),又叫被强制的,就其被视为非必然的而言,如果它并不是我自己或其他什么事物制造出的优势方面所导致的话(§701,188)。

## §716

**出于无知或错误的不情愿的活动**［actiones invitae per ignorantiam aut errorem］ᵃ 被称为这样的活动,即,如果不是因为对某事物的无知或犯下的错误我本不会根据我的喜好而实施的活动;但既然该活动尽管如此也仍然是根据我的喜好而实施的,所以它同样是任意的(§712)。

> ᵃ aus Unwissenheit oder Irrthum ungern vorgenommene Handlungen［出于无知或错误而不乐意地采取的行动］

## §717

最小的任意应是这样的:它只是根据最小的喜好来决定唯一一个活动(§161)。所以,任意根据越大的喜好而对越多越大的活动做出决定,任意就越大(§160),直至根据最大的喜好而对最多最大的活动做出决定的那种最大的任意(§161,712)。

## §718

由于任意就是根据其喜好来欲求或厌恶的能力(§712),所以,具备任意的实体要么只具有按照其喜好感性地去欲求或厌恶的能力,要么只具有按照其喜好来意愿或不愿的能力,要么既具有按照其喜好来意愿或不愿的能力,也具有按照其喜好感性地去欲求或厌恶的能力(§676,689)。

## 第二十一节 自由

## §719

按照自己的喜好感性地欲求或厌恶的能力是**感性的任意**[arbitrium sensitivum][a],按照自己的喜好来意愿或不愿的能力是(自由的任意)**自由**[libertas][b](参见§707,708,710)(道德自由、绝对的自由)。纯粹地去意愿或不愿的自由是**纯粹的自由**[libertas pura][c]。所以,具备任意的实体要么只具有那种感性的任意,要么只具有纯粹的自由,要么具有掺杂了感性任意的自由(§718)。如果通过自由来决定活动这件事处于某个实体的掌控中,那么这样的**活动**就是**自由的**[liberae][d],而该实体就其能够实施自由活动而言本身是一个**自由的实体**[substantia libera][e]。

[a] das sinnliche Willkür[感性的任意] [b] Freiheit[自由] [c] reine Freiheit[纯粹的自由] [d] freie Handlungen[自由的行动] [e] Dinge, oder Kräfte, die frey vor sich bestehen[自由地存在着的事物或力]

## §720

我根据我的喜好感性地欲求或厌恶许多东西,所以我具有感性的任意(§216,719)。我根据我的喜好意愿或不愿许多东西,所以我具有自由(§216,719)。我的许多活动,我心灵的许多活动,心灵在它的许多活动中,都是自由的。我的一切意愿或不愿都掺杂有某种感性的东西(§692),所以我不具有纯粹的自由;而在我的自由活动中,我的自由也是掺杂了感性任意的(§719)。感性的以及自由的任意,是通过我的心灵按照我身体在宇宙中的位置来表象宇宙的力实现的(§712,667)。

## §721

**意愿性的活动**[actiones voluntariae]<sup>a</sup> 包括(1)一切通过高级欲求能力来决定的活动;因而**非意愿性的活动**[involuntariae]<sup>b</sup> 就是那些并非通过高级欲求能力来决定的活动。因而在此意义上,一切意愿性的活动都是自由的,但并非所有的自由活动都是意愿性的(§719),因为假设,尽管通过自由来做出决定这件事处于我的掌控中,但我却通过感性的任意做出了决定,那么,这样的一个活动就不是意愿性的,但仍然是自由的(§719)。

<sup>a</sup> Handlungen des Willens, die mit Willen geschehn[意愿的行动,通过意愿而发生的行动] <sup>b</sup> die nicht des Willens sind, oder nicht mit Willen geschehn[并非意愿的行动,或并非通过意愿而发生的行动]

## §722

**意愿性的活动**[actiones voluntariae]<sup>a</sup> 包括(2)一切不可能通

过高级欲求能力而被不情愿地决定的活动。于是,**非意愿性的活动**[involuntariae]<sup>b</sup> 就是我不情愿地意愿的活动。在此意义上,一切意愿性的和非意愿性的活动都是自由的活动(§719)。但并非所有的自由活动都是这种意义上的意愿性或非意愿性的活动(§721)。

<sup>a</sup> freywillige Handlungen[自由意愿的行动]　<sup>b</sup> Handlungen, die ich ungern will[我不乐意地意愿的行动]

### §723

与自由紧密关联的是**广义的道德**[morale late dictum]<sup>a</sup>(参见§787)。所以,**自由的决定**[determinationes liberae]就是**道德决定**[morales]<sup>b</sup>,在自由活动方面的**才能**[habitus]就是**道德才能**[morales]<sup>c</sup>,道德决定的**法则**[leges]就是**道德法则**[morales]<sup>d</sup>,教授这类东西的哲学和神学就是**道德哲学和道德神学**,由这类东西产生的**状态**[status]就是**道德状态**[moralis]<sup>e</sup>。所以,**道德上可能的事情**,(1)**广义地讲**<sup>f</sup>,就是那种只能通过自由或在自由的实体那里发生的事情;(2)**狭义地讲**,就是**在道德上被容许的事情**[licitum]<sup>g</sup>,也即那种只能通过这样一种自由——即一种按照道德法则来规定的自由——而发生的事情。**道德上不可能的事情**,(1)**广义地讲**<sup>h</sup>,就是单单通过自由实体中的自由而无法发生的事情;(2)**狭义地讲**,就是**在道德上不被容许的事情**[illicitum]<sup>i</sup>,也即通过这样一种自由,一种按照道德法则来规定的自由,而不可能的事情。**道德上必然的事情**就是这样的事情,即它的对立面在道德上是不可能的,因而也就是,(1)**广义地讲**<sup>j</sup>,其对立面单单通过自由或在某个实体(就该实体是自由的而言)那里是不可能的事情;(2)**狭义地讲**<sup>k</sup>,就是其对立面不被容许的事情。道德强制就是**义务**[obligatio]。实施不情愿的活动的义务将是一种**道德强迫**[coatio moralis]ᵐ。

ᵃ sittlich in weiterer Bedeutung[广义而言的道德上的] ᵇ sittliche Bestimmungen[道德决定] ᶜ Fertigkeiten[才能] ᵈ Gesetze[法则] ᵉ der sittliche Zustand[道德状态] ᶠ sittlich möglich in weiterer[广义而言的道德上可能的] ᵍ in engerer Bedeutung, erlaubt[狭义的，容许的] ʰ sittlich unmöglich in weiterer[广义而言的道德上不可能的] ⁱ in engerer Bedeutung, unerlaubt[狭义的，不容许的] ʲ sittlich nothwendig in weiterer[广义而言的道德上必然的] ᵏ in engerer Bedeutung[狭义的] ˡ Verbindung, Verpflichtung[强制、义务] ᵐ sittliche Zwang[道德强迫]

## §724

没有自由的地方也不可能有道德必然性，无论是广义的还是狭义的（参见§723）；所以道德必然性并没有取消自由，它也不是自由的对立面，而是自由的结果或后果（§14）。所以，道德上必然的、强制性的或强迫性的活动不仅可以是自由的，而且必然地是自由的（§723）。实际上，就**最普遍的道德法则**[lege morali universalissima]ᵃ而言，也就是从那种决定了一切自由实体的一切自由活动的法则来看（参见§822），一切自由活动都要么是道德上必然的，要么是道德上不被容许的（§723）。

ᵃ das allgemeinste sittliche Gesetze[最普遍的道德法则]

## §725

最小的自由就是按照最小的喜好而只实现了唯一一个意愿或不愿的自由；所以，按照越大的喜好而实现了越多越大的意愿或不愿,自由就越大,直至按照最大的喜好而实现了最多最大的意愿或不愿的那种最大自由(§719)。所以,越是按照明晰的喜好来意愿或不愿某事物,我对该事物的意愿或不愿就越自由;越是对自己的动机具有意识,我的意愿也就越自由(§712)。就道德而言,必然的一点是:最为自由地意愿或不愿的人,无论他何时意愿或不愿,最为明晰地洞察了其意愿或不愿的动机(§723)。

## §726

任意的法则是:在听凭我自由地处置的事物当中,我欲求我喜欢的东西,也可以厌恶我喜欢的东西。所以,自由的规则是:在听凭我自由地处置的事物当中,我意愿我喜欢的东西,也可以不愿我喜欢的东西。只要我的自由活动是根据喜好来决定的,它就不会因其推动因、刺激或动机而受制于非外在的物理强迫(§707),因为刺激和动机是我的表象(§677,690)。所以,这些东西是我的内在规定性(§37)。我的自由活动亦不会因其推动而受制于内在的物理强迫,只要我的活动在动机被设定之后是并且保持为听凭我自由实施的(§711,710)。相反,准确地说,动机和刺激实际上并不作用于心灵,因而也不强迫心灵(§714)或在道德方面强迫心灵(§723,701),因为动机和刺激只是我心灵中的偶然东西(§505)。

## §727

如果我被说成是我自己强迫自己的,那么自由地抉择我强迫自己的事情就是处于我的控制之下的;所以我是自由地强迫我自己的(§714,719)。如果我在一定程度上受某个他物的外在强迫,那么我就是被这样的一种喜好——这种喜好被视为是从我之外的某个事物那里产生的(§714)——所决定的。因而，如果这一点，即自由地抉择我在一定程度上外在地被迫做出的活动，是处于我的控制之下的，那么，这样的活动也仍然是自由的(§719)。我强迫自己做出的许多活动或者我一定程度上外在地被迫做出的许多活动，都是自由的。

### §728

一定程度上的外在强迫就是制造出：(1)令人喜爱的事物的刺激——**诱惑**[illecebrae][a]；(2)令人讨厌的事物的刺激——**威胁**[minae][b]；(3)令人喜爱的事物的动机——**劝谏**[suasiones][c]；(4)令人讨厌的事物的动机——**劝阻**[dissuasiones][d]；(5)令人讨厌的事物的持续的实现过程本身，直到强迫者能够确定，导向不情愿活动的某种压倒性优势出现——**勒索**[extorsio][e](§714)。即便我是因为受到威胁、诱惑、劝谏、劝阻、甚至勒索而被迫做出许多活动的，我的这些活动也仍然是自由的(§727)。

[a] Reitzungen, locken[刺激、诱惑]　[b] Drohen[威胁]　[c] Anrathen[劝谏]　[d] Abrathen[劝阻]　[e] die Erpressung[勒索]

### §729

通过前定的和谐体系，心灵出于绝对的外在强迫(某个有限事物带来的强迫)而做出的一切不情愿的活动就都被取消了(§714, 449)；而就一定程度上受制于外在的力的活动而言，活动由以产生的喜好本身，由心灵之外的其他有限事物实在地导致的喜好本身，也被取消了(§727, 449)。既然按照该体系，心灵从不、因而在其任何一种自由活动中都不会实在地受动于任何一个有限事物,所以,在此意义上,心灵就被赋予了独立于一切有限事物及整个世界的完全独立性(§354,307)。

### §730

我的自由意愿和不愿叫做**发自心灵的活动**[actus animae eliciti];其余诸能力的自由活动叫做**被命令的活动**[actus imperati],而就这类活动依赖于心灵而言,心灵具有对它们的**统治权**[imperium]。所以,**心灵对它自己的统治**[animae in semet ipsam]<sup>a</sup> 就是依据明晰的喜好时而实施这种能力的,时而实施那种能力的活动或者相反的活动。所以,自由越大,自由心灵对它自己的统治权就越大(§725)。显著地缺乏对自己的统治权的人是**广义的道德奴隶**[servitus moralis significatu lato]<sup>b</sup>。促进对自己的统治权的事物是**自由的**[liberale]<sup>c</sup>(高贵的),加深道德奴性的事物则是**奴性的**[servile]<sup>d</sup>。

<sup>a</sup> die Herrschaft der Seele über sich selbst[心灵对它自己的统治]  <sup>b</sup> die innre Knechtschaft der Seelen überhaupt[心灵的一般的内在奴性]  <sup>c</sup> frey, dem knechtischen entgegen gesetzt[自由的,与奴性事物相反的]  <sup>d</sup> knechtisch[奴性的]

### §731

只是经由诸多的中间活动才依赖于自由的心灵活动是**间接地**(中介地)**听命于自由的**[indirecte subsunt]<sup>a</sup>,**直接地**(非中介地)**听命于自由的活动**[directe]<sup>b</sup> 则是我基于自由而无诸多可观察到的中间活动所采取或放弃的活动。即便最为间接地听命于自由的活动也仍是**自由的**（§719）。

ᵃ Handlungen, die der Freiheit mittelbar［间接地听命于自由的行动］  ᵇ die ihr unmittelbar unterworfen［直接听命于自由的行动］

### §732

一定主体的诸欲求能力之间的一定比例关系就是该主体的**秉性**［indoles］ᵃ，秉性要么是通常受高级欲求能力支配的**正直秉性**［erecta］ᵇ，要么是通常由低级欲求能力支配的**低贱秉性**［abiecta］ᶜ；最高程度的秉性叫**支配性激情**［passio dominans］ᵈ。由于诸欲求能力之间的一定比例关系而更易于走向可以被欲求或厌恶的一定种类的事物，所以就产生了各种各样的**心灵气质**［temperamentorum animae］ᵉ。所以，心灵气质可以发生很大的变化——常常是通过实践和习惯而发生变化（§650，577）。

ᵃ die Gemüths-Art［性情类型］  ᵇ eine edle［高贵性情］  ᶜ eine niedrige［低贱性情］  ᵈ der Hang［偏好］  ᵉ Mischung der Gemüths-Neigungen［诸性情倾向的混合］

## 第二十二节　心灵与身体的相互作用

### §733

我身体的许多运动都依赖于我的任意（§14）。依赖于任意、我对之有意识的，叫做**任意的身体运动**［motus corporis arbitrarii］ᵃ（§712）；依赖于高级能力的任意运动是**意愿性的运动**［voluntarii］ᵇ（§721）。**心灵对身体的统治**［regimen animae in corpus］ᶜ就是身体运动对心灵任意的依赖。所以，我的心灵具有对我身体的统治权。

> [a] willkürliche[任意的身体运动]　[b] freywillige Bewegungen des Leibes[意愿性的身体运动]　[c] die Herrschaft der Seelen über ihren Leib[心灵对身体的统治]

### §734

有关我身体的任意的和意愿性的运动，从心灵可以充分地得知，为何于此时此地而不是于其他时间和地点，身体中发生了某个事件(§733)。所以，心灵作用于身体(§210)，影响着身体(§211)。

### §735

就心灵波动而言，身体中有相应的运动与之共存；由于身体运动可以从心灵波动得到充分的认知，所以，这就为心灵对身体的影响(§734)提供了一个新的论证。

### §736

就外部感觉而言，从身体的力可以充分地得知为何心灵发生了一定的变化。所以，身体作用于心灵(§210)，并影响着心灵(§211)。所以，我的心灵与我的身体存在着相互的影响(§734，735)，相互的和谐(§14)及相互作用(§448)。

### §737

我并没有经验到身体的任意运动通过身体特有的力而被充分地决定，或感觉通过心灵特有的力而被充分地决定。所以，假定这个大前提——即"我没有经验到的东西不存在"——的人,将由此得出结论说,"所以,身体的任意运动并不是通过身体特有的力,外感觉并不是通过心灵特有的力而被充分地决定的。所以,通过物理影响(§450),身体实在地影响着心灵,而心灵也实在地影响着身体(§212)(正如经验所表明的那样)"。如果他把这个结论视为一种感觉,那么,从错误地假定的大前提中(§548)就产生了由歪曲之误(§546)所导致的感官错觉。

### §738

依赖于心灵的身体变化及依赖于身体的心灵变化是和谐的(§448)。在心灵与身体的和谐变化中,心灵的变化与身体的变化共存或跟随后者而来,身体的变化与心灵的变化共存或跟随后者而来(§733-736)。所以,假定了这个大前提——即"共存的或前后相继的事物实在地相互影响"——的人,将由此得出结论说,"所以,在和谐的变化中,身体实在地影响着心灵,心灵实在地影响着身体(正如经验所表明的那样)"。如果他把这个结论视为一种感觉,那么,由此就产生了由歪曲之误(§546)所导致的感官错觉(§548)。

### §739

我的心灵与身体构成了整一的我。所以,我的心灵与身体是合一的(§73,79)。两者的相互作用,就人由此得以持存而言,是一种统一(§205);这种相互作用是最紧密的,就其是如此之大(§734-736)以至于在我的心灵与任何其他身体之间都没有这么大的相互作用而言(§508)。

# 第二章 理性心理学

## 第一节 人类心灵的本性

### §740

**人的心灵**［anima humana］<sup>a</sup> 就是与人的身体处于最紧密的相互作用中的心灵。由于心灵以及与之处于最紧密的相互作用中的身体构成了**动物**［animal］<sup>b</sup>，所以，人的心灵以及与之处于最紧密的相互作用中的身体就构成了我们称之为人［hominem］<sup>c</sup> 的动物。

<sup>a</sup> eine menschliche Seele［人的心灵］  <sup>b</sup> ein Thier［动物］  <sup>c</sup> einen Menschen［人］

### §741

人的心灵根据自己的任意来为自己表象自己的身体（§740）。所以，人的心灵作用着（§210），并推动着身体（§740，734）。所以，人的心灵欲求着，厌恶着（§712）。所以，人的心灵作用着，它是表象其身体的力（§210）。人的身体是质料（§296），因而是可分的（§427），因而是内在地可变的（§244），因而是有限的东西（§255）；它是现实的，是世界的一个部分（§354）。由人的身体在宇宙中的位置可以得知，为何人的心灵对这个事物而非其他事物的表象是晦暗、清楚或明晰的(§740，736)。所以，**人的心灵**[anima humana]<sup>a</sup>就是按照人的身体在宇宙中的位置来表象宇宙的力(§513，515)。

<sup>a</sup> die menschliche Seele[人的心灵]

### §742

思维所需的东西有：(1)对事物的知觉，(2)对足以将事物区别出来的特征的知觉(§524)，(3)事物间的区别本身(§67)。但思维是一个偶性(§191)，所以，它只能实存于实体中或诸实体的聚集体中(§194)。诸实体的聚集体就成了**思维着的质料**，假如实体聚集体的诸部分的变化或诸偶性的集合，总体上来看，最终导致了思维的产生——尽管单个来看，这些部分或偶性没有哪一个已然是思维。实体聚集体这样就成了世界中的诸有限实体的聚集体(§354)——诸有限实体中的某个实体本应比其余实体对思维的贡献要多些(§272)，并从其余实体那里受到帮助(§210，321)。但这个实体的受动①将只能是观念性的(§451，463)。所以，在世界上一切思维着的质料中都将有一个实体，唯独在该实体那独一无二的力中，思维所需的、由有限事物来承担的一切东西才具有其充分的根据(§210，212)；但(1)既定的聚集体中的这个起支配作用的实体这样就成了那种从来都不依靠自身而进行思维的东西，这就与§30、§220相悖了；(2)思维所需的、由有限事物来承担的所有东西，按照已证明的，就将在既定的支配性实体中有其充分的根据，但仅

---

① 对应前一句的"受到帮助"。

当所有这些东西最终是通过诸实体的聚集体来实现的，也就是说，仅当这些东西在诸多有限实体的力中有其充分的根据(§210、§7是其前提条件)。所以，思维着的质料在世界上是不可能的。一切能思维的东西要么是实体、单子(§234)，要么是这样的一个整体，即，它的某个部分是一个能思维的实体。所以，一切心灵都是实体、单子(§504)。一切能理解的东西，也都能思维(§69)。所以，一切能理解的东西要么是实体、单子、精神(§402)，要么是这样的一个整体，即，它的某个部分是一个精神。由精神构成的整体是(道德个体)**神秘的物体**。理智性的心灵就是精神(§504，参见§402，296)。人的心灵是实体(§740)，所以人的心灵是单子、精神(§741)。

## §743

人的心灵依靠自身而持存(§742，192)，所以，它并非实体化的现象(§193)。但由于它按照人的身体在宇宙中的位置来表象，而身体又处于持续的运动中(§417，296)，因而其位置不停地发生着改变(§283，281)，所以，人的心灵的表象也不停地发生着改变(§512)。由于这是人的心灵的内在规定性(§37，741)，所以，人的心灵是内在地可变的实体，因而也就是偶然的(§202)和有限的(§255)实体。所有的人类心灵都是有限的和偶然的实体，这就如人的心灵是依据身体的位置来进行表象的(§741)那般显然。所以，人的心灵对有些事物的知觉是明晰的，对有些事物的知觉则没那么明晰(§512)。但由于对某事物的明晰把握就是实在性(§515，531)，所以，人的心灵不具有最高程度的实在性(§161)，人的心灵因而有其局限(§248)。所以，人的心灵是有限的和偶然的(§257)

实体(§742)。

### §744

人的心灵认知着，欲求着和厌恶着(§741)。这些活动在一定程度上是不同的活动(§267)。所以，人的心灵具有一定程度上各不相同的诸能力(§216)——这些能力严格来讲并非力(§197, 59)，而是只能通过严格意义上的心灵表象力来理解(§521, 720)；这些能力亦非相互外在的，因为偶性(§191)并不外在于其实体(§194)；它们准确来讲也不能被说成是相互作用的，因为本来意义上的活动[1]只适用于实体(§210)，更不用说它们是相互影响的(§211)。

### §745

人的心灵是单子(§742)，是偶然的(§743)，只能自无中产生(§236)，只能通过毁灭而消亡(§237)；它不是广延性的，也不充实空间(§241)，就是说，它并非某个地方的充实者(§241)。尽管如此，它却与外在于它的同时性事物共存，它处于空间中(§239)，存于某地(§281)，与外在于它的有些事物离得近些，与有些事物离得远些(§288, 282)。如果离它近一些的同时性事物的集合被称为**人类心灵的处所**[ animae humanae sedes ][a]，那么，优先于其他身体的人类身体以及人身体中优先于其他部分的那些部分就是心灵的处所(§409)。

---

[1] 活动也就是发挥作用、影响，也即对他物采取行动，在拉丁文中都是同一个词 ago，其名词形式为 actio（译法参见 §210 译注）。

ᵃ der Sitz der menschlichen Seele［人类心灵的处所］

## §746

人的心灵没有量上的大小（§744，243），且不可分（§244）。分割导致的毁灭就是**物理性的消亡**［corruptio physica］ᵃ。所以，人类心灵的物理性消亡是本身不可能的（§15,745），也就是说，人的心灵**在物理方面**是绝对**不可消灭的**［incorruptibilis physice］ᵇ。

ᵃ das Zergehn［溶解］ ᵇ unzergänglich, unauflöslich, unverweslich, unzerstörbar［不可溶解的、不可消解的、不腐的、不可摧毁的］

## §747

人的心灵与广延物的三维无疑是不相容的（§290，745），但关于人心灵的——正如关于人身体的——哲学知识和数学知识，却是可能的（§743，249）。人由有限的心灵和身体构成（§741，743），因而是内在地可变的（§740），是有限的和偶然的存在物（§202，257）。所以，关于人的哲学知识和数学知识（§249），也即**哲学人类学**和**数学人类学**或**人类测量学**，正如通过经验而达到的关于它的经验知识那样，是可能的。在对人进行认知的时候需要加以注意的诸规则的集合，就是**人类认知学**。

## §748

倘若一个有限存在物变成了无限存在物，那么，一个无限存在物就将生成（§125，227），且将是非永恒的（§302），但这样的事物是绝对不可能的（§252）。人向无限存在物的转变就是**成神**

[apotheosis]<sup>a</sup>，所以成神是绝对不可能的。

<sup>a</sup> Vergötterung［神化］

## §749

哪怕仅仅只是两个人类心灵之间的完全类似或相等也是不可能的（§271，272）。所以，在感觉、想象、预见、判断、品味、愉快或不愉快、刺激、动机、错误、欲求或厌恶、意愿或不愿上的完全一致或相同，无论是诸多的人之间的还是极少的人之间的，都是一种荒谬之谈（§590）。

## §750

人的心灵推动着它的身体（§740，734）。所以，人的心灵具有推动位于它之外的事物的**能力**，也即具有**推动力**（§216），这种能力和心灵的其余诸能力（§744）一样是通过心灵依据身体的位置来表象宇宙的力实现的（§741，417）。

## §751

人的心灵把我们这个宇宙的有些部分表象为单个的东西（§740，736），因而也就表象为完全确定的东西（§148）。属于我们这个世界的各个部分的完全确定性的，是各部分与其他单个部分之间的关联（§357）。所以，人的心灵把有些部分表象为与世界的诸单个部分相关联的。但由于一事物不能被认知为是与另一事物相关联的，如果另一事物并没有在某种程度上被认知的话（§14）；所以，人的心灵知觉着我们这个宇宙的诸单个部分，因而也知觉着我们这个宇宙的诸单个状态（§369）。

### §752

人的心灵依据其身体的位置来表象世界的状态，也就是说，它感觉当下的状态（§534，751），想象过去的状态（§557），预见将来的状态（§595）。人类心灵的感觉就是对世界的单个的、与心灵同时性的诸部分的表象——这种表象是或多或少明晰的、含混的或晦暗的，随感觉对象与人身体的关系而定（§751）。人类心灵的想象就是对世界的那些发生在感觉着的心灵之前、也就是在这个感觉活动之前就已经实存的过去的诸单个部分的表象；想象也同样是或多或少明晰的、含混的或晦暗的，随想象对象与人身体的关系而定（§751）。人类心灵的预见就是对世界的那些将在心灵的感觉活动之后实存的将来的诸单个部分的表象——这种表象是或多或少明晰的、含混的或晦暗的，随预见对象与人身体的关系而定（§751）。

### §753

正如§752关于感觉等活动所表明的所有的人类心灵都具有感觉那样，通过经验而在人类心灵中发现的、由经验心理学来列举（§576以下）的心灵的其余诸活动也能得到同样的揭示。

### §754

人的心灵依据其身体的位置而明晰地表象（§741）。所以，它理解着（§402），因而它是精神（§742，216）。因而再次变得清楚的是，每一个人的心灵都是不同的,所有人类心灵当中的某个心灵是最完满的(§405)。人的心灵是一种有限的精神(§743),是我们这个世界的一个部分(§355)。

### §755

一切精神都是实体(§402)。所以,精神是力(§199),因而是某些偶性依存性的充分根据(§197),就此而言,精神是主动者(§210)。由于精神是理智实体(§402),所以它具有实现某些明晰表象的能力(§216),因而具有将它的力定向于明晰表象的能力(§210),因而具有欲求的能力(§663)。它厌恶一切它所欲求的东西的反面,所以它具有厌恶的能力(§663)。精神的欲求和厌恶是精神的内在规定性(§37)。所以这两个规定性与精神的其余的内在规定性处于普遍的关联中(§49),所以也与精神的其余的认知——其余的认知也是内在的规定性(§37)——处于普遍的关联中;就此而言,这两个规定性是随精神的喜好而发生的(§712)。所以,精神具有任意(§712),而由于其喜好可以是明晰的(§402),所以精神具有自由的任意,或具有自由(§719)。

### §756

人的心灵是精神(§754),所以它具有自由(§755)。而由于精神性、理智性、人格(§641,754)、自由、绝对的简单性(§744)和不朽性绝对而必然地属于它(§746),所以这些东西并非其模态(§108),所以这些东西要么是本质性的规定性,要么是属性,因为它们是内在的规定性(§37,52)。取消其中的某个规定性,人的心灵也就被取消了(§63)。所以，一个完全不能明晰地把握事物、也不能按照明晰的喜好来做决定、丧失了所有的人格和自由、由诸多相互外在的部分构成、物理上会腐朽的人类心灵将会是一个荒诞的东西(§590)。

### §757

人的心灵是非物质的和非身体的(§744，422)。否认人类心灵是非物质性实体的人，是**心理学意义上的唯物论者**(参见§395)，这种人是错误的，无论他把人的心灵视为身体的单纯偶性(§742)，还是视为物质性的原子(§429)或哪一种最精致的微粒(§426)。普遍的唯物论者同样也是心理学意义上的唯物论者(§395)，但并非所有把人的心灵视为物质性实体的人都必然是普遍的唯物论者(§395)。

### §758

依据人的身体在宇宙中的位置来表象宇宙的力及有赖于此的力的模态，是心灵的内在规定性的集合——这类规定性是心灵的变化及依存于心灵的诸偶性的变化的根源(§751—755)。所以，这种力连同其依赖于身体位置的诸规定性就是人类心灵的本性(§430)。所以，通过这种力——这种力按照诸单个能力的法则和规则而被规定——在人的心灵中实现的一切东西对人的心灵来说都是自然的(§470)，就这些东西区别于超自然的东西而言(§469)。在此意义上，心灵的自由活动和道德活动也都是自然的(§756，755)，即使它们并非只是自然的(§709)。除了这种本来意义上的人类心灵的本性及人类心灵中的自然东西，还有一些非本来意义上的更为狭义的本性和自然的东西——它们有时候是由于混淆了部分与整体而错误地产生的，有时候又是因为这一点而产生的，即，特定的名称被归给了人类心灵中的那种可以通过特定的模态、变样或自然状态来把握的东西，于是对其余没有特定名称的自然东西来说，如果必须要把它们区别出来的话，剩下可用的就只有狭义的种属名称了。于是，比如相对于习得的东西，天生的东西有时候就被称作自然的东西，自然的东西也就与人工的东西、社会的东西、任意的东西以及最后习惯性的东西等区别开来了（参见§710）。

## §759

人类心灵中前后相继、遵循着人类心灵的力所颁布的法则、对人类心灵而言的自然东西，其发生遵循着人类心灵的自然进程（§758，471），并与遵循着相同法则而共存于人类心灵中的东西一道发生，它们都遵循着人类心灵的自然秩序（§473）。自然之外的东西，并非通过遵循着心灵能力的法则和规则并按照身体的位置来表象宇宙的心之力而实现的东西，如果这种东西也不是通过整体自然而实现的，那么这种东西就是超自然的（§474）。

## §760

最好世界中的人类心灵处于最普遍的精气的和精气-机械的关联中（§464，754）。所以，人的心灵与最好世界中的诸单个的精神和身体相关联（§48）——不同程度地相关联（§272）。所以，它与其中的某个身体及精神最为紧密地相关联（§161）。

## 第二节　心理学体系

### §761

**心理学体系**就是似乎适合于解释人的心灵与身体之间的相互作用的学说。所以,心理学体系是一种特殊的体系(§462),这种体系要么是简单的,要么是复合的(§457)。除了前定和谐的心理学体系、物理影响的心理学体系以及或许还包括偶然原因的心理学体系(§458),就再没有别的什么心理学体系是可能的了。

### §762

一个简单的普遍体系被设定了,一个简单的心理学体系也就被设定了(§761,457)。所以,对普遍的前定和谐(§463)的证明同时也就是对心理学上的前定和谐的证明。但一个简单的心理学体系被设定,并不意味着一个普遍的体系或最为类似的某个体系就必然要被设定(§761,457)。如果人的心灵与身体按照前定的和谐而能够处于最为紧密的相互作用中,那么,它们在最好世界中就同样是通过前定和谐而相互关联的(§461),这样一来,物理影响或偶然原因的体系就要被否定了,除非通过前定和谐的相互作用是不可能的(§462)。

### §763

物理影响的心理学体系由于是简单的体系,因而认为所有人的心灵与身体的一切和谐变化都是通过物理影响而发生的(§457)。

所以，如果人的心灵或身体唯一的一个和谐变化能够被证明在最好的世界里通过前定和谐是可能的，那么，物理影响在最好世界中的地位就不再能得到辩护了（§762）。前定和谐的心理学体系由于是简单的体系，因而认为所有人的心灵与身体的一切和谐变化都是通过前定和谐而发生的；同理，偶然原因的心理学体系则认为同样的事情只能通过无限的力而发生（§457）。所以，倘若人的心灵或身体唯一的一个通过前定和谐的和谐变化在最好的世界中是不可能的，那么，这种变化在最好世界中的心理学体系里的地位就不再能得到辩护了。因此，如果人的心灵或身体在最好世界中的唯一一个和谐变化通过前定和谐或物理影响是可能的，那么，偶然原因的体系在最好世界中的地位就不再能得到辩护了（§762，460）。经验表明，物理影响的心理学体系并不比前定和谐的体系以及偶然原因的体系是更显然的（§737，738）。

<h2 style="text-align:center">§764</h2>

物理影响的心理学体系认为，在和谐的变化中，人的心灵实在地影响着它的身体，人的身体实在地影响着它的心灵（§761，450）。所以，按照物理影响的心理学体系，（1）在人身体发生的任何一种和谐变化中，身体都不是通过它自己的力来施动的（§212）。但由于人身体的一切变化作为心灵所表象的世界的部分都可以从心灵之力来充分地认知（§354，751），所以，所有这种变化都是和谐的（§448），而按照物理影响的心理学体系，在身体的任何一种变化中，身体都不是通过自己的力来施动的，而是实在地受动于心灵。如果身体从来都不施动，它也就不会发挥反作用（§213）。所以，按

照物理影响的体系，世界上存在着心灵对身体的那种跨界的不带反作用的作用，无论心灵何时作用于身体；哪怕这种情况只发生过一次，也违背了§410。

### §765

物理影响的心理学体系认为，(2)人的身体实在地影响着其心灵，只要人的心灵发生了能够从身体的力来充分认知的变化(§764，448)。所以，按照物理影响的心理学体系，身体实在地影响着心灵中出现的和谐变化，尽管按照该体系身体必然被认为在它的任何变化中都从不施动(§764)。按照物理影响的体系，心灵在感觉时也根本不施动，尽管它通过自己的力而对世界的当下以及其余的状态进行着表象(§751)。

### §766

人的身体由表象着其世界的元素(§420)、单子构成；世界的诸单个部分(§400)，因而也包括作为世界的组成部分的心灵的一切变化(§354)，可以通过这些单个的元素或单子来认知。所以，心灵的一切活动都是和谐的变化(§448，22)。由于心灵的一切意愿或不愿都是其活动(§210，690)，所以，人的心灵的一切意愿或不愿都是人的心灵的和谐变化。由于按照物理影响的心理学体系，人的心灵在它的和谐变化时并不是凭借自己的力而施动的，而是实在地受动于身体，所以，按照物理影响的心理学体系，心灵在其一切意愿或不愿时都不主动，而是受动于与自由相悖的身体(§755)。

## §767

按照偶然原因的心理学体系，(1)人的身体在其和谐变化时并不施动，施动的乃是无限的存在物(§761，452)；由此，通过§764所展示的相同方式，显然的一点是，按照神助之体系，身体在其变化时并不施动，唯有无限存在物施动。(2)按照相同的体系，人的心灵在其和谐变化时并不施动，唯有无限存在物在施动(§761，452)；由此，通过§766所展示的相同方式，显然的一点是，按照神助的心理学体系，人的心灵在其一切意愿和不愿时都不施动，而是实在地受动于同样与自由相悖的无限存在物(§755)。

## §768

按照前定和谐的心理学体系，相互作用的双方中的任何一方都是凭借己力而实现自己那里出现的和谐变化的，并观念性地受动于另一方(§761，448)；所以，前定和谐的体系认为，(1)身体的任意运动，如单纯自然的运动和充满活力的运动，是通过身体自己的机制或通过它周遭诸身体的机制而被充分地决定的，(2)心灵的感觉，正如心灵的那些最为自由的思想，是通过它自己的表象力而被充分地决定的(§758，433)。

## §769

假设一个心理学的和谐主义者曾想就人的某个和谐变化给出根据，并在(1)和谐变化出现于其中的相互作用的某一方的力那里，(2)在他认为观念地发挥着影响的相互作用的另一方那里，(3)在他认为协作着的无限的力那里，来寻求此根据，那么，即使我说他错了,他也无疑给出了真正的根据(§448,450),即便他通过假设添加进来的是一个错误的根据[①]。假设一个影响主义者或偶因论者在相同的情况下也犯了的错,那么,他不仅错失了,而且还否定了真正根据的重大方面(§450,452)。

## 第三节　人类心灵的起源

### §770

在人类被构思的时候,将与身体(正如人在这个地球上具有的)处于最为紧密的相互作用中的心灵要么在此之前就已经先行实存了,要么随此构思或最迟的话稍晚于该构思而开始实存。主张第一种情况的人被称为**先行实存主义者**[praeexsistentianus][a]。

[a] ein Freund des Vorherdaseyns[先行存在的朋友]

### §771

声称人类心灵随构思本身或最迟的话稍晚于构思而开始实存的人,要么认为心灵产生于父母,并被称为**传承主义者**[traduciani][a],要么接受它只是从无中才得以产生的,并被称为**制造主义者**[induciani][b](铸造主义者,共存主义者)。

[a] ein Freund des Ursprungs durch den Übergang[通过传承的起源的朋友]
[b] ein Freund der augenblicklichen Schöpfung[瞬间创造的朋友]

---

[①] 这里,鲍姆加通强调的是根据应在什么方向上寻找,而不是事实上是否给出了正确的根据。如若不然,这里的逻辑将是不通顺的。

## §772

认为人类心灵实现于无的人,叫做**创造主义者**[creatianus][a]。所以制造主义者就是创造主义者(§771)。一个先行实存主义者也可以是一个创造主义者(§770)。传承主义者不是创造主义者,反之亦然(§771)。至于说传承主义者是不是从父母或父母的身体推演出心灵的起源,正如从大火苗推演出小火苗那样,那么他们必然承认的是,新的心灵要么产生自父母的某个简单的部分,要么产生自他们的某个复合的部分(§224)。就前一种情况而言,心灵并不是产生出来的,而是以前就实存(§227);就后一种情况而言,新的心灵将不再是单子,而是某种与§756、757相悖的狭义复合物(§225)。心灵只能从无中产生(§745)。所以,心灵并不产生自父母(§228)。

[a] ein Freund der unmittelbaren Schöpfung[直接创造的朋友]

## §773

如果**通过传承的人类心灵的繁衍**[propagatio animarum humanarum per traducem][a]被视为总是由其他的人类心灵与身体(正如人在这个地球上具有的)之间的、通过父母与后代在世界中的连续的前后相继而来的统一——通过这种前后相继,人类种群(就如这个地球上存有的)就以如下方式得以繁衍,即,出自父母身体的心灵在特有的地方(在这样的地方,心灵能较为独立地寓居)与后代的身体结合而得以传承——,那么,繁衍就可以这样来设想:(1)繁衍同时就包括了心灵的产生,也就是人们所认为的,随着怀孕所带来的心灵的产生,心灵就进入了与某个身体(正如人在这个地球上具有的)最紧密的相互作用中；而这个心灵又要么是产生自父母（§772所讨论的），要么是通过父母而产生的。主张后一种情况的人实际上就是在主张，神能够把某种特定的力植入人的心灵，通过这种力，心灵从无中只能产生出同种类的个体，而神那赋予心灵以更多实在性(因为父母的心灵只能带来极为有限的实在性)的力参与着产生过程。持有这种观点的人可以被称为**共创主义者**[concreatianus][b]。

[a] die Fortpflanzung menschlicher Seelen durch den Übergang[人类心灵通过传承的繁衍] [b] ein Freund der mitgetheilten Schöpfers-Kraft[参与着的创造力的朋友]

### §774

通过传承的人类心灵的繁衍也可以这样来设想，即(2)这种繁衍并不包括心灵的产生，心灵被说成是先于怀孕就已经在与种子，或更准确地说，就已经在与微小的精子的最紧密的相互作用中实存了，并且往回看的话，心灵历经了一代又一代的演化，其间，心灵自身的表象力逐渐增强，日益发达，正如被选中的、将登上更大舞台的精子的身体日益迈向其更大的演变和发展一样(§773)。

### §775

心灵的产生与通过传承的心灵繁衍是可以相互区别的(§773，771)。主张从父母推演出心灵经由传承产生之人，也可以与那些主张必须从父母推演其产生的人相区别(§773，772)。所以，并非所有接受传承——无论哪种理解下的传承——的人都在心理学的唯物论方面有罪责（§772，757）。

## 第四节 人类心灵的不朽性

### §776

只要有一个最小变化对某个存在物来说是自然的，或者一般地讲，只要有一个最小的偶性自然地依附于某个存在物，那么，该存在物的本性就持续着（§469，29），该存在物就存活着（§430）。如果对某个存在物而言自然的变化，或者一般地讲，自然地依附于该存在物的所有偶性都结束或终止了，那么，这个存在物的本性也就结束了（§469，23），该存在物也就死掉了（§430）。所以，**人身体的生命**[ vita corporis humani ][a]，也就是说，它作为人的身体而具有的本性就持续着，只要有一个最小的生命运动或任意运动——就其作为人的身体而言的那种自然的运动——还保持了下来（§733，740）。**人身体的死亡**[ mors corporis humani ][b]，也即它作为人的身体而具有的本性的结束，就是生命运动和任意运动的彻底终止。所以，§556中界定的死亡乃是人身体的死亡。

[a] das Leben[生命]　[b] der Todt des menschlichen Leibes[人身体的死亡]

### §777

由于动物是由心灵及与之处于最紧密的相互作用中（§740）的身体合成的，所以，动物的本性是由处于最紧密的相互作用中的心灵及身体的本性合成的（§430）。所以，只要处于最紧密的相互作用中的心灵和身体的某些和谐变化存在着，**动物就存活着**[vivit animal]ᵃ。处于最紧密的相互作用中的心灵和身体的所有的和谐活动的终止，就是**动物的死亡**[mors animalis]ᵇ。由于处于最紧密的相互作用中的心灵和死亡着的身体的所有和谐变化因身体的死亡而终止(§776, 448)，所以，身体的死亡就是动物的死亡，人身体的死亡也就是人的死亡(§740)。所以，§556中界定的死亡就是人的死亡(§776)。

    ᵃ lebt[动物活着]　ᵇ stirbt das Thier[动物死了]

### §778

**动物的死亡要么是绝对的**[mors animalis absoluta]ᵃ——指与所有活着的身体相和谐的心灵的一切变化的终止，要么只是**相对的**[respectiva]ᵇ(动物的变形或蜕变)——即，只是与一定的身体相和谐的心灵(与身体处于最紧密的相互作用中)的变化的终止。人的死亡要么是绝对的，要么只是相对的；也就是说，当身体(正如按照我们的经验，人在这个地球上具有的)死亡时，要么人类心灵与一切身体的所有最紧密的相互作用都终止了，要么它进入了与另一个身体之间的一种新的相互作用中(§776, 777)。

    ᵃ der schlechterdings[动物的彻底死亡]　ᵇ der nur verhältnisweise so genannte Todt des Thieres[只是相对而言的动物的死亡]

### §779

人身体的有些部分每天都在停止与心灵处于最紧密的相互作用中，另外一些部分则进入这种相互的作用中，所以，正如人们可以说的那样，显然，人每天都在死亡，每天都在复活（§777）。这种观点，即认为人的死亡只是动物的变形，是**对（绝对）死亡的取消**[ exilium mortis ]ᵃ。

ᵃ der aufgehobne Tod [ 被取消的死亡 ]

### §780

**人类心灵的生命**[ vita animae humanae ]ᵃ 即其本性持续着，只要有一个对其作为人的心灵而言自然的最小偶性还留存着（§776）。但由于只要人的心灵持续着，心灵中就存在有关于它自己的及世界的过去的、当下的和未来的状态的知觉或表象（§742，400）——该知觉或表象依据一定身体的位置而能够是明晰的（§741）——也即存在有对它而言自然的（§758）偶性（§191），所以，人的心灵是活着的，只要它实存着。**人类心灵的死亡**[ mors animae humanae ]ᵇ，即其本性的结束，同时就是其实存的终止。由于所有人类心灵的实存、本性和生命都是本身偶然的（§743，430），所以，人类心灵的死亡是本身可能的（§81，104）。

ᵃ das Leben [ 人类心灵的生命 ]　ᵇ der Todt der menschlichen Seele [ 人类心灵的死亡 ]

### §781

能死的东西是**有朽的**[ mortale ]ᵃ，死亡的可能性就是**有朽性**[ mortalitas ]ᵇ。死不了的东西是**不朽的**[ immortale ]ᶜ，死亡的不可能性就是**不朽性**[ immortalitas ]ᵈ。有朽性和不朽性要么是绝对的，要么是假定的（§15，16）。人及其身体不仅具有足够大的绝对有朽性，还具有足够大的假定有朽性（§777，168）；将消亡的心灵不仅具有绝对的有朽性，还具有假定的有朽性（§745，780）。尽管心灵不能被赋予绝对的不朽性（§780），但由于它在无数情况下——身体在这些情况下却是能够死掉的——是不可摧毁的、死不了的（§746），所以，它具有相当大的假定的不朽性。我们这个世界中没有什么实体（§354，358）被毁灭（§227，228），所以，身体（正如人在这个地球上具有的）死了，留存下来的人的心灵却不朽地活着（§780，742）。认为人类心灵随身体一道死亡的**灵魂朽灭论者**[thnetopsychitae][e]是错误的。

[a] sterblich［有朽的］ [b] Sterblichkeit［有朽性］ [c] unsterblich［不朽的］ [d] Unsterblichkeit［不朽性］ [e] Freunde des Seelen-Todes［心灵死亡的朋友］

## 第五节　死后状态

### §782

人的心灵在人及其身体死亡后，正如我们在这个地球上经验到的那样，仍保存着它的精神、自由和人格（§781，756）。如果你愿意把心灵的理智性记忆的保存称作不朽性，那么，人的心灵就是这种意义上不朽的（§781，641）。就心灵的运用情况而言，要么心灵的整个知觉在较长的时间里都只是感性的，要么心灵很快就达到了理智性的知觉。主张前一种情况的人是**心灵沉睡论者**[hypnopsychitae][a]；而如果他否认心灵在这个身体死后仍有过某次理解活动，那么他就是**永恒的心灵黑夜论者**[psychopannychitae][b]。人的心灵死前或清楚或明晰地认知了一些事物(§754)。这个就其是实在性而言从来都不是完全无成效的(§517)实在性(§520),只具有未定的实在性作为其后果(§140),并与心灵的精神性、理智、理性——此三者也都是实在性(§531,49),并且作为实在性,它们也只具有未定的实在性作为其后果(§23,140)——处于未定的普遍关联中。所以,这个生命的或清楚或明晰的认知与心灵的精神性、理智及理性的关联,也是一种实在性,一种具有未定的实在后果的实在性(§140)。但这种实在性的所有自然的实在的后果不能不带有明晰的知觉(§631)、推理(§642)、意愿或不愿(§665,690)而未定地增多(§23,162)。所以,人的心灵死后仍自然地保存着它的本性(§780,781),并且至少在精神的活动中最终同样显示出理智性生命(§639);永恒的心灵黑夜论者因而是错误的。

[a] Vertheidiger des Seelen-Schlafes[心灵沉睡的辩护者]  [b] der ewigen Nacht[永恒的黑夜]

### §783

死后仍在理解着的人类心灵要么仍显示出人格——就其回忆着它在这个生命中的状态而言,要么没有显示出(§782)。主张后一种情况的人可以被称为**忘川杯饮的追随者**①[patroni lethaei poculi][a]。但前一种情况更为自然一些(§583,561)。

---

① 忘川杯饮的追随者:根据后荷马时代的传奇故事,忘川(英文:lethe,希腊文:Λήθη)为冥界的五条河流之一,亡灵饮其水,便可在投胎前忘却前尘往事。参见柏拉图的《理想国》(10.620c)和维吉尔的《阿耐德》(6:703-51)。所以,Λήθη在古希腊的意思是忘记或遗忘。——英译注

[a] Freunde des Bechers der Vergessenheit［遗忘之杯的朋友］

## §784

人心灵的死后状态可以通过(1)人的绝对死亡这种说法来理解(§778)。这样一来，人们也就认为，人的心灵死后丧失了一切身体，即是说，不再有与之重新处于最紧密的相互作用中的身体了(§742，740)；人心灵的死后状态还可以通过(2)人的相对死亡的说法来理解，即心灵被重新带入与某个新的身体的最紧密的相互作用中(§778)。与一个新身体的最紧密的新的相互作用的开始叫做**转世**［palingenesia］[a]（重生、广义的身体替换和灵魂轮回）。持有这种看法的人要么既为忘川杯饮辩护，同时也主张一个新的身体（就像我们在这个地球上所了解的那种身体），要么，他只是持有这种看法而不附带这种辩护及主张。前一种情况维护的大概就是狭义的灵魂轮回以及**粗略而言的灵魂轮回**［metempsychosin crassam］[b]（§783）。

[a] der Tausch des Leibes gegen einen andern［对另一个身体的替代］ [b] die grobe Seelenwanderung［粗略而言的灵魂漫游］

## §785

在身体（心灵在这个地球上具有的，§781）死后仍持存的人类心灵仍然在表象着我们这个宇宙的诸单个部分(§752，780)，因而也即该宇宙的身体(§155)。与心灵同时的身体作用于心灵，受动于心灵；而心灵自身也受动于与其同时的身体，并影响着身体(§408)。但心灵对两个身体的影响程度是不同的，心灵受动于两个身体的程度也是不同的(§272)。所以,存在有某个身体,在原有身体死后仍持存的人类心灵就进入了与这个身体的最紧密的相互作用中(§448,739)。所以,如果心灵就这样被说成是分离的,那么,正如按照我们的经验,我们在这个地球上具有的身体也必然是这么来理解的,而人的死亡无非就是动物变形(§779)以及或许糟糕地与粗略而言的灵魂轮回相混淆的转世(§784)。

### §786

在身体死后仍持存的人类心灵处于与另一个身体的最紧密的相互作用中(§785)。新的身体在其各种状态中将时而与原有的身体较多地类似,时而较少地类似(§270,265)。所以,新身体这里将有一种状态,在此状态中,它将与曾经和心灵处于最紧密的相互作用中的原有身体最大程度地类似(§161),因而将与之相同(§70)。

### §787

正如有限精神的完满性(1)要么是绝对必然的,要么是偶然的(§147),(2)要么是自然的,要么是超自然的(§469),(3)要么是内在的,要么是外在的(§98),(4)要么是广义道德的,要么不是(§723)。同样,对精神而言的好东西——这些东西被设定,完满性也就被设定了(§100)——(1)要么是形而上的,要么是偶然的(§147),(2)要么是自然的,要么是超自然的(§469),(3)要么是本土的,要么是外来的(§660),(4)要么是广义道德的,要么不是(§723)。某个既定精神那里的广义道德上的好东西,要么作为先天的(§24)根据(§14),作为该精神的一定状态的前提条件,与该精神的自由紧密相连，要么作为后天的结果（§14），作为它的一定状态的后果（§596），与其自由紧密相连，或者，既作为根据又作为结果而与其自由紧密相连（§24）。紧密地依赖于既定自由的，叫做**狭义的道德东西**[stricte moralia][a]，有时候又叫做全然道德的东西。所以，紧密地依赖于精神自由、对精神而言的好东西是**狭义的道德善**[bona stricte moralia][b]，而通过设定这些东西就被设定的完满性就是**福祉**[beatitudo][c]。精神具有的诸完满性的集合就是**幸福**[felicitas][d]。福祉对有限精神的幸福的充实就是**康乐**[prosperitas][e]，而这样一些好的东西——这些东西被设定，康乐就被设定——则是**康乐的好东西**[prospera][f]（狭义的物理性的好东西）。有限精神的幸福就是康乐和福祉的集合。

[a] sittlich in engerer Bedeutung[狭义伦理的]　[b] sittliche Güther in engerer Bedeutung[狭义伦理上的好东西]　[c] Seligkeit[福祉]　[d] Glückseligkeit[幸福]　[e] gutes Glück, Wohlfarth[好的康乐，福利]　[f] Glücks-Güther[康乐的好东西]

## §788

精神的紧密依赖于其自由的坏东西就是**狭义的道德恶**[mala stricte moralia][a]（§787）（过失之恶，罪责）。对精神来说的**广义的道德恶**[mala late moralia][b]与精神的自由紧密相连。出自广义道德恶的不完满性就是**广义的道德腐败**[corruptio moralis late][c]，出自狭义道德恶的不完满性就是**狭义的道德腐败**[stricte dicta][d]。精神具有的不完满性的集合就是**不幸**[infelicitas][e]。狭义的道德腐败对有限精神的不幸的充实就是**悲苦**[miseria][f]，而那种恶，即那种通过设定它痛苦就被设定了的恶则是**广义的折磨**[damna late dicta]^g（狭义的物理上的恶）。不幸就是悲苦和道德腐败的集合。

^a das sittlich böse in engrer[狭义的道德恶]　^b in weitrer Bedeutung[广义的道德恶]　^c das sittliche Verderben in weiter[广义的道德腐败]　^d in engerer Bedeutung, oder Unseligkeit[狭义的道德腐败，或不幸]　^e Unglückseligkeit[不幸]　^f Elend[悲苦]　^g Wiederwärtigkeiten, Leiden, ein schmertzen des Übel[反感、受苦、恶的折磨]

### §789

**在此生命中**[hac vita]^a，也就是说，只要人的心灵还在与（正如按照我们的经验人在这个地球上具有的）身体的最紧密的相互作用中活着，那么人的心灵就持续地发生着变化（§418，754）。这种变化不是客观地绝对地漠然的（§654）。所以，这种变化要么是好的，要么是坏的，或者既是好的也是坏的。对心灵而言既好也坏——正如一切事物都是这种情况一样（§264）——的诸变化，对心灵而言要么同等程度地要么不同程度地既是好的也是坏的（§70）。与坏的变化相比，较好的变化建立的幸福多于不幸；与好的变化相比，较坏的变化建立的不幸多于幸福；所以，基于幸与不幸的比重，前一种变化就应被称为善的，后一种则要被称为恶的（§787，788）。

^a in diesem Leben[在此生命中]

### §790

假设，一事物总体上是一样的好和坏，那么该事物就不具有最高程度的实在性(§246,248)。所以它就应是有限的存在物(§248)，因而应是偶然的(§257)，其对立面就应是可能的(§101)；而由于其实存应是偶然的(§109)，所以，其对立面的实存也就应是可能的(§101)。但这样一个存在物的对立面应只能在该存在物之外实存(§81, 7)，而该对立面的好和坏，与这个被假定事物的好和坏是完全对等的。所以，两个相互外在的可能事物就应是两个完全对等的现实事物，但这与§272相悖。所以，好、坏对等的事物是不能实存的。所以，不存在既不好也不坏的人的心灵的变化。所以，一切在此生命中的人类心灵要么是幸福的，要么是不幸的(§789)。

## §791

身体死后仍持存着的人的心灵也持续地发生着变化(§781, 782)。所以，在心灵持存的每一刻，心灵的幸福或不幸都增长着(§790, 162)。所以，身体死后仍持存的人类**心灵**[anima]要么将享受较大的幸福——与此生的幸福相比，是**极乐的**[beata][a]，要么将遭受较大的不幸，是**被诅咒的**[damnata][b]。假设心灵在此生之后曾进入的极乐状态，要么与心灵共存——只要心灵持存着，要么诅咒将在某个时候跟在极乐之后到来。假设心灵在此生之后曾进入的诅咒状态，要么与心灵共存——只要心灵持存着，要么在某个时候极乐将跟在诅咒之后到来(§790, 789)。在这两种情况中，前一种情况更为自然(§739, 740)。

[a] eine seelige[极乐的心灵]　[b] verdammte Seele[受到诅咒的心灵]

## 第六节　动物心灵

### §792

由于一切心灵都是存在物中的那种能对某事物具有意识的东西（§504），所以，心灵具有认知能力（§519），而这种能力要么只是低级的，要么也是高级的（§520，624）。前者将是一种**单纯感性的心灵**［anima mere sensitiva］[a]。具有单纯感性心灵的动物是**牲畜**［brutum］[b]，而这样的动物，即它的心灵是精神，则是**理性动物**［animal rationale］[c]。所以人是理性动物［§754，740）。

[a] eine blos sinnliche Seele［单纯感性的心灵］　[b] das Vieh［牲畜］　[c] ein vernünftiges Thier［理性动物］

### §793

动物的心灵处于与其身体最紧密的相互作用中（§740），所以，动物的心灵或清楚地或晦暗地表象着其身体（§792，736）。所以，动物的心灵就是按照其身体在宇宙中的位置来表象宇宙的力（§741），因而它是实体（§198）、单子（§234），是不具有相互外在的诸部分（§224）的简单存在物（§230）；它是有限的（§202，792）、不可分的（§244），因而是物理上不会腐坏的（§746）、不朽的和非身体性的（§422）；它具备感觉、想象、预见及其他诸种能力——这些能力无需明晰的认知就可以被依据身体的位置来表象宇宙的力实现（§792），因而它也具有感性的欲求和厌恶（§667），具有任意（§718），受盲目的冲动、憎恶、刺激所驱使（§677），也受激动所驱使（§678）。

## §794

动物是否具有心灵，是否具有理性的心灵(§792，793)，这两个较容易的问题不可与如下的问题相混淆：(1)这个地球上的所有在人的身体之外出现的身体是否都不具有心灵(§504)？(2)是不是其中有某些身体是理性心灵的处所(§745)？(3)是不是所有动物的身体都是某个心灵的处所，它要么现在已经享受了理性的运用，要么最终会享受这种运用(§782，639)？

## §795

动物心灵不具有理智(§792)。所以它不是精神(§402)，不具有人格(§641)、理性、意愿或不愿(§690)以及自由(§719)；它不像人类心灵那样是不朽的(§781-784)，是现在或有朝一日能拥有幸福或不幸的(§787，788)。

# 第七节 人之外的有限精神

## §796

与人具有的理智相比，具有本质上较高程度的理智的**精神**[spiritus]，是**较高级的精神**[superiores]ᵃ，具有较低程度的理智的精神是**较低级的精神**[inferiores]ᵇ。两种精神都是有限的，它们要么是幸福的，要么是不幸的(§790)。前者是**好的精神**[agathodaemones]ᶜ(美的精神)，后者是**坏的精神**[cacodaemones]ᵈ。

ᵃ höhere[较高级的精神]　ᵇ niedrigere[较低级的精神]　ᶜ guthe[好的精

神] ᵈ böse Geister［坏的精神］

### §797

一切现实的有限精神，无论比人高级还是低级，都有一个与之处于最紧密的相互作用中的身体(§785，796)；其身体要么会由于自身的重量而持续地被推向某个位于该身体之外的中心，要么不会。前一种情况下的身体就是宇宙中的一定的身体整体的居住者，也即某个稳定身体(恒星)或某个移动身体(行星)的居住者。

### §798

一个较高级的有限精神无论具有何种程度的理智，其理智都不是最高程度的(§248)；所以，这种精神并非对所有事物的表象都是以最大的明晰度来进行的(§637)，而是这样来表象事物的，即人们根据其身体可以得知，它为何更纯粹、更深刻、更明晰、或混乱或晦暗地表象着这个事物而不是其他的事物(§797，512)。所以，一切有限精神都具有低级的认知能力(§520)。

### §799

没有哪一种有限精神在物理上是可以被摧毁的，无论它比人高级还是低级(§746)；所以，即便它的某个身体哪怕是最大程度上可以被摧毁的，它也会存活下来，直至消亡(§745)；而只要它持存着，它就将保持着它的人格，与此同时其对理智、理性和自由的运用毋宁是增长着的，而不是日益减退的或完全停止的(§782)；对它来说更为自然的事情就是对自己以前状态的明晰回忆，而不是忘川杯饮

(§783)。所以,一切有限精神凭借其本性,也即通过它表象宇宙的力(§782)而是不朽的,正如人的心灵那样(§781,783);而只要有限精神持存着,那么对它而言更为自然的事情就是它在自己曾经达到的极乐或陷入的诅咒(§787,791)中驻留,而不是某次达到极乐后被诅咒,或者相反(§791)。

第四部分

# 自然神学

# 导　　论

### §800
**自然神学**是关于神的科学，就神无需信仰就可以被认知而言。

### §801
自然神学包含了实践哲学、目的论和启示神学的诸第一根源。所以，自然神学有理由被归入(§2)形而上学(§1)。

### §802
自然神学考察的是(1)神的概念(2)及其作为。

# 第一章 神的概念

## 第一节 神的实存

### §803

**最完满的存在物**[ ens perfectissimum ]ᵃ就是所有存在物中那种带有最高完满性的存在物,也即这样的存在物:在它之中,如此之多之大的部分相互之间是如此地一致,正如一个存在物中能够出现的最多最大的诸部分之间的最大的相互一致那样(§185)。所以,在最完满的存在物中,绝对而必然地有某种复多性(§74)。

ᵃ das Vollkommenste [ 最完满的东西 ]

### §804

最完满的存在物的谓词被称为该存在物的完满性。最完满的存在物中有如此之多的最大程度地相互一致的完满性,正如一个存在物能够同时具有那么多的完满性那样,正如这些完满性是共可能的那样(§803)。

# 第一章 神的概念

### §805

最完满的存在物的每一个完满性都是如此之大,正如它在一个存在物中能够是如此之大的那样(§803,804)。

### §806

最完满的存在物是实在的存在物(§803,135)。所以,它具有如此之高的实在性,正如一个存在物能够具有的那样。最完满的存在物是最实在的存在物(§805,804),它具有最多最大的实在性,它是最好的东西,是形而上的至善(§190)。

### §807

一切实在性实际上都是肯定性的东西,没有什么否定会是实在性(§36)。所以,如果存在物中的所有实在性最大程度地相互关联,那么,就绝不会有什么矛盾会从这些实在性中产生(§13)。所以,存在物中的所有实在性都是共可能的。由于最完满的存在物就是存在物中那种最实在的存在物(§806),所以,最完满的存在物具有一切实在性,也即具有一个存在物能够具有的那种最高程度的实在性(§805,190)。

### §808

设定了实在性,也就取消了否定性(§36)。由于在最完满的存在物中必须设定所有的实在性(§807)。所以,一切否定性都必须被取消。

## §809

在任何一个不可能的事物中,设定某东西的同时又必须取消该东西(§7)。该东西要么是否定性,要么是实在性(§36,9)。在最完满的存在物中,没有什么实在性可以被取消(§807),也没有什么否定性可以被设定(§808)。所以,在最完满的存在物中,没有什么东西可以被取消同时又被设定。最完满的存在物是可能的(§8)。

## §810

实存是一种与本质及其余的诸实在性共可能的实在性(§66,807)。所以,最完满的存在物具有实存(§807)。

## §811

神[deus][a]是最完满的存在物。所以,神是现实的(§810,55)。

[a] Gott[神]

## §812

神的谓词就是完满性(§811,804),就是一切最高程度的实在性(§807)。神的可能性本身是最高程度的(1)内在和绝对的可能性(§165),因为在神那里,最多最大的东西是共可能的(§805,807);是最大的(2)外在和假定的可能性,因为神那里的最富于成果、最重要的诸根据在所有可能世界的相互关联中都有其最富于成果、最重要的诸结果——这些结果可以是处于神之外的(§168)。

# 第一章 神的概念

## §813

神那里不存在否定(§808)，因而，神那里既不存在狭义的否定，也不存在任何一种意义上的缺失(§137)、形而上的恶、偶然的东西(§146)、物理的东西或道德的东西(§788)。

## §814

在神的概念中，并非只有那些完全否定性的特征才是不可能的(§525)，那些只是一定程度上否定性的特征实际上也是不可能的(§813，803)，尽管神那里的许多最实在的东西在我们面前显得是否定性的(§12)——这有时是因为我们用肯定性的语词来表述否定，有时候是因为我们没有完全记得去肯定否定之否定(§36，81)。

## §815

神的完满性在神那里要么是绝对的，要么是关系性的；关系性的完满性中的有些完满性是相对的(§37)。神的完满性，我们要么不凭借神的活动的特征就能加以表象——这种完满性因而就是**静止的完满性**[quiescentes][a]，要么不能——这种完满性因而就是**作为着的完满性**[operativae][b]。

[a] ruhende [静止的]　[b] wircksame Vollkommenheiten [作用着的完满性]

## §816

神的这种内在完满性，即，其余的一切内在完满性最终都能从它那里被推演出来，而它自身却不能转而又从神的任何其他的内在完满性来推演——如果人们想避免循环的话,是神的第一性概念(§40,39)。由于这样的一种推演,即从神的无限多的完满性推演出所有其余的内在完满性(§24,49),是可能的,因为无限多的完满性中的任何一个都是最大(§812,166)、最充分(§169)的根据,也是全然终极的(§170)和最高的本质(§171)。所以,神的第一性概念是无限多的,其中的任何一个,如果人们将之视为神的本质的话,都是神的一个独一无二的本质(§40,77)。

### §817

尽管神那里存在着最大(§808,167)、最普遍(§172)的关联,以至于神那里的任何一个东西都能通过其他东西而被最准确地认知(§816),但是我们通过神的某个完满性比通过任何一个其他的完满性更容易认知其余所有的完满性(§527)。所以,我们优先把这样的完满性视为神的本质,即,我们期望从它那里能最容易地推演出其余的完满性(§816)。远非实情的说法是,神那里的任何一种复多性都是不可能的;毋宁说,某种复多性绝对必然地被设定在神的本质中并通过其本质而绝对必然地被设定(§812,816)。

### §818

无论人们把何者视为神的本质,除了着眼于本质(§817),神也是着眼于它的其余的内在完满性来规定的(§816),正如任何事物都可以着眼于其内在完满性来加以规定那样(§812)。所以,神是现实的(§54)。

## §819

就实存而言，神是确定的（§818, 811）。所以，神是一个存在物（§61, 57），神既不是一个否定性的也不是一个缺失性的非存在物（§7, 54）。

## §820

一个行之有效的推论就是从神能够存在推出神存在，即神的实存通过神的本质被充分地确定了（§809-811），实际上被确定为最高的实存（§805），被确定为一个存在物中的共可能的最多最大的内在结果规定性的集合，也就是被确定为最高本质（§816）那永恒的（§302）补充物（§55）——无论人们把什么东西视为最高本质（§817）。

## §821

神具有最高的（§812）整一性（§819, 73），具有最多最大的诸实在性之间的不可分割性（§173）。由此得以明了的是，(1)神何以能够被视为卓越意义上的完满的整一性——这种整一性可以作为例子来证明，即便神的诸完满性中的那些显得最不富于成果的完满性也仍然是神的本质（§816）；(2)设定了神的最高整一性，也就意味着，神的那些不可分的诸完满性的某种复多性不仅没有被取消，反而被设定了（§74）。

## §822

神具有最高的（§812）先验的真（§819, 90），具有其诸完满性之间的最高秩序（§175, 89），具有最高的可能性（§812）和最高的关联（§817），具有与最强的诸规则之间的最高一致性（§176，184），比如与一般而言的最好事物的法则——即最好的事物与最好的事物相连接（§482，187）——之间的一致性，与诸存在物中的最好事物的法则——即最完满的存在物中的那些共可能的最好事物相互连接（§803）——之间的一致性。

## §823

不现实的神，应是那种对一切实在性都感到高兴而自身又缺少某种实在性的存在物（§66，812）；这样，就所有内在的完满性而言，神应是确定的，就像存在物能够就其内在完满性来加以确定一样（§818），但就某些内在完满性而言，神又应当是并非如此确定的（§54）。所以，神圣实存的对立面是本身不可能的（§15）。神的实存是绝对必然的（§102）。神是必然的存在物（§109），其最高的实存（§820）就是其本质（§819）——这一点无损于§817所说的内容。

## §824

假如神并非现实的，那么我们所有证明中的形式与质料的第一原理，即矛盾原理，就将是错的（§823，7）。所以，尽管许多科学无需任何神学前提就能被完全证明（§1-800），但倘若神不是现实的，这类科学或其对立面就不会出现（比如§61，354，504），实际上就永远都是不可能的（§8）。

## §825

神是必然的存在物（§823，824）。必然的存在物是没有模态的

(§111)。所以，神那里没有模态，也即没有可谓述的偶性。

## §826

如果我们**在必然存在物中**注意到某东西与我们在一个偶然存在物那里所表象的东西在一定程度上类似，在一定程度上有区别，但我们又没有充分地理解其区别，也没有为该东西想出什么特别的名称：那么，我们就把该东西称作**我们在偶然存在物中观察到的东西的类似物**，并出于一种**卓越**[eminentiam]<sup>a</sup>（杰出）**意义上的**类似性——如果在该东西的概念中，实在性似乎是占优势的，或者出于一种**精简**[reductionem]<sup>b</sup>（否定的）**意义上的**类似性——如果在其概念中，否定显得是占统治地位的，将之归给神。

<sup>a</sup> in unendlich-ausnehmender[在无限特殊的意义上]    <sup>b</sup> in geläuterter Bedeutung[在更加精纯的意义上]

## §827

如果我们在必然存在物中注意到某东西，就该东西的假定必然性与某个模态类似而言，其假定必然性是绝对必然的(§108)，那么我们就把该东西称作该**模态的类似物**[modorum analoga]<sup>a</sup>(§826)；就该东西在神中的假定实存基于其本质而是绝对必然的而言(§823,54)，该东西就是属性(§107)。所以，神的属性可以被分成与有限事物的属性较为类似以及与有限事物的模态较为类似的各种属性。后一种属性同样是真正的属性，因为就其区别于不确定性而言(§54)，(1)其实存的充分根据，就在神的本质中。偶然存在物可能在许多方面都是不确定的(§34,134)。必然存在物鉴于其本质则不能在任何一个方面是不确定的(§820)。存在于神之中的东西,其(2)持续、永恒和不变性的充分根据也在神的本质中。在偶然存在物那里,只要它实存着,其本质的局限性就是它必然内在地、持续地发生着变化的充分根据。在必然存在物那里,其本质的无限性就是相反情况的充分根据——相反情况包括,(3)为何其他属性本可以取代这些属性而在神中永远实存,(4)为何神的这些属性而不是其他属性的实存被这样规定,即只能通过假定必然性来规定,而不是通过别的方式来规定的(§102)。

ᵃ das den Zufälligkeiten ähnliche[与偶然性类似的东西]

## §828

**神圣性**[sanctitas]ᵃ 是存在物的实在性,它消除了存在物的诸多真正的不完满性;所以,**最神圣的东西**[sanctissimum]ᵇ 就是这样的东西,即它的实在性消除了其所有的不完满性。由于神的最高的诸实在性的整体消除了神的一切不完满性(§142, 808)。所以,神是最神圣的东西。

ᵃ Heiligkeit[神圣性] ᵇ das Allerheiligste[最神圣的东西]

## §829

神那里没有不完满性(§828)。所以,神那里既没有本质性的或偶然性的不完满性,也没有内在的或外在的不完满性(§121, 808)。§813 也表明了这一点。

## §830

神的完满性实存于神中,这一点的充分根据就在神自身中(§822,823)。所以神具有狭义的力(§197)。所以神是实体(§199)。

## §831

神具有最强大的(§812)力(§830)。所以神具有足以实现最多最大的偶性的力(§203)。

## §832

偶性并不实存于其实体外(§194)。所以,足以实现最多最大的偶性的力也足以实现最多的实体,因而也足以实现一切事物(§191,247)。足以实现某事物的力是**能量**[potentia][a]。所以,**全能**[omnipotentia][b]就是足以实现一切事物的力。神是全能的(§831)。

[a] Gewalt [力量]  [b] Allgewaltigkeit [无所不能]

## §833

绝对不可能的东西就是无(§7)。所以,能为绝对不可能之事的人,一无所能(§469)。神无所不能(§832)。所以,神的全能并不伸展至绝对不可能的东西那里。对某个人而言不可能的东西,就是他的力不足以实现的东西(§469)。就这个意义来讲,没有什么事情对神来说是不可能的。对我们及一切有限存在物而言不可能的一切事情,对神来说,都是可能的(§832)。

## §834

奇迹是可能的(§475)。神的力足以实现可能的东西(§832)。所以,神能实施严格意义的奇迹(§477,833)。

## §835

神能实现一切可能的世界(§832)。所以,神既能实现最好的世界(§436),也能实现最不完满的世界,没有例外(§442)。

## §836

神是实体(§830),不具有模态(§825)。所以,神是必然实体(§202),他不具有内在状态(§206),也不是可变样的(§209)。由此再次变得清楚的是,世界不可能是神的变样(§388)。

## §837

在必然实体那里,所有的生和灭,从无到有的产生及湮灭,都是不可能的;神是必然实体(§836)。所以,在神之中,所有的生和灭都是绝对不可能的(§227,228)。

## §838

一切实体都是单子(§234)。神是实体(§830),所以神是单子,是简单的存在物(§230)。设定了神的最高简单性,也就排除了神是某种方式之下的由相互外在的诸部分复合而成的(§224),但不能排除神之中的诸多东西之间最实在的(§807)差异性(§817),因为即便在有限事物那里也同样错误的是,一切实在的有差异的东西被相

## 第一章　神的概念

互外在地设定(§755)。

### §839

神是必然存在物(§823,824)。必然存在物的所有规定性都是绝对地、内在地不可变的(§132)。所以,神是绝对地、内在地不可变的(§126,127)。这一点亦由后面这种情况所表明,即倘若神是绝对地、内在地可变的,那么,至少他的某个内在完满性就可以在另一个内在完满性之后实存(§124)。这样,本应在该完满性之前的那个完满性的实存就成了可以被取消的,而那个完满性同样是神的内在实在性(§37)。这样一来,神的某些实在性就成了可以与其他实在性相分离的了(§72),这就违背了神的最高整一性了(§821)。

### §840

倘若神是复合的,那么他就应当是广延的(§241),而惰性力也就要被归给它了(§832,294)。这样一来,神就成了物质(§295),因而也就成了可分割的(§427)和内在可变的(§244,126),但这与§839相冲突。所以,神是简单的存在物(§224)。由于神是实体(§830),所以他是单子(§230)。再次变得清楚的是,普遍的唯物论者是错误的(§395)。

### §841

在神之中,没有同时性地而又相互外在地实存的东西,也没有所谓的他的诸部分(§840),因而也没有空间(§239)。所以神并非广延的,也不充实空间,即,在所谓的广延物充实了空间这种意义上对空间的充实（§241）。

## §842

神没有量上的大小（§838, 243），尽管他是带有最多最大实在性（§807, 812）的最高存在物（§161）。再次变得清楚的是，神是不可分的，也即绝对不可分的（§244）。

## §843

能够存在的最大实在性的总体就是实在性的最高程度（§247, 248）。神作为最实在的存在物具有这个最高程度（§807, 812）。所以，神是无限实在的存在物（§248）。这一点亦是由此，即神是必然的存在物（§823, 258），而得以明了的。

## §844

神的一切完满性都具有它们在一个存在物中能够具有的那种最高的实在性程度（§812）。所以，神的这些最高完满性本身也是无限的（§248）。它们在最完满的存在物中的相互一致，属于它们当中的任何一个完满性所具有的最高实在性（§139, 140）。具有一个无限实在性的东西，就具有一切无限实在性；具有一切无限实在性的东西，就具有最高的实在性（§843）。所以，具有一个无限实在性的，是神（§811）。由此就可以得知，神的诸多完满性（时而这些时而那些完满性）何以能够被视为其第一性概念（§816），为何神之外的如神那般有能耐的恶的制造者是不容许的。**摩尼教**的观点是，如神那般有能耐的恶的制造者实存着，因而摩尼教的观点是错误的。

# 第一章 神的概念

## §845

从内在完满性来看,神实际上就是他所能是的东西(§843,259)。再次变得清楚的是,神是内在地不可变的(§252),是必然的存在物,这仅仅是就人们应该避免循环界定而言的(§843,256)。

## §846

多神是不可能的。因为倘若有诸多的神,那么,他们就应是一定程度上相互区别的(§74),某个神之中存在的某种东西因而也就不能存在于另一个神那里(§38)。该东西要么是实在性,要么是否定性(§36)。如果它是实在性,那个缺乏该实在性的东西就不是神(§807);如果它是否定性,那么带有该否定性的东西就不是神(§808)。假设某个神中有某个实在性,而另一个神那里有另一个同等价值的实在性,那么,在这两个神中,就不存在实在性整体,这两个神因而就都不是神(§807)。这样,由于我们至此所考察的神(§811-845)是所有最高的且绝对不可分的诸实在性的最高整一体,以至于与他有别的另一个或第二个整一体绝不是也不可能是我们至此观察到的神必然所是的那种东西,所以,我们至此考察的神是唯一的神(§77)。**多神论**[polytheismus]<sup>a</sup>的观点主张多神,因而是错误的。实际上,我们崇敬的毋宁是神的最高唯一性,由于这种唯一性,神作为最高的存在物(§842)就与所有其他事物(包括在自己的属中为最高事物的那些事物,比如最好世界的整体自然以及诸有限精神中的最高精神)通过最多最大的差别(§844)而区分开来(§173)。这种最大程度的差别甚至也延伸至诸关系自身那里,以至于在某个事物(并非我们至此考察的神)与另一个既定事物之间不可能存在像神与这另一个事物之间存在的那种如此巨大的关系(§812,817)。通过神的这种最高唯一性,任何一个并非神的事物(即便它们就其他方面而言也可能是最大的东西)与神之间的相等性以及那种近乎百分之百的类似性,还包括那种使得必须被设定的神与所有其他事物之间的无限差异性(§844)被取消的类似性,都一道被排除了;但通过神的这种最高唯一性,神中的最大东西的复多性以及这些东西相互之间无限多的差异性并没有被取消(§37,174)——实际上,在神无限的诸特征中,使神与所有其他事物区别开来的东西(§67)毋宁是被设定了。

[a] die Vielgötterey[多神]

## §847

神的简单性再次变得清楚明了。因为假如神是复合的,那么他的诸部分就将是相互外在地实存着的实体(§225,282)。而在这些实体中,将只能有一个实体是无限的(§846),其余实体就将是有限的(§77,248)。这样一来,就要去设立神身上的某些绝对必然的、与§828相悖离的不完满性(§250,155)。

## §848

神不具有形体(§828,847)。**较粗糙的拟人化**是这样一种错误的做法,即把某种形体,比如人的形体,赋予神。**较精致的拟人化**则是这样一种错误的做法,即把有限事物的不完满性,比如人的不完满性,赋予神(§828)。

## §849

在神那里,没有什么前后相继的东西(§839,124)。所以,在神那里也没有时间(§239)。神也并不通过制造出前后相继的事物的某个部分而处于时间当中(§124,837)。由于生和灭对神而言是绝对不可能的(§837),所以,神具有最高的(§812)和唯一真正无限的(§844,846)持存(§299),因而,神是永恒的(§302),与一切时间共存,持存不灭(§303)。神曾经存在,现在存在,将来也存在(§298)。神实存着。

## §850

偶然存在物即便被视为永恒的,其永恒性与神的永恒性也是极为不同的(§67)。(1)偶然存在物的持续委付于诸模态的不断的前后相继(§209,836),(2)其永恒性在延伸上尽管没有尽头,却并不能因此而被说成是真正无限的(§259,849)。(3)其永恒性就像一种没有开始和结束的时间,因而或许也可以被称为无限的,但这只是数学意义上的,因而其永恒性并不是真正无限的(§248,849),因为,这种存在物作为前后相继之物(§238),就其内在规定性而言(§259),实际上从来都不是它能够是的那种东西。

## §851

神是必然的(§823,824)和无限的(§843)存在物。所以,神是独立自依的存在物(§310)。他是这样实存的(§849),即他并非由处于他之外的其他事物造成;他是自己效果的绝对原因(§318)。神的一切完满性都是真正无限的(§844),所以,神没有什么完满性是由处于神之外的某事物造成的,这种情况也不可能出现(§381, 248, 310)。假如受动是神的一个谓述,那么,该谓述就应是神之外的某事物造成的(§210)。所以,神是绝对不受动的,他既不实在地也不观念地受动于他之外的任何事物(§212),也没有什么处于神之外的事物施动于神(§210),所以,神也不会发挥反作用(§213)。神在宇宙中的一切活动都不会遭遇反作用,不论是观念的还是实在的(§212)。

### §852

像[imagines][a]是(1)某个他物的形体的标记。由于神是无形的(§848)。所以,这种意义上的神像是不可能的(§347)。像是(2)与某个他物相当类似的东西。由于一切存在物都在某种程度上与神类似(§265),所以,一切较完满的存在物都将是神的像(§70, 811),并且,存在物越完满,就与神越类似,因而就是神的越大的像(§265, 160)。

[a] Bilder und Gleichnisse[像和比喻]

### §853

世界是有限的现实事物的整体(§354)。神并非有限的现实事物的整体(§844)。所以,神不是世界:神不是这样或那样的世界。§361和§823、§365和§839、§370和§837、§388和§843,也都表明了这一点。

## 第一章 神的概念

### §854

我们这个世界有一个世界之外的成因(§375,388),而这个成因是一个必然实体(§381,319)。所以,必然实体是可能的(§333,69)。如果必然实体是可能的,那么它就是现实的(§109)和持久的(§302)。所以,必然实体实存着。神是必然实体(§836)。所以神实存着。

### §855

神是世界之外的存在物(§843,388),世界既不是神的本质规定性,也不是神的本质、属性、模态、变样或偶性(§843)。神并非唯一的实体(§391)。**神学上的斯宾诺莎主义否认神是世界之外的存在物,因而是错误的。**

### §856

正如§811先天地证明了神的实存,§854把神的实存确立为后天得到证明了的东西。这两种证明,不依赖于唯我论(§392)、观念论(§402)和唯物论(§395)所取消的那些定理。所以,这两种证明可以用来使唯我论者、观念论者和唯物论者这类人确信神的实存。

### §857

神不是物质(§295,841),所以,神是非物质的(§422)。神不是物体(§296),所以,神是非物体性的(§422)。所以,就物理方面而言,神是不灭的(§746)。§837也表明了这一点。

## §858

在有限事物当中，最完满的世界是神最大的像（§436，852）；世界中存在着诸实体（§400，857），诸实体当中存在着精神（§402，531），精神当中存在着享有最高理智的存在者（§637），享有最高理智的存在者当中有最幸运者（§787）——最幸运者远离一切恶，尤其远离一切道德的恶（§788，813），他们是最圣洁的（§828）。

## §859

神的本性（创生着的本性，参见§466）是其内在完满性的集合（§430），由于该本性，神就是其效果的绝对原因，就是不受动的（§851）。所以，一切绝对可能的东西，对神来说，都是物理上可能的（§833）；没有什么东西，如果它并非本身不可能的，对神来说是物理上不可能的（§469，833）。所以，没有什么东西，如果它并非同时又是绝对必然的，对神来说是物理上必然的；绝对偶然的事物，对神来说也是物理上偶然的（§469，104）——不仅包括世界上一切自然之外的事件，也包括一切超自然的事件（§474，475）。

## §860

如果一个自然主义者由于否定了我们这个世界中的一切超自然事件的假定可能性，因而在一般意义上否认这类事件，那么他就是错的。由于与神——而神是要被设定在奇迹之外的——处于关联中的奇迹（§855，474）也是可能的（§834），所以，奇迹也具有一个外部的可能性（§16，859）。

## §861

与神的实在性及其一切完满性的程度相同的程度是不可能的（§843，844），因为神及其一切完满性都具有唯一性（§846，844）。所以，神及其一切完满性显现出的实在性程度是不能从假定的某个相同的量来理解的。所以，我们既不能衡量神，也不能衡量他的任何一个完满性（§291）。我们不能衡量的东西就是**无法衡量的东西**[immensum]<sup>a</sup>。所以，神及其一切完满性都是无法衡量的。这种无法衡量性我们也可以这样来理解，即衡量者对他正确地衡量的东西的各个部分、程度或多样性必须具备足够多的清楚知觉。所以，正确地衡量神或神的某个内在方面的人，必须具备并不出现在有限理智中的真正无限的清楚知觉（§844）。

<sup>a</sup> unermesslich［无法衡量的］

## §862

神是本身可理解的（§632，809），也是对人而言可理解的（§804-1000），并可以通过诸多方式被正确地乃至实实在在地界定（§816）。如果关于某事物的**充分认知**[plena cognito]<sup>a</sup>（即排除了一切无知因而是全然历史的、哲学的和数学的认知）是可能的，那么该事物就叫做**可把握的**[comprehensibile]<sup>b</sup>。对一个人而言**不可把握的事物**[incomprehensibile alicui]<sup>c</sup>，就是这个人的力不足以对它进行充分认知的事物；事物对一个人而言越是不可把握的，这个人就必然离该事物的充分认知越远。某事物越大，它对有限认知者而言就越难，越不可能去把握（§160，527）；所以，对一切有限者而言，最大的事物是最不可把握的(§261)。**有神论**认为，几乎神的一切方面(或许除了其实存外)都是不可把握的；这种观点是错误的，尽管神及神的一切对我们而言，对一切有限者而言，是最不可把握的(§861,806)。

<sup>a</sup> völlige, gäntzliche Kenntniss[完全的、整体的认知] <sup>b</sup> fasslich, ergründlich, erforschlich, erschöpflich[可把握的、可衡量的、可探究的、可阐明的] <sup>c</sup> einem unfasslich, unergründlich, unerforschlich, unerschöpflich[对一个人而言不可把握的、不可衡量的、不可探究的、不可阐明的]

## 第二节　神的理智

### §863

明晰的认知就是一种实在性(§531)。神具有一切实在性(§807)。所以，神明晰地认知。所以，神具有理智，神是理智实体(§830)，是精神(§402)。

### §864

神具有一切最高的实在性(§812)。事物越多越明晰地被认知，明晰的认知就越大(§634)。所以，关于一切事物的明晰认知将是最明晰的(§161)。而关于一切事物的明晰认知是可能的(§632)，所以，神具有关于一切事物的明晰认知，因而也就具有最明晰的认知。

### §865

神的理智是最高的(§863,812)、不变的(§839)。所以，在神

# 第一章 神的概念

那里，没有先前的或后来的思想一说(§125)。神是最高的理智，这是就神表象了最强烈的、最差异多样的相连的诸思想中的最多最大的那些思想所带有的最多最清楚的诸特征而言的。所以，神的理智是最深邃的、最广泛的、最纯粹的(§637)。

## §866

神对自身的认知只能是最充分的(§865)。有关神的认知是**广义的神学**；研究神的自我认知的神学是**原型神学**[ἀρχέτυπος]——这是就有限者必定追求与此种神学类似的神学而言的(§346)。

## §867

表象着一切事物的神，把一切可能的世界呈现在自己面前(§864)。这是神的内在完满性(§37)，是其本质(§816)。

## §868

神最为明晰地认知了一切有限事物的一切本质(§864)。所以，就事物的本质在神的理智那里被表象而言，事物的本质依赖于神(§14)，并在神那里是永恒的(§849)。

## §869

神最为明晰地把一切可能的世界，因而也包括最好的**世界**(§436)和最不完满的**世界**(§442)以及我们这个**世界**呈现在自己面前(§867)。被感性地表象的世界是**可感觉的**[sensibilis][a]（可观察的）；被明晰地认知的世界是**可理解的**[intelligibilis][b]。神最为明晰地认知着我们这个可理解的世界。所以，神最为明晰地认知着我们这个世界上的一切单子及其心灵（§864）。掌握了关于人类心灵的最明晰的认知的人，是**心灵洞察者**[scrutator cordium]<sup>c</sup>。所以，神是心灵洞察者（§740），他洞察了单个的单子和心灵对可感觉的世界的表象（§400，741），而神对这种表象的洞察，实际上要比既定的单子或心灵对自身的认知或对它们自己关于世界表象的认知完满得多（§864）。

    <sup>a</sup> die Welt, als ein Schauspiel der Sinnlichkeit[作为感性舞台的世界]
    <sup>b</sup> die Welt, als ein Gegenstand des Verstandes[作为理智对象的世界]
    <sup>c</sup> Hertzens-Prüfer[心灵考察官]

## §870

神那里没有感性认知（§864，521），所以，神没有低级认知能力（§520）。没有什么东西对神来说是晦暗的或含混的，所以，不存在神对一个事物的认知比对另一个事物的认知更清楚的情况（§528）。神不注意，不忽略（§529），不反思，也不比较（§626）。

## §871

由于神最为明晰地认知了一切被标记的事物，所以他具有关于一切事物的直观（§620，864）。神也了解一切标记和一切关于世界上的心灵的象征性认知（§864，869）。但从不存在神对标记的知觉或大于或小于他对被标记物的知觉的情况（§870），他对两者的知觉始终都是最高程度的（§864）。

# 第一章 神的概念

### §872

神最为明晰地将一切关联呈现在自己面前(§864)。所以,神具有最高的理性(§640)。神的理性是最高的,因为他的理智是最高的,所以,他的理性是不变的,不带有任何一种推理序列(§865),其理性洞察了最多事物间的最大关联(§645)。

### §873

神的认知是最广泛、尊贵、精准(§864)和井井有条的(§822),不包含任何无知、错误、狭隘或肤浅。神的认知中没有什么杂乱的东西(§515),其认知是对一切真最为清楚和明晰的认知,因而是最确定的;在这种认知中,没有什么东西是晦暗的、含混的、不适当的、不全面的、不纯粹的、肤浅的、似是而非的、可疑的或难以置信的、死的、怠惰的或思辨的(§669,671)。神最为明晰地认识了一切确定的根源及其衍生物,以及两者间的一切关联(§864,872);所以,神的认知是最高的认知。神最为明晰地了解了心灵认知中的一切无知、错误、狭隘和贫乏的地方,以及这类认知中的一切粗糙、杂乱、晦暗、含混、不适当、不全面和不纯粹的地方,以及心灵在道德方面的一切确定性、似是而非、可疑、看法、争论、顾虑和怠惰无生气的思辨(§869)。

### §874

神知道(一)一切事物的一切规定性,就事物仅仅被视为可能的而言。这是**单纯智性的认知**[ scientia simplicis intelligentiae ][a]。

ᵃdie Wissenschaft des Möglichen［关于可能事物的知识］

### §875

神通过**自由认知**［scientia libera］ᵃ（视觉认知）而知道（§873）（二）（1）我们这个世界中的现实事物的一切规定性：α. 通过**神圣回忆**［recordatione divina］ᵇ 而知道过去的事物，β. 通过**视觉认知**［scientia visionis］ᶜ 而知道当下的事物，γ. 通过**先知**［praescientia］ᵈ 而知道将来的事物。**哲学上的苏塞纳斯主义**［socinianismus］取消了神对偶然的未来事物的先知，因而是错的。

ᵃdie freie Wissenschaft［自由知识］ ᵇdas Angedencken［记忆］ ᶜSehn［看］ ᵈVorhersehung Gottes［神的先见］

### §876

神通过**中间认知**①［scientia media］ᵃ 而知道（2）与我们这个世界不同的另一个世界中的现实事物的一切规定性。我们这个世界中任何一个事件的实存都能被另一个事件替代（§363, 324）。但任何一个此类事件在随后而来的世界的未定的一切状态中都具有一定程度上不同的诸后果（§488）。所以，哪怕我们这个世界上只有一个事件的实存被另一个事件取代，跟在另一个事件之后到来的所有状态，当然也包括在它之前发生的状态，也会使我们这个世界变成

---

① "单纯智性的认知"、"视觉认知"（即"自由认知"）以及介于两者之间的"中间认知"最早由西班牙耶稣会牧师、学者莫利纳（Louis de Molina, 1536—1600）所讨论。根据莱布尼茨在《神正论》（§39—43）中的转述，莫利纳认为在关于可能事物的单纯智性认知与关于现实事物的视觉认知之间，还有一种中间认知，即关于有条件的事物的认知。

第一章　神的概念

一定程度上不同于它所是的另一个世界(§357,278)。所以,神通过中间认知而知道能够取代我们这个世界中任何一个事件而实存的所有事件连同其一切后果(§378)。

ᵃ die mittlere Wissenschaft Gottes, oder dessen Einsicht bloss möglicher Welten[神的中间认知或其对单纯可能的诸世界的洞见]

§877

神对世界的当下状态始终有着最为明晰的意识(§875)。所以,神从不睡觉(§556)。§870也表明了这一点。与我们不同,神从不感觉(§870,544),他通过其卓越的视觉认知(§875)保持着清醒(§552,826)。

§878

神始终如其所能地表象着将来的事物(§875,843)。所以,当将来的事物变成世界中的当下事物时,神的认知中也没有因此而增加什么新东西(§161),尽管将来的事物从一个先知对象变成了一个视觉对象(§125)。神始终如其所能地表象着过去的事物(§875,843)。所以,在当下的事物变成过去的事物时,尽管当下事物从一个视觉对象变成了一个记忆对象,神的知识中也没有减少什么东西(§161)。神始终直观着我们这个世界的前后相继的一切状态(§875)。这样,神的认知的内在不变性就能够被设想了(§839)。

§879

能不犯错的人是**从不出错的**[infallibilis]ᵃ。所以,神从不出错

(§873)。不出错性是最小的,如果对一个人而言,把唯一一个最小的真与某个错误相混淆的不可能性是最小的。所以,如果一个人做到了不把越多越大的真与错误相混淆,如果这样的一个混淆的不可能性越大,那么,他就越是不出错的。所以,当我们把最大的不出错性赋予神时(§812),我们就是在把神尊崇为那种做到了不把最多最大的真与任何一种错误相混淆者。

a unfehlbar, unbetrieglich[从不出错的,不受迷惑的]

### §880

最小的确定性就是关于某个最小真的最不清楚的认知(§161)。越清楚越多越大的真被认识,确定性就越大(§160)。所以,当我们把最高的主观确定性赋予神时(§873,812),我们就是在把神尊崇为最为明晰地认识了最多最大的真的人。神也是客观上最确定的(§93,812),因为他的真是最高的(§822),因为其实存可以通过其本质,通过任何一个有限事物的实存来证明(§856)。

### §881

神的自由认知是其相对而言的完满性(§875,815)。由于神的自由认知绝对必然地是最真的(§879),所以,这种认知就把我们这个世界向神呈现为本身偶然实存着的世界(§361),因而绝对必然的是:神的自由认知只能是假定必然的(§102)。所以,神的自由认知是某种模态的类似物(§827)。

## 第一章 神的概念

### §882

**一般的智慧**[sapientia generatim][a]，就是对目的关系的洞察；**特殊的智慧**[speciatim][b]，就是对目的的洞察；**聪明**[prudentia][c]就是对手段的洞察。所以，神是最智慧的（§872）。当我们说神最智慧的时候，我们就是在把神尊崇为这样的人：他着眼于（1）最为可能的关联中的一切（2）质和（3）量的方面，（4）以最大的确定性和热情洞察了（§880，873）（5）一切目的、（6）手段（7）及其一切可能的关联（§343）。

[a] Weisheit überhaupt[一般的智慧]　[b] insonderheit[特殊的智慧]　[c] Klugheit[聪明]

### §883

神知道一切目的，因而他既知道最好的目的，也知道最坏的目的；他知道，哪些手段也可以成为其他目的的手段，因而，他知道一切目的之间的所有可能的从属关系或并列关系（§315）；他知道一切相对而言的终极目的和那个绝对终极的目的（§343）——神对这些目的的了解是按照其所有的好以及好的程度的；知道目的与手段之间一切可能的关联——对神而言，一个目的从来不会是看上去不同于其所是的东西（§879）；而与此同时神也知道，对认知着目的的所有心灵和单个心灵（§869）而言，目的看上去是怎样的。所以，关于最好的目的，神最清楚它们是最好的目的（§882）。

### §884

神知道一切手段，因而他也知道最好的手段（§882）——设定了最好的手段,最高的完满性也就被设定了(§187)。由于设定了手段,目的也就被设定了(§326,341)。所以,最好的手段从属于最好的目的。神知道最好的手段,知道它们何以从属于最好的目的,以何种方式、在多大程度上从属于最好的目的(§883)。

## §885

**确定的手段**(remedium certum)[a]就是那种事实上正如我们认知到的那样的一种手段;所以,这种手段与似是而非的手段,即只是看起来如此但实际上根本就并非如此或与其看起来的样子不一致的那种手段,相对立,与不确定的手段,即其真正的好或好的程度不确定的那种手段,相对立。最好的手段就是最确定的手段,这既是因为它不是似是而非的手段,也是因为关于它的好及好的程度,神具有最高的确定性(§882),尽管如此,神同时也洞察到心灵对这些手段的一切可能的怀疑(§869,873)。

[a] ein gewisses Mittel [一种确定的手段]

## §886

手段越富于成效,通过该手段达到的完满性就越大(§166,341)。所以,最富于成效的手段就是最好的手段,反之亦然(§187)。神知道最富于成效的手段(§884),知道最富于成效的手段具有怎样的成效(§882),知道一个既定的心灵会把怎样的成效归给这类手段(§873)。

# 第一章　神的概念

## §887

最好的手段是达成最好目的(§884)的充分手段(§886)。所以,最好的手段并非不充分的手段(§81)。假设最好的手段是过剩的,那么它就包含有一些对目的并无贡献的东西。这些东西因而并没有实现善(§341),但并非完全无成效的(§23);所以,这些东西是坏的(§146)。所以,最好的手段与最好的目的对等。神知道与最好目的对等的最好手段(§884)。确定的、对等的手段就是**充分地达成目的的手段**[ finem ex asse consequentia ]<sup>a</sup>。神知道充分地达成最好目的的手段(§885)。

<sup>a</sup> den Zweck völlig erreichen[ 充分地达成目的 ]

## §888

通过最少的手段充分地达成目的,是实现目的的**最短途径**[ via brevissima ]<sup>a</sup>。利用最好的手段就是采取最短的途径。于是,由于目的是通过充分地达成目的的手段来实现的(§887),这类手段中的每一个手段都是最富于成效的(§886),且不包含有任何多余的东西(§887),所以,这类手段是尽可能地少的(§161)。神知道所有最短的途径(§887)。

<sup>a</sup> der kürtzeste Weg[ 最短途径 ]

## §889

**全知**[ omniscientia ]<sup>a</sup>就是对所有事物的知。神是全知者(§873)。当我们这样来称呼神时,我们就是在把神尊崇为§863—888所刻画的那种东西。

[a] Allwissenheit [全知]

## 第三节　神的意愿

### §890

神最为明晰地直观着一切事物的一切完满性或不完满性（§889，871）。神中的任何东西都是某种最高根据（§23，812）。所以，神对完满性或不完满性的直观是最富有生气的（§669，873）。所以，神具有最大的（§812）愉快和不愉快（§655）。

### §891

神的愉快和不愉快无不是最真（§880）、最明晰（§870）、最理性的（§822）；神从来都不是完全漠然的（§653）或对某事物在一定程度上是漠然的（§654）；神没有感性的愉快或不愉快（§656），没有感性的欲求或厌恶，没有盲目的冲动或反感（§677），没有激动（§678），也没有似是而非的愉快或不愉快（§655）。

### §892

由于神把自己最为明晰地直观为善的，直观为至善者和最神圣者（§866，828），所以，神最纯粹的愉快是从自身汲取的（§661）。这是神自身中的最高的怡然宁静（§682）。原型神学是最怡人的（§866）。神并不从他物那里获得纯粹的不愉快（§891，661）。他所有的愉快和不愉快都是恒久不变的(§839)。所以神不知道转瞬即逝的愉快或不愉快(§662),没什么东西对神而言是令人厌烦的(§658)。神的最大不愉快也不会以任何一种方式使其最大的愉快变得黯淡(§870),没有什么神之外的东西能实现神的愉快或不愉快(§851)。

## §893

神具有关于我们这个世界的自由认知,因为要么根本就不可能有关于世界的自由认知,要么有的本可以是关于另一个世界的自由认知(§881)。而关于我们这个世界的自由认知,神唯有通过自己的力才能获有(§851, 197)。所以,神决定自己的力去实现的并非不是关于世界的自由认知,也不是关于另一个世界,而是关于我们这个世界的自由认知。所以,神有所欲求,有所厌恶(§663)。不过,神并不感性地欲求或厌恶(§891);他的欲求和厌恶是遵循其认知的(§668, 822)。所以,他有所愿,有所不愿,他具有最高的(§812)意愿和不愿(§689),也即最完满地遵循着其最高的全知的意愿和不愿(§668, 889)。

## §894

**意愿和不愿**如果遵循理智的数学认知,换句话说,如果意愿和不愿根据明晰地认识到的欲求对象的好的程度或厌恶对象的不完满程度来欲求或厌恶,那么,意愿和不愿就是**与理智相适的**[ porportinalis intellectui ][a]。如果意愿或不愿把事物确定为其实际那样或好或坏的东西,那么,意愿或不愿就是**与对象相适**

的[proportionalis obiectis]ᵇ。所以，神的意愿或不愿具有最高的(§812)相适性(§893)，因为神的意愿或不愿遵循着有关完满性程度和不完满性程度的最为明晰的、从不出错的认知(§879,883)。

<sup>a</sup> Wollen und Nicht-Wollen, so der Einsicht des Verstandes[与理智的洞见相适的想要和不想要] <sup>b</sup> so den Gegenständen angemessen[与对象相适的想要和不想要]

## §895

只要神有所意愿(§893)，神就是活动着的(§210)。神的一切活动都可以是(§833)，事实上也正是(§851)基于神这个活动者的内在而充分的根源的。所以，神及其活动具有自发性(§704)，也即最高的自发性(§812)，因为这种自发性对最多最大的诸活动而言是充分的(§706,832)。神的这些自发性程度最高的活动要么是内在的，要么是跨界性的(§211)。

## §896

神不受内在的绝对强迫(§710,702)和物理强迫(§710,859)的束缚，也不观念地或实在地受外在的强迫的束缚(§707,851)，同样也不受道德强迫(§723)或一定程度上由暴力(§714)、诱惑、威胁、劝谏、劝阻或勒索(§728)所驱使的动机(即做不情愿做的事情的动机)(§726)的束缚。

## §897

一切活动都处于神的掌控之下(§708,859)。所以，如果某

## 第一章 神的概念

个活动及相反的活动都是本身可能的(§15),也即,如果某个活动是本身偶然的(§104),并因而有着一个本身同样偶然的相反活动(§104),那么,这两个活动也都处于神的掌控之下。所以,一切本身偶然的活动,就其实施而言,都是听凭神的,都是对神来说无所谓的东西(§708),因为在神的眼中,两者在物理方面的可能性程度都是最高的(§844)。所以,就实施而言,这个或另一个宇宙,抑或根本就没有宇宙这回事,都是听凭神的(§835)。就活动的实施而言,实现的是一个好的世界,还是一个最不完满的世界,对此,神过去是、现在是将来也是无所谓的(§849)。

### §898

由于神是依据自己的喜好(§893,712),也即依据最明晰的喜好(§893)来决定其活动的,所以神具有自由(§719),也即具有最高的自由(§812),也就是说具有按照最明晰的喜好来实现最大最多活动的自由(§725)。**宿命论**取消了神的自由,因而是错误的。

### §899

神最为自由地意愿着(§898),所以,神意愿善(§719,665)。神最为自由地厌恶着(§898),所以,神厌恶恶(§719,665)。意愿,也即对善的爱,憎恶,也即对恶的不愿,在神之中是无限的(§844),也即(1)广泛的,就神爱着一切好的事物并憎恶一切坏的事物而言(§898,889),(2)持久的,就神的爱和憎是永恒的而言(§849),(3)强烈的,就其爱憎是最为恰当的而言(§894)。因为神那里不可能存在死的或仅仅思辨的认知(§873),所以神的意愿和不愿是广泛无限的，并指向：(1)单纯智性的一般对象，也即为我们揭示了概念的那种东西，以及神不可能完全不在乎的对象的一切好和坏(§891)；(2)中间认知的对象，另一个宇宙中的现实事物；(3)自由认知的对象(§874-876)。就神欲求自由认知的对象而言，也即，就其欲求我们这个宇宙中的现实事物而言，**神的意愿**是**跟后的**[consequens]<sup>a</sup>；就其意愿指向的是另一个宇宙中的一般事物和现实事物而言，其意愿是精简意义上的(§826, 695)**先行的**[antecedens]<sup>b</sup>。前一种意愿是有效果的，两种意愿都起作用，而先行的意愿之所以是起作用的，不仅仅因为它是严肃的，也因为它是做决定的动机(§675)。

<sup>a</sup> der nachfolgende[神的跟后意愿]　<sup>b</sup> der vorhergehende Wille Gottes[神的先行意愿]

### §900

**意愿**是**不可探究的**[imperscrutabilis]<sup>a</sup>，如果其推动因是无法把握的话。神的意愿的推动因就是神最为明晰的喜好(§898)，因而也就是我们无法把握的(§862)神的某个内在完满性(§37)。即便一定程度上明晰地了解了神的一定动机的人，也探究不了神的意愿(§862)。所以，即使力求对神的动机获得某种理解的人，也不会认为神的意愿对他来说是可探究的(§664)。一定意愿的推动因越多，越不能被充分地认知，该意愿就越不可探究(§160)。因而，由于神的意愿被说成是对我们而言最不可探究的(§812)，所以我们知道，(1)神的绝大多数动机都是不能被充分地认知的，(2)其中的任何一个动机都不是我们能把握的(§862, 898)。

## 第一章 神的概念

[a] ein unausforschlicher Wille［一个不可探究的意愿］

### §901

自由活动与其根据的一致性，因而也就是与道德（§723）法则（§83）的一致性，就是该**活动的正当性**［rectitudo］[a]；所以，就神的一切活动都是最为自由的（§898，725），并且与道德上（§723）最好东西（§822）的法则最为一致（§176）（最好的东西与最好的东西自由地相连）而言，神的活动是最正当的。神的意愿具有最高的正当性（§899）和道德（§723）神圣性（§828）。

[a] Richtigkeit einer Handlung, oder Gesetzmäßigkeit［行动的正当性或合法性］

### §902

神最为自由的活动不是绝对必然的，只要对立的活动是本身可能的（§102）。神的所有跨界到世界中的活动（§854，211），都有一个本身可能的对立面（§361），因而都不是绝对必然的。而由于最为自由的神的一切活动的对立面都可以通过神的全能而实现（§897），所以，神的一切活动，因而也包括神对世界采取的活动，对神而言，都不是物理上必然的（§469，859），也并非好像某个活动的对立面由于自由而变成了对神来说不可能的东西那样而是道德上必然的（§723）。但由于神的最高自由总是最为正当地做出决定（§901），所以，神的一切活动都是道德上必然的，因为其活动在道德上是最神圣的（§723，724）。

## §903

**善良**［bonitas］<sup>a</sup>（仁慈）就是决定为他人做好事的意愿。**善行**［beneficium］<sup>b</sup>就是出于善良、对他人较为有益的行为。最小的善良应是最小的意愿倾向或意愿禀赋，即只是为一个最少荣誉的最小事物带来唯一一个最小的好处（§161）。所以，善良越是想为更光荣的更多事物带来更多更大的好处，善良就越大（§160）。善行就是较大的好处（§336，187）。

<sup>a</sup> Güthigkeit［善良］　<sup>b</sup> Wohlthat［善行］

## §904

神意愿对他人行善（§903，899），所以，神是最（§812）善良的（§903）。当我们说神是至善者时，我们就是在把神尊崇为这样的存在物，即，他无限地、永恒地（§899）、不变地（§839）喜欢对最多最光荣的事物施以最大的善行（§903）。

## §905

对人的爱是**爱人**［philanthropia］<sup>a</sup>；如果这种爱也想获得被爱者相应地回馈的爱，那么这种爱就是**爱的追慕者**［zelotypia］<sup>b</sup>；神的这种爱以及仁慈、厚爱、善意、和善是普遍的和最高的（§684，904）。此外，由于持续而强烈的爱是**可靠的**［fidelitas］<sup>c</sup>，所以，永恒而无限地爱着的神是最可靠的（§904，812）。

<sup>a</sup> Menschen-Liebe［对人的爱］　<sup>b</sup> Liebes-Eifer［爱的追慕者］　<sup>c</sup> Treue［可靠］

## 第一章 神的概念

### §906

对人或精神实施的相应的善良就是**正义**［iustitia］[a]（参见《伦理学》，§317）。最小的正义应是最小的善良——最小的善良遵循的是最不清楚、最不确定、最没活力的数学知识（§903，161）。所以，善良（1）越是强烈地喜欢按照在人类精神中被认识到的完满性或不完满性的程度而（2）为越多的人做出（3）越多（4）越大的善行，该程度（5）越清楚、（6）越确定、（7）越炽热地被认识到，那么，正义就越大（§903，160）。神是最（§812）正义的（§904，894）。当我们说神是最正义的，我们就是在崇敬神的最高最恰当的（§894）善良（§904），即依据自己掌握的关于诸单个精神那里呈现出的完满性和不完满性的程度的那种最为明晰的、从不出错的和最富活力的知识而最为乐意地为最大多数的人去做出最多最大的善行。

[a] Gerechtigkeit［正义］

### §907

**报酬**［praemium］[a] 是偶然的善，它是基于某个人的道德善而判给这个人的。给予报酬体现的正义叫**报酬正义**［remuneratoria］[b]；当我们惊叹于这种报酬正义为了所有精神的一切（也包括最小的）道德福祉而被赐予所有人时，我们就是在崇敬神那里的最高的报酬正义（§906，812）。

[a] eine Belohnung, Lohn［报酬］  [b] Belohnungs-Gerechtigkeit［报酬正义］

### §908

**惩罚**［poena］[a] 是偶然的坏，它是基于某个人的道德恶而施加给这个人的。有些**惩罚**完全可以从罪责的本质和犯罪者的本性来理解，正如某些**报酬**完全可以从道德善的本质和行善者的本性来理解一样，这类惩罚和报酬是**自然性的**。有些**报酬**又完全可以只从给予报酬的他人的任意来理解，这类报酬是**任意的**[arbitraria][b]。有些**惩罚**也完全可以只从实施惩罚的他人的任意来理解，这类惩罚是**任意的**[arbitrariae][c]。

[a] Strafe[惩罚]　[b] willkührliche Belohungen[任意的报酬]　[c] Strafen[任意性的惩罚]

### §909

道德上作恶的人就是**罪犯**[peccator][a]。谁不为道德之恶，那么，就道德而言，谁就是**广义的无罪者**[innocens latius dictus][b]（无辜的）（参见《伦理学》，§319）。在相同的前提下，罪犯并不像无罪者那样善（§187），因而也不像无罪者那样受到相应的善良的垂爱（§906）。所以，神想对无罪者施以一定的善行，神不想把善行赐给罪犯（§904）。神对罪犯不能被赐予的善行并不是无所谓的（§891），所以，神按照自己最为明晰的喜好而拒绝把善行赐给罪犯（§898, 669）。所以，神想赐予罪犯的是这类善行的反面（§663, 690）。善行的反面就是恶（§81, 903），是偶然的恶（§146）。所以，由于罪犯的道德之恶，神想把偶然的恶，也就是惩罚带给他（§908）。

[a] ein Sünder[罪犯]　[b] der Unschuldige in weiterer Bedeutung[广义的无罪者]

## §910

施以惩罚所体现的正义叫**惩罚正义**[iustitia punitiva]ᵃ（报复性的、复仇性的、惩罚性的正义，复仇女神）。神具有惩罚正义（§909），也即最高的惩罚正义（§812），因为神做好了一切准备，最为恰当地去惩罚一切罪犯的一切罪行（§906）。**哲学上的迪佩尔主义**[1]取消了神的惩罚正义，因而是错误的。

## §911

自然性的报酬的反面是自然性的惩罚，任意的报酬的反面是任意的惩罚（§908）。所以，神的报酬正义赐予人任意的报酬，其报复性的正义对人施以任意的惩罚（§907，909）。没有任意，罪犯的本性就会缺乏充分的根据——就此而言，自然性的惩罚本身也是任意的（§908），自然性的报酬亦是如此。

## §912

在精神之外出现的幸运或不幸的诸原因的集合叫做**好运或厄运**[fortuna bona et mala]ᵃ。运气所实现的是**运气情况**[fortuita]ᵇ，也即偶然的运气情况（§147，787）。一个精神因自身道德良好而被赐予的那种善是报酬（§907），这种善不以神的任意来加以解释就不能被充分理解（§854），这种善是任意的（§908）。一个精神被施加的偶然恶叫做**不幸**[infortunia]ᶜ。一个精神因为道德丑恶而被施以

---

[1] 约翰·康拉德·迪佩尔（Johann Konrad Dippel, 1673—1734），德国神学家、炼金术士、解剖医学家，无意中合成了普鲁士蓝，由于他在人的尸体上进行重生的实验，因而人们也称之为"弗兰肯斯坦"（Frankenstein），意为"科学怪物"。

的不幸叫做惩罚，惩罚不以神的任意来加以解释就不能被充分理解（§854），惩罚是任意的（§908）。

ᵃ gutes und böses Glück［好的或坏的运气］ ᵇ Glück-Fälle［运气情况］
ᶜ Unglücks-Fälle［不幸的情况］

## §913

神奇的超自然的报酬和惩罚，从神的全能来看（§833，834），是本身可能的（§475），也是假定可能的（§860），是任意的（§908，898），但并非唯一的（§911，912）。

## §914

一个**事件**中的所有本身实在和肯定的东西，叫做该事件的**远质料**［materiale remotum］ᵃ，其完整的规定叫做它的**近质料**①［materiale proximum］ᵇ，而有限事物具有的一切对该事物来说否定性的东西则叫做该事件的**形式性方面**［formale］ᶜ。所以，恶，因而也包括惩罚（§908），要么是同时从质料和形式两方面来看待的，并且精确地或形式性地来看，恶和惩罚就像一切有限事物那样，一定程度上是好的，一定程度上是坏的（§264）；就恶和惩罚是好的而言，

---

① 一般认为，在亚里士多德那里（*Metaphysics*., H4.1044a15–25），"远质料"（materiale remotum）指构成事物的元素（水、火、土、气），"近质料"（materiale proximum）指构成事物的具体材料（比如木料、石料、金属材料等）。在阿奎那那里（*Summa Theologica*, I, 75, 4, c），近质料是事物的构成材料（比如木料、石料、金属材料等），远质料则指事物的生发质料，比如，树的近质料是木质，但树是从种子生发而成的，因而种子是树的远质料。由于远质料很多情况下就是无规定但可规定的第一质料（即第一物质），近质料在此情况下就相当于第二质料，是事物的具体实现或呈现的方式，所以，在鲍姆加通这里，近质料被视为事物的具体规定性。

恶和惩罚被神无限地爱着；就其是坏的而言，它们被神无限地憎恶着(§899)。恶和惩罚要么鉴于其远质料而只从质料方面来看待，因而是肯定的和实在的，它们只是神所爱的对象；它们要么鉴于其近质料而只从形式方面来看待，因而无非是狭义的单纯否定或缺失(§137)，无非是神所憎恶的对象(§899)。

    a das bejahende［肯定性的东西］ b die gänzliche Bestimmung［整个规定性］ c der mangelhafte Schrancken einer Begebenheit［既定物的缺陷、局限］

## §915

通过惩罚正义(§910)，神想要的是惩罚的远质料以及近质料中的那些具有实在性的东西，神不想要形式性的东西(§914)。而由于这一点，即惩罚发生在罪犯身上，而不是发生在其他人身上，也就是发生在罪有应得的人身上，就是实在性，(§36, 909)。所以，神想要的是这种实在性(§899)。所以，我们需要从缺失和肯定这两个方面(§525)对各种偶然的恶之间的区别(§146)、因而也包括对各种惩罚之间的区别(§908)以及对各种罪犯之间的区别(§788)做出进一步的判断。

## §916

**宽容**［longanimitas］a (公正的耐心)就是那种只在看起来最适合的场合下才实施惩罚的正义。神从不犯错地知道一切最适合的惩罚场合(§889, 879)，所以，神也最为恰当地(§894, 914)想要任何一种惩罚的近质料，因为这种质料是一种实在性(§36)。所以，神是最宽容的。

ᵃ Langmuth, und richterliche Geduld［宽容和公正的容忍］

## §917

**不偏袒**就是厌恶基于似是而非的刺激来做决定。在神那里，刺激从来都是不可能的（§898），更不用说似是而非的刺激了（§889，12）；由于神那最神圣的意愿厌恶刺激，厌恶基于刺激来做决定（§902），所以，神是最不偏袒的。

## §918

不偏袒的正义就是**公平**［aequitas］ᵃ。神是最正义的（§906），最不偏袒的（§917），也是最公平的。

ᵃ Billigkeit［公平］

## §919

**真诚**［sinceritas］ᵃ 就是神表达其意图时的善良；神具有最高的（§812）真诚（§904），因为神最乐意于用他那最高的智慧所建议的最合适的标记来标示自己在一切事物中的意图（§884-888）。

ᵃ Aufrichtigkeit［正直］

## §920

**诚实**［veracitas］ᵃ 就是说话时的真诚。由于神的智慧断定，其意图最好是通过言语来表达，所以，神是最诚实的（§919）。

ᵃ Wahrhaftigkeit[真实]

### §921

最小本性的最短持存应是最小的生命。本性越大，其持存越长，生命就越大，直至最完满的本性的最长持存中的最大生命（§430，161）。最高的生命必须被归给神（§859，850）。

### §922

由于神的最大生命是绝对必然的（§921），因为最大生命是神的本质（§816）和实存（§823，780），所以，神不仅是不朽的，而且唯独他才具有绝对的不朽性（§781）。

### §923

神的最高道德完满性（§806，859）因神的最高正当性（§901）而与最高的形而上的和物理的完满性相联系；由于神最为明晰地意识到这些完满性（§866），所以，神享受着最高的愉快（§892），是最有福的（§787）。

### §924

神是最（§812）幸福的（§923，787），(1) 因为神不仅远离一切道德腐朽和不幸（§813），而且，从物理（§859）或道德（§902）方面来说，神也根本不可能带有这些东西；(2) 因为他是独立自依的（§851）；(3) 因为他在他的善以及对善的直观不发生任何改变的情况下就已然是最幸福的（§839）。

## §925

比另一个存在物更完满的某个存在物，也就比另一个存在物**更高**[ superius ]ᵃ。神是最高的精神（§889，796），是**高于世界的存在物**[ ens supramundanum ]ᵇ，就他具有比任何一个世界哪怕最好的世界（§361，843）的完满性都更大的完满性而言。由于诸多的相互外在的最完满的存在物是不可能的（§846），所以，神是绝对最高的存在物。

ᵃ etwas höheres[ 某种更高的东西 ]　ᵇ etwas über die Welt erhabenes[ 某种高于世界的东西 ]

# 第二章　神的作为

## 第一节　创世

### §926

效果因实现的是效果(§319,210)。神是我们这个宇宙的效果因(§854)。所以，神要么是从永恒中创造出我们这个宇宙的，也就是说，我们这个世界是没有开端的，要么是在时间中，也即并非从永恒中创造出我们这个宇宙的(§10)。但无论哪种情况，世界的任何一个部分都不可能先于世界而实存(§371,394)。所以，无论哪种情况，世界都是从无中被实现出来的(§228)；从无中把世界实现出来的是神(§854)。从无中实现出某种东西，叫做**创造**[creare][a]。所以，神是我们这个宇宙的创造者。

[a] erschaffen[创造]

### §927

倘若**创造凭借的是流溢**[emanationem][a]，那么，宇宙就应当是从神的本质那里实现的；而这样的一种创造就意味着：(1)世界不是从无中被创造出来的(§926)，但这与§926相悖，因为神的本质是必然的存在物(§109,816)；(2)或许，神的整个本质或者其本质的某个部分被转变成了宇宙(§370)，但这与§839相悖；(3)或许，神的某个部分处于神之外(§388)，神因而是复合的(§225)，但这与§838相悖。再多的情况都只表明，凭借流溢的创造是不可能的(§7)。

<sup>a</sup> die Schöpfung durch einen Ausfluss［凭借流溢的创造］

### §928

我们这个宇宙中的一切单子都是有限的存在物(§396)，因而都是依赖于他物的存在物(§308)，并且只能是从无中被实现出来的(§229,236)。所以，我们这个宇宙中的一切单子都是被创造的(§926)。唯有通过创造才能实存的存在物，就是**被造物**［creatura］<sup>a</sup>。所以，我们这个宇宙中的所有单子都是被造物，也即神创造的东西(§381,854)。我们这个宇宙中的任何一种实体性的东西，都是神创造的东西(§396)。

<sup>a</sup> ein Geschöpf［被造物］

### §929

我们这个宇宙中的一切精神(§404)、人的心灵(§744,741)，以及我们这个世界的一切元素，都是神创造的东西(§928,423)，都是通过同时性的(§238)、瞬间的(§299,228)创造而被实现的单个东西。由于我们这个世界中的物体是元素聚集体(§155,420)，所以，物体中的一切实体性的东西，无论它具有多少凭借自身而持存的部分，都是神创造的东西（§928）。

## §930

不能不作为他物的结果而实存的东西，也不能不作为他物的结果而持存（§299）。所以，世界及其一切部分都不能不作为依赖于他物的存在物而持续（§928，375）。所以，在被造物中实现某种独立持存的那种创造是不可能的，这种创造也不是神的全能的对象（§833）。创造我们这个宇宙是可能的（§926，57）。所以，通过创造我们这个宇宙，并没有什么独立的持存在我们这个宇宙中被实现。

## §931

不属于世界的实存和世界的实体性部分的东西，也就不是被创造的（§926）。而由于被造物的本质，因而也包括其形而上的恶（§146），实际上并不属于被造物的实存（§132，134），所以，被造物的本质及其形而上的恶不是被创造的，除非人们能够在不违背§926的前提下把某个现实的被造物的一切规定性都说成是被创造的。

## §932

并不存在我们这个宇宙，或者根本就不存在任何一种宇宙——这本身是可能的（§370，361）。一切本身可能的东西，对神而言也是可能的（§859）。所以，神凭借其全能本可以不创造我们这个宇宙，或者本可以创造出其他的宇宙来——倘若其他的宇宙实存，我们这个宇宙就不会实存了（§379，926）。但神凭借其最高的自发性（§895），通过自由地实施的创造活动（§897）创造了我们这个宇宙，而无所受动（§851）。所以，神最为自由地创造了我们这个宇宙（§898）。

### §933

神最为自由地创造了我们这个世界（§932）。所以，神想要创造我们这个世界（§893），神的意愿是有效果的（§671），因而也是充分的，因为神从不犯错（§879），所以，神的意愿实际上是出于充分动机的。所以，神做出了去创造我们这个世界的决定（§695），神的这个决定在任何一种意义上都是有效果的（§675）。

### §934

神以其最为恰当的意愿（§894）而决定创造我们这个世界（§933）。所以，神是依据在我们这个世界中被认识到的善良程度来决定我们这个世界的实存的（§926）。神按照自己最为恰当的意愿而决定不让任何其他的世界成为实存（§379）。所以，神在任何其他世界的实存中认识到的善良程度都没有他在我们这个世界的实存中认识到的高（§70）。而神的认知又是最明晰的和最不可能出错的（§879），所以，优先于任何其他的世界而被选择的我们这个世界的实存（§697），是所有可能的世界的实存中最好的世界的实存（§187）。

### §935

设定了我们这个世界的实存，也就设定了一个世界能够具有的最高完满性(§187,934)。具有一个世界能够具有的最高完满性的世界,就是最完满的世界(§185)。所以,我们这个世界是一切可能世界中最完满的世界。

### §936

我们这个世界具有一个世界能够具有的最多最大的诸部分,具有一个世界能够具有的最大的一致性(§436,935)。我们这个世界是最广泛、最持久和最厚实的世界(§437),尽管它在实在性方面是有限的,但在许多其他方面,它却可以被称为无限的(§440);它是最好的世界(§443),在它之中,存在着最大的普遍关联(§441)和秩序(§444)以及一个世界能够具有的那种最大的和谐(§462)。

### §937

假设,在完满性上与我们这个世界完全相等的某个世界处于我们这个世界之外——因为否则的话,它就成了我们这个世界的一个部分(§354,155)。我们这个世界的完满性不能位于我们这个世界之外,某个同样完满的世界的完满性也不能位于它自身之外(§194)。所以,假如那样的一个世界是可能的,那么,就会有两个相互外在的、实存着的、完全相等的完满性,但这与§272相悖。所以,最完满的世界只有一个(§77)。

### §938

我们这个世界是最好的世界,这一点我们是能够确定的(§935,936)。所以,这并不是什么哲学上的假设。要求对此进行后天证明的人，要么在"后天的证明"之下理解的是某种以直观判断作为其前提条件的证明，某种他在§933中可以找到的证明——作为该小节前提条件的直观判断说的就是"我们这个世界实存着"，要么就是在要求对我们这个世界与另一个较差的世界之间的区别进行经验，因而也就在要求自己被放置在我们这个世界之外（§548），要求一种神奇的出世[①]啊（§552）！

### §939

神创造的一切东西都是神想要创造的（§932）。由于神实际上绝对不会想要偶然的恶、尤其是道德恶所带有的那种形式性的东西（§914），所以，神并不想创造这类东西（§926）。就形式方面来看，神不是任何一种偶然恶的创造者，因而也不是任何一种道德恶的创造者。

### §940

**创作者**[ auctor ][a]是自由活动的原因，活动及其结果是创作者的效果或**作为**[ facta ][b]。由于神最为自由地创造了世界（§932），所以，神是创造活动的创作者和这个世界的创作者。神只是他想创造的东西的创作者（§719,891）。由于神不想要偶然的恶及罪责中的形式性的东西（§914），所以，从形式性的方面来看，神不是偶然的恶或罪责的创作者。**狭义的道德原因**[ causa moralis stricte dicta ][c]

---

① ecstasis 本义为走出自身之外，指灵魂出窍般的心醉神迷状态，故在中文语境中一般又译为"迷狂"。

就是这样的一种创作者，这种创作者凭借的是他人的自由决定，为此他诱惑、威胁、劝谏、劝阻或勒索他人（§728）。由于狭义的道德原因是一种创作者，所以，从形式性的方面来看，神并非什么罪责或偶然恶的狭义的道德原因。

[a] Urheber［创作者］　[b] sittliche Thaten［道德作为］　[c] ein sittliche Urheber［一种道德上的创作者］

### §941

谁就形式性的方面而言实现了某种道德恶的推动因，谁就是**恶的诱导者**［tentator ad malum］。假如神，从形式性的方面来看，实现了某种道德恶的推动因，那么，他就成了狭义的道德原因。所以，神从来都不是恶的诱导者（§940）。

[a] ein Versucher zum Bösen［恶的诱导者］

## 第二节　创造的目的

### §942

一个人具有的较大完满性被认可是一种**荣耀**［honor］[a]。较大的荣耀就是**声誉**［gloria］[b]（参见 §684）。所以，神的声誉就是关于他的最高完满性的较大认知。一个人具有的完满性越多越大，因而也即越清楚、越确定、越炽热、越真、被越多的人认识到，此人的声誉就越大（§160）。所以，神的最高声誉就是绝大多数人在神的最多最大的完满性方面达到的那种最清楚、最真、最确定和最为炽热的认知（§161）。神的声誉是一种善（§866）。

ᵃ Ehre［荣耀］　ᵇ Preis［赞美］

## §943

通过我们这个世界，神的最高完满性能够被较为清楚、正确、确定和炽热地认知(§333，375)。所以，能够从我们这个世界这里辨识出神的声誉的人，对神的声誉是有用的(§336)。这种有用性是通过创造世界以及创造出该世界中的一切精神而实现的(§926)。所以，对创世者而言，宇宙在实现其声誉——他最为明晰地认知到声誉是好的(§889，942)——方面是有用的。所以，神在创造时是有目的的(§341)。

## §944

神按照自己对目的关联的最高认知而创造了世界(§943)，因而也就是最为智慧地创造了世界(§882)。所以，在对最好世界的创造中，神知晓并实现了(§894)在该世界中处于最完满的并列关系或从属关系中的(§883)一切最好的目的以及达到这些目的的最好(§884)、最确定(§885)、最富于成效的(§886)一切手段，即通过最短的途径(§888)充分地(§887)达成目的的手段。再次变得清楚的是，从形式性的方面来看，神并没有创造偶然的恶(§146，914)。

## §945

在创造世界的时候，神的目的并不是他的什么内在完满性。实际上，通过世界来实现某个完满性或使完满性增多是不可能的(§851)，而神并不想要不可能的东西(§891，893)。由于存在的一切事物，除了神之外，都是世界或世界的部分（§846，354），所以，神在创世之时的目的乃是被造物的完满性（§928）。

### §946

神在创造宇宙时的目的是被造物在最好的世界中能够具有的那种尽可能大的完满性（§945，944）。所以，被造物的一切有用性（§336），及其一切运用（§338），都是神的目的（§944）。关于就被造物而言的神的目的的科学，是**目的论**——就物体方面而言的目的论，是**物理目的论**，从精神方面来展示目的的目的论，是**精气目的论**。

### §947

精神出于神的声誉这一动机而做出的一个善的决定，就是**对神的声誉的赞颂**［illustratio gloriae divinae］（礼拜）［cultus dei］[a]。神的声誉以及对其声誉的赞颂就是**宗教**。由于神的声誉对礼拜是有用的（§336，712[①]），而声誉和礼拜对宗教是有用的（§336），所以，创造的目的就是礼拜和宗教（§942，946）。

[a] Verherrlichung Gottes, Gottesdienst［颂扬神，礼拜神］

### §948

精神的康乐、福祉或幸福对神的声誉（§787，942）及其赞颂，对宗教（§947，336），是有用的。所以，精神在最好的世界中能够

---

[①] 对§712的指涉是成问题的。——德译注

具有的那种尽可能大的康乐、福祉或幸福,就是创造的目的(§946,942)。

### §949

一切被造物,无论就其作为目的还是作为手段来看,都对神的声誉有用,而神的声誉对神的声誉的赞颂有用(§943,947)。所以,在创造活动中,宗教的一切附带目的都从属于宗教(§315,947)。所以,宗教是创造的最终目的(§343)。

## 第三节　操持

### §950

我们这个世界持存着(§299),但没有任何一个时刻是以独立的方式而持存的(§930)。所以,如果没有外在的原因造就了我们这个世界,那么,我们这个世界就片刻也不能持存(§307)。所以,在我们这个世界每一片刻的持存中,世界之外的某个力都在促成着其持存(§210)。这个力就是神(§855,839)。所以,在宇宙每一片刻的持存中,神都在促成宇宙的持存。对持存的促成就是**维持**[conservatio][a]。所以,神是我们这个宇宙的维持者。

[a] die Erhaltung[维持]

### §951

维持是神的持续的影响(§950,895),一种实在的影响(§212),

因为有限事物不能对自己的实存发生影响。创造活动就是这种影响（§926）。所以，把维持说成是持续的创造活动并不错。

### §952

并非被创造的事物，也不会得到维持（§950，926）。所以，从形式性的方面来看，无论是事物的本质，还是有限事物的形而上的恶（§931），无论是偶然恶的形式性方面，还是道德恶，都没有得到神的维持（§939）。

### §953

唯有通过创造才能实存的东西，亦只有通过维持才可持存（§950，926）。由于我们这个世界中的一切单子以及实体性的东西，都是神创造的东西，所以，我们这个世界中的一切单子和实体性的东西在它们的每一片刻的持存中都是由神来维持的（§928）。

### §954

由于除了神以外的一切效果因，我们这个世界中的一切实体（§319，846），都从属于神（§928），所以，神是绝对的第一效果因，其余的一切效果因都只是第二性的（§315，28）。由于有限实体的一切主动同时又都是由对它有影响的其他有限实体（§451）带来的受动，所以，在有限实体的一切活动中，神作为效果因都间接地参与其中（§314，320）。但由于有限实体对于其他有限实体的一切受动同时又都是该有限实体自己的主动（§463），所以，不仅在有限实体主要被视为主动的情况下，同时也在它们被视为受动的情况下，神——神于有限实体发生变化的正当时，通过维持而实现了有限实体的变化及其力的充分根据（§953）——都作为效果因而直接地参与着有限实体的一切活动（§320）。这是因为神的活动伸展到了有限实体的当下实存中（§210，55）。

### §955

神的直接参与就是神的在场（§223）。所以，神对我们这个世界中的一切实体而言都是最高程度地在场的（§954）。对一切实体或实体部分而言都是最高程度地在场的东西，被称作对这些事物而言**亲密地在场的**[intime praesens]ᵃ东西。由于神对我们这个宇宙中的物体的所有实体性部分而言都是最高程度地在场的（§421），所以，神对我们这个宇宙中的一切物体而言都是亲密地在场的。

    ᵃ auf das genaueste gegenwärtig [最为精确地在场的]

### §956

神对我们这个世界中的一切单子而言都是最高程度地在场的，对一切物体而言都是亲密地在场的（§955）——这是就每一片刻以及被造物的一切活动而言的（§954）。所以，神是永远在场的。

### §957

哪里有神，神在哪里就是完整的和不可分的（§842），所以，这既是就实体也是就本质而言的（§830，816）。所以，就实体和本质而言，神对我们这个世界中的一切单子和物体来说都是在场的（§955）。

## §958

在我们这个宇宙中的力的活动中对力的维持，是**神的物理参与**。因为这种参与伸展到单个实体的单个活动中，或者，就这种参与伸展到单个实体的单个活动中而言，这种参与被称为**一般性的** [ generalis ]ᵃ（普遍的）。

ᵃ die allgemeine Mitwirkung Gottes [ 神的一般性的参与 ]

## §959

神的一切参与都是自由的（§932）。所以，倘若神就形式性的方面来看果真参与了某种恶的活动，那么，他就本应是这种活动的创作者（§940）。所以，神在物质方面（§958）参与了一切物理上的和道德上的恶的活动，但在形式方面却并没有参与其中（§940）。

## §960

对狭义的道德原因的参与就是**道德参与** [ moralis ]ᵃ。神实现了礼拜的动机，所以，神在道德方面参与了我们这个宇宙中的某些活动。从属于一般性参与的神的道德性参与是**特殊的参与** [ specialis ]ᵇ。所以，神以特殊的方式参与了我们这个宇宙中的某些活动。

ᵃ die sittliche [ 伦理参与 ]  ᵇ die besondre Mitwirkung [ 特殊的参与 ]

## §961

神不是恶的诱导者（§941）。所以，神在道德上并不参与道德上恶的活动的形式性方面（§941），因而也不以特殊的方式参与其中（§960）。

## §962

从属于特殊参与的神的那种超自然的参与，是**最为特殊的参与**［specialissimus］[a]。这种参与既是本身可能的（§475），也是假定可能的（§860），并在我们这个世界中是现实的，只要我们这个世界中的某个活动并不能像通过神的特殊参与那样好地被实现（§498，935）。

[a] die besonderste Mitwirckung Gottes［神的最为特殊的参与］

## §963

**掌控**［gubernatio］[a]就是为了一个较远的目的而能够使用前后相继的诸多手段的活动。手段越好，最好的手段，也即以最短的途径达成目的的手段（§888）越多，使用这类手段所要达到的目的越好越遥远，掌控就越完满（§185）。神在创造活动中具有的目的，也是他在维持活动中具有的和所要实现的目的（§951,944）。如果我们因此把神尊崇为宇宙的最高掌控者，那么，我们就是在把他尊崇为这样的一种存在者：他每时每刻都能使用最好的手段和最多的那种采取最短途径的手段——这些手段导向最好的目的，最终导向我们这个宇宙的终极目的。(1)如果神通过其掌控而对被造物的力（因而也包括被造物的活动，§331）做了明确的限定，那么，我们就称这种掌控为**狭义的决定**［determinare strictius］[b]；(2)如果神把被造物的活动归属在其目的之下，即使这个被造物并不是为此目的而采取该活动的，那么，我们就称这种掌控为**狭义的掌控**［dirigere strictius］[c]。

a die Führung[领导] b Maass und Schrancken setzen[设定范围和界限] c lencken in engerer Bedeutung[狭义的掌控]

## §964

人们把最初的罪恶称为**堕落**[lapsus]a，把堕落的潜能称为**可堕落性**[labilitas]b。可堕落性要么是绝对的，要么是假定的(§15, 16)。假定的可堕落性的反面就是**在善这个方面的巩固**[confirmatio in bono]c。

a der Fall[堕落] b dessen Möglichkeit[堕落的可能性] c Bestätigung im Guthen[在善这个方面的确证]

## §965

绝对的可堕落性属于有限精神的本质(§40,964)，因而绝对必然地为有限精神所具有(§106)；它是一种形而上的恶(§146)，它对任何一种精神来说都不是被创造出来的(§931)，其反面对任何一种被造物而言同样也是不可能被创造出来的(§833)。堕落的精神活动着(§964,788)，所以，神就物质方面而言参与着堕落(§918)，但就形式性的方面而言，神在物理和道德上却并不参与其中(§939,914)。所以，就形式性的方面来看，神不会成为堕落的创造者，也不会是其狭义的道德原因(§940)。

## §966

就堕落是有限事物的变化而言(§361)，堕落是本身偶然的(§964)。所以，堕落的反面也是本身可能的(§104)。所以，对堕落的阻止也是本身可能的(§221)。所以,神能阻止一切堕落(§833)。

## §967

**道德上的阻止**[impeditio moralis][a]就是这样的一种动机——即导向变化的反面——的实现。神在精神那里实现了导向幸福的诸多动机(§948)。精神的幸福是精神的堕落的反面(§81,787)。所以,神在道德上阻止了一切堕落。

[a] sittliche Verhinderung[伦理性的阻止]

## §968

并非道德上的阻止,人们称之为**物理上的阻止**。堕落是一种罪(§964),因而是一种道德方面的活动(§788),因而,就其实施而言,它是自由的(§719,722),所以,它在物理上是偶然的(§709)。所以,除了堕落者的自由及其动机外(§967),其他许多动机也是可能的,这些动机如果被采纳,已发生的堕落本不会发生(§378)。其他这些动机就是对堕落的物理性阻止(§81,221)。所以,在物理上,神也同样能够阻止堕落(§833)。

## §969

神在道德上阻止一切罪恶(§967),神通过他的全能也能在物理方面阻止一切罪恶(§968)。但神并不会在物理方面阻止一切罪恶。不阻止就是**容许**[permissio][a]。所以,容许要么是物理方面的(§968),要么是道德方面的(§967)。

ᵃ Zulassung［容许］

### §970

在道德上，神不容许任何堕落（§967）和罪恶（§969）。但在物理上，神却容许我们这个世界中的某些罪恶。假设这些罪恶在物理上也被阻止了，那么，这些罪恶于其中被阻止的世界就不是我们这个世界了，而是另一个（§378）并不如此好的世界（§937）。所以，在物理方面，神容许我们这个世界中的某些罪恶，因为罪恶在物理上被容许的世界，是宗教的最好手段（§949，935）。

### §971

**广义的权利**［ius significatu latiori］ᵃ（被视为人的某种质）是一种道德能力；有权对自己喜爱的任意一件事情做出决定的人，就是该事情的**充分主宰者**［plenus dominus］ᵇ。对人的充分主宰是**充分的权能**［potestas plena］ᶜ。

ᵃ Recht in weiter Bedeutung［广义的权利］　ᵇ völlig Herr davon［该事情的充分主宰者］　ᶜ völlige Herrschaft［充分的主宰地位］

### §972

神对其最为正当的活动具有权利（§901，971）。通过这些最为正当的活动，神就对世界及其中的被造物做了决定（§934）。所以，神是世界及其中的一切被造物的充分主宰者。所以，神拥有君临我们这个世界中的一切精神的充分权能（§971）。

## §973

谁对精神拥有充分的权能，谁就有权以自己喜欢的任意一种方式去强制精神。谁有权以自己喜欢的任意一种方式去强制精神，谁就有权给这个精神立法。表达着法则的强制的创作者，人们说，他在**立法**[ legem ferre ][a]。有权立法的人，就是**立法者**[ legislator ][b]。所以，神是我们这个世界上的一切精神的立法者（§971,972）。

[a] Gesetze geben[立法]　[b] der Gesetzgeber[立法者]

## §974

这样的人，即唯独他才拥有凌驾于众多精神的最高力量和权能，是精神的**君主**；而拥有凌驾于众多精神之上的充分力量和权能的人，是精神的**独裁者**。由于唯独神具有凌驾于一切被创造的精神的最高力量（§832）和权能，也即充分的权能（§971），所以，神的君主政体是最高的，也是最独裁的，一切被创造的精神都臣服其下（§844）。

## §975

**神的操持**[ providentia dei ][a]就是这样一种活动，通过这种活动，神赐予每一个被造物以如此之多的善，正如神的最高善良所能赐予的那样多。所以，在维持（§950）、参与（§954）、掌控（§963）的时候，在道德上阻止恶（§967）并只在物理上容许恶——物理上阻止恶就背离了神自己的目的（§970）——的时候，在给他的国度颁布最好的法则的时候（§973,974），通过导向福祉的推动因也即**心灵**

驾驭力，通过运气也即**神圣的运气**，通过每一个自然事物内有的善也即**滋养性的本性**，神实施了**操持活动**（§903-920）。抛弃了操持的**伊壁鸠鲁主义**是错误的（§515）。

　　[a] die Vorsehung Gottes［神的预先安排］　[b] deren herzlenckende Kraft［驾驭心灵的力］　[c] das heilige, das göttliche in dem, was man Glück nennt［人们称之为幸运的神圣东西、神的东西］

## 第四节　神的决定

### §976

　　神对世界的实存的决定，是最为自由的（§933），因而也符合关于我们这个世界的所有部分的最明晰的认知，符合关于所有这些部分中的好的与坏的方面最精确的认知（§889）；该决定是不变的（§839），永恒的（§849）和不可违抗的（§844, 222）。人们可以这样来理解神的决定：意图［πρόθεσις］，也就是让神之外的一切最好的事物共可能地实存（§822, 901）；先见［πρόγνωσις］，也即我们这个最好的世界是在神之外共可能地实存着的最好事物的集合（§935）；决定［προορισμός］，也即让我们这个最好的世界实存。

### §977

　　除了我们这个世界外，并不实存着更多的其他世界；除了我们这个世界的诸部分外，并不实存着更多的有限事物（§379）；除了做出关于我们这个世界的实存的决定外，神并没有做出更多的关于偶然事物的决定（§976）。所以，就神的决定伸展到我们这个宇宙中的一切实在性上而言，神的决定是普遍的；就神并没有做出更多的决定而言，该决定是唯一的(§77)。

### §978

神的**特殊决定**[particularia dei decreta][a]要么是那个普遍而唯一的决定(§977)的部分，要么就将是与这个普遍决定相对立或至少不包含在该普遍决定中的**初始决定**[primitiva][b]。神那里并不存在后一种情况的决定(§976)。

[a] besondre Ratschlüsse Gottes[神的诸特殊决定]　[b] ursprüngliche[初始的决定]

### §979

神的一切决定都是最适合于对象的意愿活动(§894)，最完满地遵循了神关于欲求对象的或厌恶对象的完满性或不完满性程度的认识(§976)。这一点也可以阐明如下：假设，对象的被预见的完满性或不完满性并非神做出某个决定的动机，那么，神要么不了解对象的完满性或不完满性——这与§875相悖——，要么忽略了其完满性或不完满性——这与§870相悖——，抑或，神的认识尽管是最明晰的，但同时也是死的——这与§890相悖。

### §980

如果**神的决定**被称作**绝对的**[decretum dei absolutum][a]——这种决定的动机既不是被预见的完满性，也不是被预见的不完满性——，那么，相反，遵循着被预见的完满性或不完满性的决定就是**神的假定性的决定**[hypotheticum]<sup>b</sup>；这样一来，神关于偶然事物的任何决定就都不是绝对的，而是假定的(§979)。**神学上的绝对论**把神关于偶然事物的决定视为绝对的，但这种观点是错误的(§515)。

<sup>a</sup> der unbedingte[无条件的神的决定] <sup>b</sup> der bedingte Rathschluss Gottes[有条件的神的决定]

### §981

神做出的关于某个精神的永恒幸福的决定，是**狭义的前定**[praedestinatio strictius dicta]<sup>a</sup>，而**广义的前定**[latius]<sup>b</sup>则是关于将来的决定。关于某个精神的永恒的不幸的决定，是**抛弃**[reprobatio]<sup>c</sup>。前定与抛弃都是假定性的(§980)。在理解狭义的前定时，人们持有的**宿命论**或绝对论都是错误的(§515)。

<sup>a</sup> die Gnadenwahl[神的恩选] <sup>b</sup> die Vorherbestimmung[预先决定] <sup>c</sup> die Verwerfung[抛却]

## 第五节 启示

### §982

**广义的启示**[revelatio latius dicta]<sup>a</sup>(§986, 989)就是神对被创造者做出的关于自己意图的标识。所以，通过神的启示，被创造者在神的认知和意愿方面得到了教导，但这种教导从来都不是关于所有方面的(§862)，而是永远都只是随操持者的喜好来定的(§975)。

<sup>a</sup> die Offenbarung in weiterer Bedeutung[广义的启示]

## §983

神是整体自然的创作者(§940,466)。所以,一个被创造者通过他自己的出自整体自然的本性而在神的意图方面了解到的无论什么东西,他都可以通过自然的(§469)神的启示(§982)而了解到。这种神学就是自然神学(§800)。

## §984

一切有限事物都是认识神的意图的手段(§858,880);对我们这个宇宙进行表象的所有的力,都标识着它们的至善的和最为智慧的(§933)创造者(§929)。心灵本身就是表象它的神的力(§741,744)。

## §985

通过心灵自身,通过诸单个的单子(心灵在单子这里是在场的),因而也即通过诸单个的身体和感官,神的意图就以一种自然的方式对心灵启示了出来(§984);通过诸单个事物的有用性,神的目的就被启示了出来(§946),通过对最佳事物的认知,神的意愿就被启示了出来(§894)。

## §986

**狭义的启示**[revelatio strictius dicta][a](参见§982,989)指神通过言语向人们传达的超自然的启示,它是宗教中神的最为独特的一种参与。这种启示既是本身可能的,也是假定可能的,并且,只要宗教通过单纯自然的启示并不能被同样好地实现,这种启示就在我们这个世界中是现实的(§962,496)。

[a] die Offenbarung in engerer Bedeutung[狭义的启示]

### §987

假设,我们这个世界中的一定个体,比如人,被给予了某种单纯自然的启示,进一步假设,相同情况下的该个体通过超自然的方式而被给予了某种比单纯自然的启示更丰富、更高贵、更清楚、更真、更确定和更炽热的(§669)启示,那么与我们这个世界的秩序最为一致的(§484)并实存于我们这个世界中的(§986)某个狭义的启示就能够发生了。

### §988

假设,我们这个世界中出现了关于神的意图的某个标识,某个十分有利于宗教的标识(§947),但该标识以自然的方式是无法实现的,以超自然的方式却可以实现,那么,我们这个世界就会出现某个狭义的启示(§496,987)。

### §989

被创造者通过自然的方式而无法认知的狭义启示,是**最为狭义的启示**[revelatio strictissime dicta][a](参见 §982,986)。所以,有关神在我们这个世界中的意图的一切认识——这种认识虽然十分有利于宗教,但却是一定的被创造者无法认知的——,都会通过某种最为狭义的启示而在我们这个世界中被实现(§988)。

[a] die Offenbarung in engster Bedeutung［最为狭义的启示］

### §990

如果某种东西虽然被视为狭义的神的启示，但与自然的启示相比，这种东西既没有在更高的程度上促进神的声誉，也没有提供更丰富、更高贵、更清楚、更真、更确定和更炽热的关于神的认识，那么，这种东西就不是狭义的启示（§986，495）。

### §991

神的诸意图之间不存在矛盾（§822）。所以，一切与自然的启示真正矛盾的东西，都不是狭义的（§983，986）或最为狭义的（§989）启示。

### §992

狭义的或最为狭义的神的启示与自然的启示并不矛盾（§991），因而与客观的理性也不矛盾，就其为主观的健全的人类理性所认知而言（§646，984）。

### §993

**客观的神圣信仰**［fides sacra obiective sumpta］[a]是就狭义的启示而言人们必须信仰的事物的集合，而人们对狭义启示持有的信仰，则是**主观的神圣信仰**［subiective sumpta］[b]。所以，属于神圣信仰的并非只是被创造者以自然的方式完全无法认知的事物（§989，986）。

ᵃ der Inhalt des heiligen Glaubens［神圣信仰的内容］ ᵇ der heilige Glaube［神圣信仰］

### §994

就人们通过主观的信仰来信仰客观的神圣信仰而言，客观的神圣信仰与客观的理性并不矛盾——就此理性为主观的健全的人类理性所认知而言（§992，993）。

### §995

狭义的启示，标识的是最为可能的东西（§986，822）。由于违背理性的东西是不可能的（§643），所以，无论狭义的或最为狭义的神的启示（§989），还是客观的神圣信仰，都不违背理性。违背理性的东西，既不是某种狭义的或最为狭义的神的启示，也不是某种客观的神圣信仰。

### §996

**神秘**［mysteria sacra］ᵃ就是客观的神圣信仰中的那种超越了被创造者的理性的东西。所有最为狭义的启示中都包含有神秘（§989，644）。所以，神秘既不与狭义的启示相矛盾（§989），也不与理性相抵触（§643）。

ᵃ heilige Geheimnisse［神秘］

### §997

神在他的一切启示中都是最真诚的（§919），因此，神在狭义的启示中是最诚实的，因为神的智慧把言语，也即通过超自然的方式实现的言语，判定为向人类标识自己意图的最合适的标记（§920）。

### §998

在狭义的或最为狭义的启示中，神是见证人（§986，946），也即最真诚、最胜任的见证人（§997，889），因而也就是最值得信赖的见证人，他的狭义启示赋予了信仰以最高程度的确定性。

### §999

**狭义的自然主义者**（参见 §493）就是否认我们这个世界中的神的狭义启示的人。否认神的实存的（理论上的）无神论者是错误的（§811，854）。自然主义既不在这种意义上也不在另一种意义上必然地意味着无神论（§493）。

### §1000

否认我们这个世界中的狭义启示的实存的狭义自然主义者是错误的，(1)因为这种启示是一种超自然的事件（§986），因而对他来说似乎是不可能的（§860），(2)因为他相信，神圣的信仰与理性相悖，因而是不可能的（§995），(3)因为他否认神对人类的操持（§975）；所以，狭义自然主义者的错误归咎于他自身（§982，986），源于对最为仁慈的神的无知（§903），而

神的荣耀、尊名以及对他的颂扬，持久永恒！

# 索　引

absens　不在场的　§223
absolutae determinations　绝对规定性　§37
abstractio　抽离／忽略　§625, 629, 630, 638
absonum　不协调的　§13
abstractum　抽象物　§149
abstrahere　抽离／忽略　§529, 636
absurdum　荒谬的　§13
abusus　滥用　§338
accidens　偶性　§191, 194, 196, 201
accidentia praedicabilia　可谓述的偶性　§50
acquiescentia in se ipso　自身中的安宁　§682
actio　活动／主动　§210, 214, 342, 700, 702, 705, 707, 709, 712, 715, 720, 724, 727, 728, 731, 744, 766, 783, 789, 897, 901, 902
　arbitraria　任意的活动　§712

coacta per coactionem externam secundum quid　一定程度上受制于外部强迫的活动　§714, 727
coacta per violentiam secundum quid　一定程度上被迫的不情愿的活动　§714, 728, 729
coacta per violentiam simpliciter sumptam externam　被视为出于绝对的外部强迫的活动　§714, 729
composita　复合的活动　§215
immanens　内在的活动　§211
indifferens physice　物理上无所谓的活动　§708
indifferens qua exercitum actus　就其实施而言无所谓的活动　§708
invita per coactionem externam secundum quid　一定程度上受制于外部强迫的不情愿的活动　§714
invita per ignorantiam aut errorem

出于无知或错误的不情愿的活动 §716

invita per violentiam secundum quid 一定程度上被迫的不情愿的活动 §714

invita per violentiam simpliciter sumptam externam 被视为出于绝对的外部强迫的不情愿的活动 §714

involuntaria 非意愿性的活动 §721, 722

libera 自由的活动 §719, 721, 722, 724, 726, 758

libera a coactione externa simpliciter tali 不受外在强制束缚的活动 §707

libera a coactione interna[408] tam absoluta quam physica 不受内在的绝对强制和物理强制束缚的活动 §710

libera a coactione intrinseca et absoluta 不受内在的绝对强迫的活动 §710

libera ratione exsecutionis 听凭人自由实施的活动 §708, 710

libertati directe subset 直接地听命于自由的活动 §731

libertati indirecte subset 间接地听命于自由的活动 §731

mere naturalis 单纯自然的活动 §708–710

moralis 道德活动 §723, 758

simplex 简单的活动 §215

spontanea 自发的活动 §704, 711

transiens 跨界的活动 §211, 410

voluntaria 意愿性的活动 §721, 722

activus 活跃的人 §698

actuale 现实的 §54, 57, 273, 279, 306

actus animae eliciti 发自心灵的活动 §730

animae imperati 被命令的活动 §730

acumen 敏锐 §573–575, 578, 586, 640, 641

acuti sensu eminentiori 特别敏锐的 §648

adiaphoron obiective, subiective 主、客观上中立的 §654

adiuncta 附属的 §50

admiration 惊奇 §688

aequalia 相等的 §70, 272, 275

aequalitas 相等性 §265, 267, 749

accidentalis 意外的相等性 §266

essentialis 本质性的相等性 §266

aequilibrium 均衡 §418

aequitas 公平 §918

# 索 引

aestheteria 感觉器官 §536, 537, 540
aesthetica 感性学 §533
 empirica 经验感性学 §544
 phantasiae 想象力的感性学 §570
 perspicaciae 洞察力的感性学 §575
 mnemonica 记忆力的感性学 §587
 mythica 神话感性学 §592
 mantica 占卜感性学 §604
 critica 批评感性学 §607
 characteristica 标识感性学 §622
 pathologia 感性学的病理学 §678
aestimatio 估价 §337
aetas 时间点 §281
aeternitas 永恒 §302
affectiones 内在的结果规定性/结果规定性/波动 §41, 43, 45, 678
affectus 激动/波动 §678, 680, 681, 735
 grati 惬意的激动 §679
 ingrati 不惬意的激动 §679
 iucundi 舒适的激动 §679
 mixti 混合的激动 §679
 molesti 令人反感的激动 §679
agathodaemones 好的精神 §796
agere 活动 §210
aliquid 某东西 §8

amor 爱 §684
analogon modorum 模态的类似物 §827
 per reductionem s. eminentiam, analogiam et excellentiam Deo tribuendum 出于一种精简意义上的或卓越和杰出意义上的类似性而归给神的类似物 §826
 rationis 类理性 §640, 647
anceps 犹豫不决的 §699
angustia cognitionis 狭窄的知识 §515
Angustum 狭窄的 §280
anima 心灵 §504-507, 511, 513, 519, 520, 534, 705, 707, 720, 729, 733, 734, 739, 756, 765, 792, 793, 795
 humana 人的心灵 §740, 747, 750, 754, 756, 757, 760, 762, 766, 767, 772, 780, 786, 789, 791, 929, 984
 humana beata 极乐的人的心灵 §791
 humana damnata 被诅咒的人的心灵 §791
 mere sensitive 单纯感性的心灵 §792
 separata 分离的心灵 §742
animal 动物 §740, 777
 rationale 理性动物 §792
 vivit 动物活着 §777

animositas 勇气 §683
animus gratus 感性的心 §684
    indifferens partialiter 一定程度上漠然的心灵 §653
    indifferens totaliter 完全漠然的心灵 §653
annihilation 消亡 §228, 229, 837, 968
anthropognosia 人类认知学 §747
anthropologia 人类测量学 §747
anthropomorphismus crassior 较粗糙的拟人化 §848
    subtilior 较精致的拟人化 §848
antipathia 反感 §677
antitypia 不可穿透的 §294
apotheosis 成神 §748
apparens 看似的 §12
appetere 欲求 §663, 664
    contra lubitum 违背喜好地欲求 §713
    illubenter 不乐意地欲求 §713
    invitum 不情愿地欲求 §713
    lubenter 乐意欲求 §713
Appetitio 欲求 §663, 667, 673, 722, 755
    efficiens 有效果的欲求 §671, 673
    inefficiens 无效果的欲求 §671
    minus plena 不充足的欲求 §671, 672
    plena 充足的欲求 §671, 672
    rationalis 理性的欲求 §689
    sensitiva 感性的欲求 §676
appetitus 渴求 §663, 667
arbitrium 任意 §712, 717, 718, 726
    liberum 自由的任意 §719
    sensitivum 感性的任意 §719, 720
archetypon 原本 §346
architectonica 建筑术 §4
ars mnemonica 记忆的艺术 §587
assistentianus universalis 普遍的神助论者 §452
associatio idearum 观念联想律 §561
atheus 无神论者 §999
atomus 原子 §230, 424
    materialis 物质性原子 §429
    naturae 自然原子 §424
attendere 予以关注/注意 §529, 635, 636, 638
attention 注意力 §625, 627, 628, 638
    eius extensio 广泛的注意力 §628
    eius intensio 紧密的注意力 §628
    protensio 持久的注意力 §628
attributa 属性 §50, 64, 107, 132, 163, 195, 277, 278
    communia 普遍属性 §51
    propria 特殊属性 §51

auctor 创作者 §940
audacia 果敢 §683
auditus 听觉 §536
aversari 厌恶 §663, 664
    contra lubitum 违背喜好地厌恶 §713
    illubenter 不乐意地厌恶 §713
    invitum 不情愿地厌恶 §713
    lubenter 乐意地厌恶 §713
aversatio 厌恶 §663, 667, 673, 744, 755
    efficiens 有效果的厌恶 §671, 673
    inefficiens 无效果的厌恶 §671
    minus plena 不充足的厌恶 §671
    plena 充足的厌恶 §671
    rationalis 理性的厌恶 §689
    sensitive 感性的厌恶 §676
augere 增多 §162
automaton 自动机 §705
auxilium 辅助 §321

beatitude 福祉 §787, 948
beneficium 善行 §903, 909
benevolentia 友善 §684
benignitas 仁慈 §903
bliteus 无趣的 §578
bonitas 善良 §903
bonum 好东西/善 §100, 187, 665, 666
    contingens 偶然的善 §147
    metaphysicum 形而上的善 §147
    mihi 对我而言好的事物 §660
    mihi adventicium s. externum 对我而言外来的或外在的好的事物 §660
    mihi domesaticium s. internum 对我而言本土的或内在的好的事物 §660
    morale 道德善 §787
    physicum late dictum 广义的物理性的善 §147, 264
    physicum stricte dictum 狭义的物理性的善 §787
breve 短暂的 §299
brurum 牲畜 §792

cacodaemones 坏的精神 §796
campus adaequationis 适当领域 §514
    claritatis 清楚领域 §514
    confusionis 含混领域 §514
    distinctionis 明晰领域 §514
    obscuritatis 晦暗领域 §514
capacitas 能力 §216
caput obtusum 愚钝之人 §578
    stupidum 蠢人 §578
caro 肉体 §676
casus 偶然 §383
    purus 纯粹的偶然 §383
causa 原因 §307, 317, 318, 326-

329
  administra 仆役性的原因 §322
  auxiliaris 辅助因 §320
  deficiens 有缺陷的原因 §319, 326-8
  efficiens 效果因 §319, 326-8
  instrumentalis 工具性的原因 §322
  ministeralis 服务性的原因 §322
  moralis stricte dicta 狭义的道德原因 §940
  occasionalis 随机性原因 §323, 326-328
  primaria s. principalis 首要或主要原因 §314
  socia 相连因 §320, 335
  solitaria 唯一的原因 §314, 321
causae impulsivae 推动因 §342, 900
  impulsivae completae 完备的推动因 §695
  impulsivae incompletae 不完备的推动因 §695
causalitas 原因性 §313
causatum 结果 §307, 326, 328
certitudo obiectiva 客观确定性 §93
  moralis 道德确定性 §723
  subiectiva 主观确定性 §531
character 特征/表征 §67
  distinctivus 区别性特征 §67
  strictius dictus nominalis, realis, hieroglyphicus 狭义的词语表征、实在表征、神秘难解的表征 §350
characteristica 标识学 §349, 622
  combinatoria 连接性的标识学 §349
  hermeneutica 阐释性的标识学 §349
  heuristica 发明性的标识学 §349
chimaerae 荒诞 §590, 591
circumspectus 谨慎周到之人 §699
circumstantial 状况 §323, 324
civitas dei 上帝之城 §974
claritas extensive maior 广泛的清楚度 §531
  intensice maior 紧密的清楚度 §531
clementia 仁慈 §684
coactio 强迫 §701
  ab extra 来自外部事物的强迫 §707
  absoluta 绝对的强迫 §702
  activa 主动的强迫 §701
  externa simpliciter talis 绝对的外在强迫 §707
  interna 内在强迫 §710
  moralis 道德强迫 §723
  passiva 被动的强迫 §701
  significatu stricto 狭义的强迫 §714
coexsistentiani 共存主义者 §771

索　引

cogere semet ipsum　自己强迫自己　§714, 727
cognitio carssa, exacta　精确的、粗糙的知识/认知　§515
　　fortior, debilior　较强的、较弱的知识　§515
　　certa et incerta　确定的和不确定的认知　531
　　intuitiva　直观性认知　§620, 621
　　mortua　死的认知　§669, 671
　　movens, iners　推动性的、怠惰性的认知　§669
　　complea et incomplete　充分的和不充分的认知　§671
　　symbolica　象征性的认知　§620, 621, 652, 669
　　viva　有生气的认知　§669, 671
cohaerentia　粘连在一起的　§414
collection animi　注意力集中的心灵　§638
collisio　冲突　§97
commercium　相互作用　§448
commiseratio　同情　§687
commodum　使人感到舒服　§658
commune　共有的　§86
comparatio　比较　§626, 627
complacentia　令人喜爱的/愉悦　§655, 891, 892
complementa　补充　§155
compos　主宰　§552

comprehensibile　可把握的　§862
concausae　并存因　§314
　　earum concursus　共同导致了结果的原因　§314
　　coordinatae　相互并列的原因　§315
　　secundariae　次要原因　§314
　　subordinatae accidentaliter　偶然地相互从属的原因　§316
　　subordinatae essentialiter　本质上相互从属的原因　§316
conceptibile　可理解的　§632
　　in se　本身可理解的　§632
　　relative　相对可理解的　§633
conceptio　理解　§632
concreatianus　共创论者　§773
concretum　具体的　§149
concurrere　共同导致　§314
concursus　参与　§959
　　dei generalis　神的一般性参与　§958
　　dei immediatus　神的直接参与　§955
　　dei moralis　神的道德参与　§960
　　dei physicus　神的物理参与　§958
　　dei specialis　神的特殊参与　§960
　　dei specialissimus　神的最为特殊的参与　§962
　　dei universalis　神的普遍参与　§958
　　moralis　道德参与　§960

conditio 条件 §14
confirmatio 巩固 §964
conflictus 冲突 §213，408
confusio 混乱 §79，87
congruentia 完全一致性／一致性 §70，266，267，270，275
 accidentalis 偶然的一致性 §266
 essentialis 本质性的一致性 §266
coniunctio 联系 §86
coniungi 被联系 §78
connexa 相互关联 §14，33，751
conscientia sensu strictiori 狭义的意识 §535
consensus facultatis appetitivae inferioris et superioris 低级的与高级的欲求能力之间的一致 §693
consentire 一致 §94
conservatio 维持 §950，951
constans 恒常的 §699
consuetudo 习惯 §650
contigua 邻接的 §284
contigens 偶然的 §101，105，114，188
 extrinsecus 外在偶然的 §104
 in se s. per se 本身或自身而偶然的 §104
contingentia 偶然性 §104，114
contingere 邻接 §223
continuum 连续的 §285
contra rationem 违背理性的 §643，995
contradictio 矛盾 §12，991
 directa, explicita, immediate, patens 直接的、明显的、不经中介的、显然的矛盾 §13
 indirecta, implicita, latens, mediata 间接的、隐含的、隐蔽的、中介的矛盾 §13
convictio 信服 §531
convincens 令人信服的 §531
coordination 协调 §78
corporeum 物体性的 §422
corpus 身体／物体 §296，419，420，431，433，741，762，764，767，770，785，786，929
 mathematicum 数学意义上的物体 §289
 meum 我的身体 §508，509，735，739
 mysticum 神秘的物体 §742
 physicum 物理物体 §296
corpuscula 粒子 §425
 derivativa 衍生粒子 §426
 primitive 初始粒子 §426
correlata 相互关联 §312
corruptio motalis 道德腐败 §788
physica 物理消亡 §746
cosmologia empirica 经验宇宙论 §351，353
 generalis 一般宇宙论 §351，352

rationalis 理性宇宙论 §351
creare 创造 §926
creatiani 创造主义者 §772
creatio per emanationem 凭借流溢的创造 §927
creatura 被造物 §928, 949, 983
critica significatu latiori et latissimo 广义的和最广义的批评 §607
criticus significatu genetali 一般意义上的批评 §607
cultura rationis 对理性的培育 §646
cupiditas 渴望 §683
curiositas 好奇心 §688
 historica 历史好奇心 §688
 mathematica 数学好奇心 §688
 philosophica 哲学好奇心 §688
cursus naturae 自然过程 §471
 contra illum eveniens 与自然过程相悖地发生 §480

damnum late dictum 广义的折磨 §788
decreta dei 神的决定 §979, 980
 particularia 特殊决定 §978
 primitive 初始决定 §978
decretum 决定 §695, 976, 977
 dei absolutum 神的绝对决定 §980
 dei hypotheticum 神的假定性的决定 §980
defectus 有缺陷的/缺陷 §82, 178, 179
deformitas 丑 §662
deismus 有神论 §862
delectans 使人开心 §658
deliberans causas impulsivas numerat 对诸推动因进行计算、考量 §697
 eas ponderat 称量推动因 §697
 connumerat 总体性计算推动因 §697
 eligit 选择了某个推动因 §697
 praefert 偏向了某个推动因 §697
 rationes subducit s. calculat 估算、算计诸根据 §697
 tentat 尝试某个推动因 §697
deliberatio 考量 §696
deliquium animi 昏聩无能 §556
 illud pati 陷入昏聩无能的状态中 §555
deliri 精神错乱者 §594
delirium 精神错乱 §594
desiderium 向往 §686
desperatio 绝望 §686
despotes 独裁者 §974
destinata 决定于目的的 §341
determinabile 可确定的 §34
determinans 规定者 §35
 strictius 狭义的决定 §963

determinationes 规定性/决定 §36,
47, 49, 52, 56, 63, 67, 84,
110, 113, 132, 164, 176, 177,
839
  externae, extrinsecae, relativae,
respectivae, absolutae 外在的、
外来的、相对的、关系性的、绝对
的 §37
  inseparabiles 不可分的规定性
§72
  internae, intrinsecae 内在的、内有
的规定性 §37
  morales 道德决定 §723
  rationi conformis, consentiens,
conveniens 合乎根据的、适合
于根据的、与根据一致的规定
性 §80
  rationi contraria, difformis, discon-
veniens 与根据对立、不合根据、
与根据不一致的规定性 §82
determinatum 确定的/被规定的
§34
determinatus 果决的人 §699
deus 神 §811-814, 818-825, 828-
857, 859, 861-880, 882-899,
904-906, 909, 914-926, 932,
934, 939-941, 943, 944, 945,
950, 952-957, 959-963, 965-
967, 969, 970, 972-975, 977,
978, 983, 985, 997, 998

dexteritas 技巧 §219
dialectus 方言 §350
dictum de omni et nullo 从普遍到特
殊之定理 §154
differentia 不同/较为确切的规定
性 §67, 151
  generica 属的较为确切的规定
性 §151
  numerica 单个物的较为确切的规
定性 §151
  specifica 种的较为确切的规定
性 §151
difficile 困难的 §527
  certo subiecto 对一定主体而言困
难的 §527
dignitas congnitionis 知识的荣耀
§515
  rationis 根据的尊贵 §166
diiudicare 判断 §606
dimensio 测量 §291
dippelianismus philosophicus 哲学
上的迪佩尔主义 §910
dirigere strictius 狭义的掌控 §963
discongruentia 完全不一致的 §70
discrimen 不同之处 §67, 68, 69
displicentia 令人讨厌的;不愉快
§655, 891, 892
displicere 感到不高兴 §651
disproportio 不相称 §573
dissensus facultatis appetitivae inferi-

oris et superioris 低级的与高级的欲求能力之间的不一致 §693
dissimilia 不类似的 §70
disssuasiones 劝阻 §728
distantia 相隔有距的 §284
　linearum 直接距离 §288
distinctio 区分 §67
distrahi 分散的 §638
diversa 不同的 §38
divinatio 预言 §616
divisio 分割 §244
diuturnum 持久的 §299
dominus plenus 充分主宰者 §971
donum propheticum 先知之禀赋 §616
dormiens 睡着的人 §556
dormitare 睡着 §555
dualista 二元论者 §465
duratio 持续 §299
dynamica 力学 §204

eadem 相同的;同一的 §38, 269, 274
ebrius 酩酊大醉的 §554
eclipses iudicii 判断能力的失误 §608
ecstasis 迷狂 §552, 553
ecthlipsis 衰退 §556
effectus 效果 §319, 326, 328, 332, 333

aequivocus 不一致的效果 §329
continuus s. immediatus 相连的或直接的效果 §330
mediatus s. remotus 间接的或遥远的效果 §330
minus plenus 不怎么丰满的效果 §330
plenus 丰满的效果 §330, 331
univocus 相一致的效果 §329
efficacia 效力 §197
egoista 唯我论者 §392, 438
elateres animi 心灵发动机 §669, 690
elementa 元素 §420, 424, 929
eloquentia 健谈 §622
emphasis et emphaseologia 强调和强调学 §517
energia 能量 §197
ens 存在物 §61, 63, 64, 65, 73, 90, 93, 99, 100, 268, 852
　ab alio 依赖于他物的存在物 §307
　actu 现实的存在物 §298, 305
　a se 取决于自身的存在物 §307, 309
　completum 完整的存在物 §158
　compositum 复合的存在物 §224, 225, 234, 235, 241, 245
　contingens 偶然的存在物 §109, 112, 133, 134, 255, 308, 334,

376, 850
dependens 依赖性的存在物 §307
extramundanum 世界之外的存在物 §388
fictum 虚构的存在物 §62
finitum 有限的存在物 §248, 254, 257, 260, 262, 264, 308, 334, 748
in abstracto et concreto spectatum 抽象而言和具体而言的存在物 §149
incompletum 不完整的存在物 §158
independens 不依赖的存在物 §307
infinitum 无限的存在物 §248, 252, 253, 256, 259, 303, 310
in potentia proxima 切近的潜在存在物 §304
in potentia remota 遥远的潜在存在物 §304
necessarium 必然的存在物 §109, 111, 138, 227, 228, 258, 310, 827
negativum stricte dictum 狭义的否定性的存在物 §137
perfectissimum 最完满的存在物 §803, 810
per se subsistens 凭借自身而持存的 §191
privativum 缺失性的存在物 §137
rationis 理性推理物 §62
sanctissimum 最神圣的存在物 §828
simplex 简单的存在物 §224
simultaneum 同时性的存在物 §238
successivum 前后相继的存在物 §238
superius 更高的存在物 §925
supramundanum 高于世界的存在物 §925
entia in potential 潜在的存在物 §298
negativa 否定性的存在物 §135, 136, 139
realia 实在的存在物 §135
epicureismus 伊壁鸠鲁主义 §975
error 错误 §515
esse rei 事物的存在 §40
essentia 本质 §40, 44, 46, 63, 64, 106, 132, 163, 171, 226, 277, 278, 345, 467, 867, 868, 931, 952
essentialia 本质性的 §39, 63, 73, 107, 110, 132, 163, 195
etymologia 词源学 §622
eveniens secundum cursum naturae 按照自然过来而到来的 §473

secundum ordinem naturae 按照自然秩序而到来的 §473
eventus 事件 §323, 435, 876
 extraordinarius 秩序外的事件 §384
 extraordinarius absolute 绝对秩序外的事件 §384, 385
 extraordinarius relative 相对秩序外的事件 §384
 inordinatus 无序的事件 §384
 naturalis supernaturali contradistinctus 不同于超自然事件的事件 §469
 naturalis praeternaturali contradistinctus 不同于自然之外的事件的事件 §469
 ordinarius 有序的事件 §384
 praeternaturalis 自然之外的事件 §474, 480, 759
 supernaturalis 超自然的事件 §474
evidentia 显然性 §531
evigilare 清醒 §552
exceptio 例外 §97, 186
exemplar 范本 §346
exemplatum s. ectypon 摹本或仿本 §346
exercitium 练习 §577
experientia 经验 §544
explicans 解释性的 §531

exsilium mortis 对死亡的取消 §779
exsistentia 实存 §55, 66, 110, 132, 298, 810, 823, 824, 856, 880, 934, 935
exspectatio casuum similium 对类似情况的期待 §612, 617, 640
extensio cognitionis 知识的广泛 §515
extensum 广延物 §241
 partialiter heterogeneum, difforme, dissimilare 一定程度上异质的、不同形式的、不类似的广延物 §407
 totaliter homogeneum, uniforme, similar 完全同质的、同一种形式的、类似的广延物 §407
extorsio 勒索 §728
extra se rapi 身不由己 §552
facile 轻易的 §527
 certo subiecto 对一定主体而言轻易的 §527
facta 作为 §940
facultas 能力 §216, 218, 219, 744
 appetitiva 欲求能力 §663, 665, 667, 712
 appetitiva inferior 低级欲求能力 §676
 appetitiva superior 高级欲求能力

§ 689, 690
appetitiva vincit 欲求能力获胜 § 693, 694
characteristica 标识能力 § 619
cognoscitiva 认知能力 § 519
cognoscitiva inferior 低级认知能力 § 520
cognoscitive superior 高级认知能力 § 624
comparandi 比较的能力 §626
composita 复合的能力 § 217
concupiscibilis 肉欲能力 § 676
diiudicandi 判断能力 §606, 608, 640, 641
diiudicandi praeceps 草率的判断能力 § 608
divinatrix 预言能力 § 616
fingendi s. poetica 创作或作诗的能力 § 589, 590, 592, 594, 609, 640
identitates diversitatesque rerum percipiendi 把握事物的同与异的能力 §572, 640, 641
idealis 观念的能力 § 217
irascibilis 易怒能力 §676
locomotive 推动能力 §750
praesumendi 预测的能力 § 612, 613
praevidendi 预见的能力 § 595, 599

realis 实在的能力 §217
reflectendi 反思的能力 §626
simplex 简单的能力 § 217
fallaciae sensuum 感官错觉 § 545, 546, 548, 588, 737, 738
fanatici 狂热者 § 594
fastidium 恶心 § 686
fatalismus 宿命论 § 898
fatum 命运/宿命 § 382
　physico-mechanicum s. physicum 物理-机械的宿命, 或物理性的宿命 § 435
　spinosisticum 斯宾诺莎式的命运 §382
favor 厚爱 § 684
fecunditas rationis 根据的成效性 § 166
felicitas 幸福 § 787, 948, 967
fictiones 虚构 § 590
fidelitas 可靠的 § 905
fides theologica objective sumpta 客观的神学信仰 § 993, 998
fiducia 信念 § 683
figura 形状 § 280
fingere 创作 § 589
finis 终点/结束/目的 §248, 301, 341, 343, 946, 947
　ultimus 最终目的 § 343
finite 服务于目的的 §341
finitudo 有限性 § 261

# 索引

finitum 有限的 §248, 249, 250, 264, 661, 833, 984
firmus 固执的 §698
flexilis 能伸能曲的 §698
focus perfectionis 完满性的焦点 §94
forma 形式 §40, 345
formale totius 整体形式/形式性方面 §40
  eventus 事件的形式性方面 §914
  mali physici 物理上的恶的形式性方面 §952
fortuita 命运 §912
fortuna bona 好运 §912
  mala 厄运 §912
fuga 逃避 §677
fundus animae 心灵的基底 §511
furiosi 狂躁的 §688
futura 将来的 §298
  contingentia 偶然的将来事物 §709

gaudium 快乐 §682
genus 属 §150, 153
  infimum 最低的属 §150
  subalternum 从属的属 §150
  summum 最高的属 §150
gloria 光荣/声誉 §684, 942
  dei 深度声誉 §942, 947, 949
gradus 程度 §246, 247

grammatica 语法 §622
  universalis 普遍的语法 §622
graphice 书法学 §622
gratitudo 感激 §684
gratum 使人喜爱 §658
gravitas rationis 根据的重大性 §166
gubernatio 掌控 §963
gustus 味觉 §536
  corruptus 堕落的品味 §608
  significatu latiori 广义的品味 §607

habitus 才能 219
  acquisiti 习得的才能 §577
  connati 天生的才能 §577
  infuse 神赐的才能 §577
  morales 道德才能 §723
  theoretici 理论才能 §577
haecceitas 这一个 §151
harmonia 和谐 §167
  facultatis appetitivae inferioris et superioris 低级的与高级的欲求能力之间的和谐 §693
  praestabilita particularis 特殊的前定和谐 §462
  praestabilita universalis 普遍的前定和谐 §448, 463
harmonista psychologicus 心理学的和谐主义者 §769
  universalis 普遍的和谐主义者 §448

hilaritas 高兴 §682
homo 人 §740, 747, 792
　　quotidie moritur 人每天都在死亡 §779
　　quotidie reviviscit 人每天都在复活 §779
honor 荣耀 §942
horror 恐惧 §686
hypnopsychitae 心灵沉睡论者 §782
hypothesis 假设 §14

ictus 相遇 §301
ideae materiales 物质性观念 §560
idealista 观念论者 §402, 438
identitas 相同性 §174
　　accidentalis 偶然的相同性 §266
　　essentialis 本质性的相同性 §266
　　numerica 数量上的相同性 §269
　　partialis 一定程度上的相同性 §267
　　totalis 整体性的相同性 §267, 749
idioma 习语 §350
ignorantia 无知 §515
ignotum mihi 我不知道的东西 §652, 654
　　mihi partialiter 我在一定程度上不知道的东西 §652
illecebrae 诱惑 §728
illicitum 不被容许的 §723

illimitatum 不受限的 §248
illustrans 演示性的 §531
illustratio gloriae divinae 对神的声誉的赞颂 §947
imaginatio 想象 §557, 558, 561, 562, 564, 566, 570, 578, 752
imagines 像 §852
imbecillitas cognitionis 微弱无力的知识 §515
immateriale 非物质性的 §422
immensum 无法衡量的 §861
immutabile 不可变的 §125, 128
immutabilitas 不可变性 §127
impartialitas 不偏袒 §917
impedimentum 阻碍 §221
impedio moralis 道德上的阻碍 §967
　　physica 物理上的阻碍 §968
imperfectio 不完满/不完满性 §121, 142, 145, 263
　　contrarie dicta 对立意义上的不完满 §121
　　privative dicta 缺失意义上的不完满 §121
imperium animae 心灵的统治 §730
　　animae in se ipsam 心灵对它自己的统治 §730
implicans 导致……的 §7
impossibile 不可能的 §7, 58, 643, 809, 833

absolute, in se, intrinsecus, simpliciter 绝对地不可能的、本身不可能的、内在地不可能的、全然地不可能的 §15
alicui 对某个人而言不可能的 §833
hypothetice, extrinsecus, respective, secundum quid 假定地不可能的、外在地不可能的、关系性地不可能的、就其与某事物的关系而言不可能的 §17
moraliter 道德上不可能的 §723
physice 物理上可能的 §469
impotentia mere naturalis 单就本性来看的无能 §469
inaequalia 不相等的 §70
inanes argutationes 空虚的玄想 §576
incommodum 令人不快 §658
inconceptibile in se s. absolute 本身或绝对不可理解的 §633
relative 相对不可理解的 §633
inconsideratus 不谨慎的人 §699
inconstans 变化无常的人 §699
incorporeum 非物体性的 §422
incorruptibile physice 在物理方面不可消灭的 §746
indefinitum 未定的 §348
indeterminatum 不确定的 §34
indeterminatus 不果决的人 §699

indiffenrens absolute 绝对漠然的 §654
mihi s. sum erga illud 于我而言漠然的，或我对它不感兴趣 §651, 652
mihi plenarie 对我而言完全漠然的 §652, 664
mihi relative 在某方面于我而言漠然的 §652
relative 相对漠然的 §654
subiective 主观上漠然的 §654
individuum 个体 §148, 153
indivisibile 不可分的 §244
indoles 秉性 §732
abiecta 低贱秉性 §732
erecta 正直秉性 §732
induciani 制造主义者 §771, 772
inebriari 喝醉的 §554
infallibilis 从不出错的 §879
infans 小孩 §639
infelicitas 不幸 §788
inferius 低级的 §148
infinitudo 无限性 §261
infinitum 无限的 §248, 251
influxionista psychologicus 心理学的影响主义者 §769
universalis 普遍的影响主义者 §450, 451
influxus 影响 §211, 408, 410, 411, 736

idealis 观念的影响 §212
physicus universalis 普遍物理的影响 §450
realis 实在的影响 §212
infortunium 不幸 §912
infusiani 铸造主义者 §771
ingenii illusiones 才智的幻象 §576,578
 lusus s. foetus 才智的施展或成果 §576
ingeniosi sensu eminentiori 特别有天赋的人 §648
ingenium criticum 批评头脑 §649
 divinatorium 预言头脑 §649
 excitatur 觉醒的头脑 §648
 historicum 历史头脑 §649
 latius dictum 广义的头脑 §648
 mathematicum 数学头脑 §649
 mechanicum 机械学头脑 §649
 musicum 音乐头脑 §649
 poeticum 诗学头脑 §649
 strictius dictum 狭义的才智 §573, 574, 575, 578, 586, 640, 641
 superius 更高的头脑 §649
 tardum 迟钝的头脑 §648
 torpescere 呆化的头脑 §648
 vegetum 活跃的头脑 §648
 universale 普遍的头脑 §649
ingratum 使人感到不舒服 §658

inhaerentia 依存 §192
initium 开始 §301
innocens 无罪者 §909
inopportunitas 不利的地点 §323
inordinatio 无序性 §79
inseparabilitas 不可分性 §76
insignia 徽章 §350
instans 片刻 §300
instantaneum 片刻的 §299
instinctus 冲动 §677
intellectuale 理智的 §402
intellectus 理智 §402, 631, 637
 profunditas 理智的深刻性 §637
 puritas 理智的纯粹性 §637
 usus 理智的使用 §639
intelligentes sensu eminentiori 特别有理智的人 §648
intelligere 理解 §69
intempestivitas 不利的时间 §323
intendi 提高 §247
intensio 强度 §247
interitus 毁灭/灭 §227, 229, 837
interruptum 间断物 §285
intuitus 直觉 §620
invidia 妒忌 §687
ira 愤怒 §687
irrationabile 不合理的 §643
irrationale 无根据的 §19
irrepraesentabile 无法被表象的 §7
irrisio 嘲笑 §684

iucundum 令人高兴 §658
iudiciosi sensu eminentiori 特别有
　判断力的 §648
iudicium 判断力 §606, 607, 609,
　640, 641
　　eius eclipses 判断力的失误 §608
　　eius maturitas 判断力的成熟 §608
　　penetrans 敏锐的判断力 §606
　　practicum 实践的判断力 §606
　　praeceps 草率的判断力 §608
　　sensuum 感官的判断力 §608,
　　640
　　theoreticum 理论的判断力 §606
ius naturae latissimum 最广义的自
　然法 §472
　　significatu latiori 广义的权力
　　§971
iustitia 正义 §906
　　punitive 惩罚正义 §910
　　remuneratoria 报酬正义 §907,
　　911
　　vindicative 报复性的正义 §910,
　　911
　　vindicatrix 惩罚性的正义 §910
　　ultrix 复仇性的正义 §910
iuvans 辅助因 §321
iuvare 帮助 §321

labilitas 可堕落性 §964, 965
laetitia 欢乐 §682

languidus 软弱之人 §699
lapsus 堕落 §964, 966
　　memoriae 记忆的失误 §586
latitudo 宽度 §290
leges morales 道德法则 §723
　　motus 运动的法则 §432
　　mutationum 变化的法则 §472
legislator 立法者 §973
lethaei poculi patroni 忘川杯饮的追
　随者 §783
lex 法则 §83, 180, 181
　　abstractionis 抽离的法则 §629
　　acuminis 敏锐的法则 §574
　　arbitrii 任意的法则 §726
　　attentionis 注意力的法则 §627
　　debilis 弱法则 §180
　　facultatis appetitivae 欲求能力的
　　法则 §665
　　facultatis diiudicandi 判断能力的
　　法则 §607
　　facultatis fingendi 创作能力的法
　　则 §590
　　fortis 强法则 §180
　　imaginationis 想象的法则 §561
　　inferior 较低的法则 §182
　　ingenii 才智的法则 §574
　　intellectus 理智的法则 §631
　　memoriae 记忆的法则 §580
　　moralis universalissima 最普遍的
　　道德法则 §724

optimi strictior 狭义的最好事物法则 §482–484
praesagitionis 预期能力的法则 §611
praevisionis 预见的法则 §596
rationis 理性的法则 §642
reminiscentiae 回忆的规则 §583
sensationis 感觉的法则 §541
signatricis facultatis 标识能力的法则 §620
superior 较高的法则 §182
lexica 词汇学 §622
liberale 自由的 §730
libertas 自由 §719, 720, 725, 730, 756, 902
　eius regula 自由的规则 §726
　pura 纯粹的自由 §719, 720
licitum 被容许的 §723
limes 局限 §248
　essentialis 本质性的局限 §249
limitatum 受限的 §248
linea 线 §286, 292
　brevissima, recta, curva 最短的线、直线、曲线 §287
lingua particularis 特殊语言 §350
　universalis 普遍语言 §350
lipothymia 衰竭 §556
lipopsychia 虚脱 §556
locus 地点 §281, 325
loganimitas 宽容 §916

longitudo 长度 §290
lubitus 喜好 §712, 725, 755
lucta facultatis appetitivae inferioris et superioris 低级的与高级的欲求能力之间的争执 §693
luctus 悲伤 §685

machina 机器 §433
maeror 悲哀 §685
maestitia 悲痛 §685
magnitude absoluta 绝对的大小 §159
　comparativa 相较而言的大小 §161
　quantitativa 就量而言的大小 §243
maius 较大的 §160
malevolentia 不满 §684
malum 坏东西/恶 §146, 665, 666, 790, 914
　contingens 偶然的恶 §146
　culpae 过失之恶 §788
　metaphysicum 形而上的恶 §146, 931, 952
　mihi 对我而言坏的事物 §660
　mihi adventicium s. externum 对我而言外来的或外在的恶 §660
　mihi domesticum s. internum 对我而言本土的或内在的恶 §660

morale 道德恶 §788, 952
physicum late sumptum 广义的物理上的恶 §146, 263, 915
 stricte sumptum 狭义的物理上的恶 §788
 eius formale 形式方面的恶 §952
manichaeismus 摩尼教 §844
mantica 预言学 §349, 616
materia 物质/质料 §295, 345, 416, 427, 428
 circa quam 所关涉的质料 §344
 cognitans 思维着的质料 §742
 ex qua 所从出的质料 §344
 in qua 所在的质料 §344
 prima 第一物质 §295
 secunda 第二物质 §296
materiae primae 第一物质 §423
materiale 物质性的 §422
 proximum 远质料 §914
 remotum 近质料 §914
materialista universalis 普遍的唯物论者 §395, 439, 757, 840
 cosmologicus 宇宙论上的唯物论者 §395
 significatu psychologico 心理学意义上的唯物论者 757
mathematice solidum 三维体 §289, 292
mathesis intensorum 关于强度的数学 §249

maturitas iudicii 判断能力的成熟 §608
maxima 公理 §699
maximum 最大的 §161
mechanismus 机制 §433
melancholici 忧郁的 §688
memoria 记忆 §579, 580, 609, 640, 641
 bona 好的记忆 §585
 capax 有能力的记忆 §585
 felix 卓越的记忆 §585
 fida 可信的记忆 §586
 firma 牢靠的记忆 §585
 labilis 不可靠的记忆 §586
 localis 对地点的记忆 §583
 prompta 随时可用的记忆 §585
 tenere 驻留在记忆中 §582
 vasta 广大的记忆 §585
 vegeta 生动的记忆 §585
memoriae lapsus 记忆的失误 §586
 mandare 置入到记忆中 §581
memoriosi sensu eminentiori 特别有记忆力的 §648
mens mota 精神颤动 §552
mensura 尺度 §291
mente capti 心智不健全的 §639
mentis excessus 灵魂出窍 §522, §552
metaphysica 形而上学 §1, 2
 naturalis 自然的形而上学 §3

metempsychosis 灵魂轮回 §784
methodus et methodicum 方法和方法论 §515
metiri 测量 §291
metus 焦虑 §686
minae 威胁 §728
minimum 最小的东西 §161
minui 减少 §162
minus 较小的事物 §160
miraculcum 奇迹 §474, 475, 479, 480, 481, 484, 485, 489, 492, 495, 496, 498, 834, 860
  comparativum 相对的奇迹 §477
  emendans 修整性的奇迹 §497
  pneumaticum 精气性的奇迹 §486
  quoad nos 对我们而言的奇迹 §478
  rigorosum 狭义奇迹 §477
  supplens 补充性的奇迹 §497
miseria 悲苦 §788
misericordia 怜悯 §684
modi 模态 §50, 65, 108, 111, 133, 195, 262
modificatio 变样 §209
molestum 令人厌恶 §658
momentaneum 瞬间的 §299
momentum 瞬间 §300
monadatum 单子联合体 §406
monarcha 君主 §974
monas 单子 §230, 236, 237, 242, 244, 280, 396, 397, 402, 408, 409, 413, 415, 418, 424, 433, 928, 953
nuda 赤裸的单子 §401
morale 道德 §723
mors 死亡 §430, 556, 776, 777, 785
  animae humanae 人类心灵的死亡 §780, 784
  animalis 动物的死亡 §777
  animalis absoluta 动物的绝对死亡 §778
  animalis respectiva 动物的相对死亡 §778
  corporis humani 人身体的死亡 §776, 777, 784
  hominis 人的死亡 §778
  in genere 一般而言的死亡 §776
mortale, mortalitas 有朽的, 有朽性 §781
motivum 动机 §690, 691, 693, 694, 712, 725, 726
motus 运动 §283, 294
  arbitrarii corporis 任意的身体运动 §733, 734, 737, 768
  evanescens 消亡运动 §417
  particularis 特殊的运动 §417
  voluntarii 意愿性的运动 §733, 734
multa 复多物 §74

multitude absoluta 绝对的复多性 §74, 75
  comparative 相较而言的体量 §161
mundus 世界 §354, 376, 378, 379, 388, 392, 395, 403, 406, 417, 418, 434, 442, 472, 836, 853, 857, 930, 932, 934, 938, 943, 950, 970, 977
  adspectabilis 可观察的世界 §869
  fabulosus 虚构的世界 §91, 120, 359
  intelligibilis 可理解的世界 §869
  perfectissimus 最完满的世界 436–441, 443, 444, 447, 461, 464, 465, 494, 495, 497, 499
  sensibilis 可感觉的世界 §869
musica latius dicta 广义的音乐 §78
mutabile 可变的 §125, 128, 129, 131
mutari 变化的 §125
mutation 变化 §125, 126, 707, 764, 790
  harmonica 和谐的变化 §448, 738, 763, 764, 777
mysteria 神秘 §996

natura 自然/本性 §40, 430, 431, 859
  dei 神的本性 §859
  universa 整体自然 §466, 468
  alma 滋养性的自然 §975
naturale respectu animae humanae 对人的心灵来说的自然东西 §758, 759
  respectu certi corporis 对一定物体而言的自然东西 §470, 473
  respectu certi mundi corporei 对一定的物体世界而言的自然东西 §470
  respectu certi mundi pneumatici 对一定的精神世界而言的自然东西 §470
  respectu certi spiritus contingentis 对一定的偶然精神而言的自然东西 §470
naturalista latius dictus 广义的自然主义者 §493, 499, 500, 860, 999
  strictius dictus 狭义的自然主义者 §999, 1000
naturaliter impossibile 就本性而言不可能的 §469
  possible 就本性而言可能的 §469
necessarium 必然事物 §101, 105, 114, 129, 130
  absolute, geometrice, intrinsece, logice, metaphysice 绝对的、几何学上的、内在的、逻辑的、形而上的必然事物 §102

hypothetice, secundum quid 假定的、有条件的必然事物 §102
moraliter 道德上的必然事物 §723, 725
necessitas 必然性 §102, 113
  moralis 道德必然性 §723, 725
necessitatio 强制 §701
  absoluta 绝对的强制 §702
  active 主动的强制 §701
  externa 外在的强制 §707
  externa simpliciter talis 绝对的外在强制 §707
  interna 内在的强制 §710
  moralis 道德强制 §723
  passiva 被动的强制 §701
negatio 否定/否定性 §36, 142, 807
  stricte dicta 狭义的否定性 §137, 142
nexus 关联 §14, 167
  causalis 因果关联 §313
  efficiens 效果关联 §335, 358
  exemplaris 范本关联 §346, 358
  finalis 目的关联 §343, 358
  mechanicus 机械性关联 §434
  pneumaticus 精神性关联 §403
  significativus 意义关联 §347, 358
  subiectivus 对象关联 §345, 358
  typicus 范型关联 §346, 358

universalis 普遍的关联 §48, 172, 279, 306, 356, 751
usuum 使用关联 §339, 358
utilitatis 有用性关联 §338, 358
nihil negativum 无或否定的东西 §7, 9
  privativum 缺失性的无 §54
nobilitas rationis 根据的显贵性 §166
noctambuli 梦游者 §594
nolitio 不愿 §690, 720, 766
  antecedens, excitatoria, inclinatoria, praevia 先前的、刺激性的、倾向性的、之前的不愿 §695
  consequens, decisiva, decretoria, finalis 后来的、决定了的、裁定了的、最终的不愿 §695
  pura 纯粹的不愿 §692
noluntas 不愿力 §690, 691
  proportionalis 与……相适的不愿力 §894
non actuale 不现实的东西 §60
non ens 不存在/非存在 §54, 62
non esse aqud se 魂不守舍 §552
norma 标准 §83
nota 标志/特征 §67, 523, 526
  characteristica 区别性的标志 §67
numerus absolutus 绝对的数 §159
  comparativus 相对的数 §161

索　引　　449

obdormire　睡着了　§555
obiectum　客体　§344
obligatio moralis　道德义务　§723
oblivisci alicuicus　遗忘某事物　§582
　　sui　忘了自己　§552
oblivio　遗忘　§582
obliviositas　遗忘　§586
observabilia　可观察物　§425
obstaculum　障碍　§221
occasio　时机　§323, 326-328
occasionalista psychologicus　心理学的偶因论者　§769
　　universalis　普遍的偶因论者　§452, 453
odium　敌意　§687
olfactus　嗅觉　§536
omnimoda determinatio　完备的规定性　§148
omnipotentia　全能　§832, 833
omniscientia　全知　§889
onirocritica　释梦艺术　§623
ontologia　存在论　§4, 5, 6
ontosophia　存在智慧　§4
opportunitas　较有利的地点　§323
opposite　对立的　§81
oratio　言说　§350
ordo　秩序　§78, 86, 117, 175, 183, 189
　　compositus　复合的秩序　§88
　　naturae　自然秩序　§472
　　contra ordinem naturae eneniens　与自然秩序相悖地发生　§481
　　simplex　简单的秩序　§88
organa sensum　感觉工具　§536
origo　产生　§430
orthographia latius dicta　广义的正字法　§622
ortus　产生/生　§227, 229, 837
　　ex nihilo　从无到有的产生　§228, 229, 837

palingenesia　转世　§784
partes　诸部分　§155
　　actuales　现实的部分　§156
　　potentiales　可能的部分　§156
parvitas　小　§161
passio　受动/激情　§210, 214, 215, 678, 700
　　dominans　支配性激情　§732
　　idealis　观念的受动　§212
　　realis　实在的受动　§212
pathologia　病理学　§678
　　aesthetica　感性学的病理学　§678
　　psychologica　心理病理学　§678
　　practica　实践病理学　§678
pati　受动　§210
patentia　耐心　§916
paucitas　少　§161
peccata　罪责/罪恶　§788, 915,

969

peccator 罪犯 §909

perceptio adhaerens 附属知觉 §530

 clara 清楚的知觉 §528, 531, 532

 complexa 复合知觉 §530

 distincta 明晰的知觉 §522

 dominatur in anima 在心灵中起支配作用的知觉 §516

 evolvitur 知觉展开 §559

 extensive distinctior 从广泛度来看更为明晰的知觉 §634-636

 intensive distinctior 从强度来看更为明晰的知觉 §634-636

 involvitur 被遮蔽 §559

 negativa 否定性知觉 §525

 negativa partialiter 一定程度上否定性的知觉 §525

 obscura 晦暗的知觉 §517, 522, 528

 partialis 局部知觉 §514

 positiva 肯定性知觉 §525

 praegnans 义涵丰富的知觉 §517

 primaria 首要知觉 §530

 producitur 知觉产生 §559

 purior 更纯粹的知觉 §634

 recurrit 知觉重现 §559

 regnat 知觉起统治作用 §516

 reproducitur 知觉被重新制造出来 §559

 secundaria 次要知觉 §530

 totalis 整体知觉 §514

 vivida 生动的知觉 §531, 532

perceptions partials 局部知觉 §514

 praegnantes 义涵丰富的知觉 §517

 sociae 相连的知觉 §516

perdurabile 可持续的 §299

perfectio 完满性 §94, 122, 123, 132, 141, 145, 163, 185, 189, 803, 804, 816, 817, 937

 accidentalis 偶然的完满性 §98

 composita 复合的完满性 §96

 dei 神的完满性 §804

 dei absoluta 神的绝对完满性 §815, 844, 861

 dei operative 神的作为着的完满性 §815

 dei quiescens 神的静止的完满性 §815

 dei respectiva 神的关系性的完满性 §815

 externa 外在的完满性 §98

 interna 内在的完满性 §98, 823, 900

 simplex 简单的完满性 §96

 transcendentalis 先验的完满性 §98

permissio 容许 §969

perspicacia 洞察力 §573

perspicuitas 可理解性 §531
persuasio 说服 §531
pertinax 固执的 §699
perturbationes animi 心灵被搅动 §678
phaenomena 现象 §425
　substantiata 实体化的现象 §193, 201
phantasia 想象/想象力 §558, 559, 565, 594
　effrenis 放荡不羁的想象力 §571
　subacta 中规中矩的想象力 §571
phantasma 想象 §557, 563
　vanum 空洞的想象 §571, 588, 591
phantastae 幻想者 §594
philanthropia 爱人 §905
philologia universalis 普遍的语文学 §622
philosophia atomistica 原子哲学 §429
　corpuscularis 粒子哲学 §425
　mechanica 机械论哲学 §435
　moralis 道德哲学 §723
　pigrorum 懒惰哲学 §423
　prima 第一哲学 §4
　physice impossibile, possibile, contingens, necessarium simpliciter et secundum quid 物理上不可能的、可能的、偶然的；绝对必然的或一定意义上必然的 §469
placere 感到高兴 §651
poena 惩罚 §908, 913-915
　arbitraia 任意的惩罚 §908, 912
　naturalis 自然性的惩罚 §908, 911
poenitentia 悔恨 §685
poetica universalis 普遍的诗学 §622
polytheismus 多神论 §846
pondus rationis 根据的重要性 §166
positus 位置 §85, 512
possibile 可能的 8, 18, 23, 24, 53, 59, 632, 643, 932
　absolute, in se, intrinsecus, simpliciter 绝对可能的、本身可能的、内在地可能的、全然地可能的 §15
　alicuius mundi 在某个世界中可能的 §377
　hypothetice, extrinsecus, respective, secundum quid 假定可能的、外在可能的、关系性地可能的、就其与某事物的关系而言可能的 §16
　moraliter 道德上可能的 §723
　physice 物理上可能的 §469
possibilitas 可能性 §103, 165, 168
posterius 后来的 §300

postremum 最晚的 §300
potential 能量 §832
 activa 主动的力量 §216
 passiva 被动的力量 §216
potestas plena 充分的权能 §971
praedestinatio 前定 §981
praedicata secundaria 第二性的谓词 §50
praedominium taedii 不愉快占优势 §656, 657
 voluptatis 愉快占优势 §656
praeexsistentianus 先行实存主义者 §770, 772
praeiudicium thomisticum 托马斯的成见 §548
praemium 报酬 §907
 arbitrarium 任意的报酬 §908, 911, 912
 naturale 自然性的报酬 §908, 911
praesagia 预期 §610, 612, 617
 vana 空虚的预期 §617
praesagiens 预期 §610
praesagitio significatu latiori 广义的预期能力 §610, 611, 614, 615, 641
praescientia 先知 §875
praescindere 拆分 / 分离 §589, 629
praesens 在场的 / 当下的 §223

intime 亲密地在场的 §955
praesensiones 预感觉 §605
praesentia 在场 / 当下 §223
 tempore 当下时间 §298
praestigiae 幻象 §547
 efficaces 有效的幻象 §547, 548
 inefficaces 无效的幻象 §547
praesumens 预测 §612, 613
praeterita 过去的 §298
praevisio 预见 §595-598, 600-604, 609, 712, 752
 fallax 虚假的预见 §605, 618, 621
 impletur 预见被充实 §605
pretium 评价 §337
primum 最早的 §300
principiatum 衍生物 §307, 326, 328
principium 根源 / 原理 / 原则 / 律 §307, 326, 328
 absolute primum 绝对的第一原理 §7
 adaequatum 与……相当的原理 §331
 catholicum 一般原理 §92
 cognoscendi 认知之根源 §311
 contradictionis 矛盾原理 §7
 essendi 存在之根源 §311
 exclusi tertii s. medii 两个相互矛

盾的谓词的排中律 §10
fiendi 变成之根源 §311
identitatis 同一性原理 §11
indiscernibilium late sumptum 广义的无差别原理 §269
indiscernibilium stricte sumptum 狭义的无差别原理 §271
individuationis 个体化原则 §151
negandae totalis dissimilitudinis et diversitatis 完全的非类似性和差异性的否定原理 §268
negatae totalis identitatis 完全相同性的否定原理 §269
congruentiae 一致性原理 §270
similitudinis 类似性原理 §271
aequalitatis 相等性原理 §272
positionis 设定原理 §11
rationati 结果原理 §23
rationis 根据律 §20
rationis sufficientis 充足根据律 §22
privatio 缺失性 §137, 138, 144, 263
prius 先前的 §300
probans 证明性的 §531
prodigium 奇观 §478
profunditas 深度 §290
prognosticon 预测性标记 §348
progressus in infinitum 无限前进 §380, 381

curnilieus s. ciucularis 折回式的或圆圈式的无限前进 §380
rectilineus 直线式的无限前进 §380
promptitudo 准备就绪 §219
promptus 快速决断的 §699
proportio 相称 §572
prosperitas 康乐 §787, 948
prospicientia 预先考虑 §641
propagatio animae humanae per traducem 通过传承的人类心灵的繁衍 §773, 775
propiora 较近 §288
proprium 特有的 §86
prosodia 韵律学 §622
providentia 先见/操持 §641
　　dei 神的操持 §975
provide sensu eminentiori 特别有预见力的 §648
prudentia 聪明 §882
psychologia 心理学 §501, 502
　　empirica 经验心理学 §503
　　rationalis 理性心理学 §503
psychologice maiorennis 心理上成年的人 §639
　　minorennis 心理上未成年的人 §639
psychopannychitae 永恒的心灵黑夜论者 §782
pudor 羞愧 §687

pulchritudo 美 §662
    intellectus 理智的美 §637
punctum sensationis 感觉点 §537
puncta 点 §286
    mathematica, Zenonica, physica 数学意义上的、芝诺意义上的、物理上的点 §399
puritas 纯粹性 §637
pusillanimitas 怯懦 §686

qualitates 质 §69, 71
quantitas 量 §69
    continua 连续的量 §159
    discreta 离散的量 §159
    mensurata 被测量的量 §291
    virturis 强度的量 §246
quidditas 所是 §40
quies 静止 §283
    absoluta 绝对的静止 §417
    relativa 相对的静止 §417
quiescere 静止 §283

rapi extra se 身不由己 §552
ratitas 稀少 §161
ratio 根据/理性 §14, 25, 30, 31, 166, 170, 640, 641, 642, 645
    corrupta 堕落的理性 §646, 647
    formalis 形式性根据 §40
    immediata 直接的根据 §27
    insufficiens 不充分的根据 §21
    mediata 间接的根据 §27
    obiective sumpta 客观的理性 §646
    perfectionis determinans 完满性的规定根据 §94
    proxima 切近的根据 §27
    remota 遥远的根据 §27
    sana 健全的理性 §646
    simpliciter et secundum quid talis 最终根据和居间根据 §28
    sufficiens 充分的根据 §21, 169, 170, 276, 278
    ulterior 彼岸的根据 §27
    ultima 终极根据 §28
ratiocinia 推理 §646
rationabile 合理的 §643, 644
rationabiles sensus eminentiori 特别有理性的 §648
rationale 有根据的 §19
rationatum 结果 §14, 26, 29, 32, 276, 278
    rationes et rationata coordinata et subordinata 相互并列或相互从属的根据或结果 §28
reactio 反作用 213, 214, 412
reale 实在的 §248
realitas 实在性 §36, 140, 147, 743, 807, 808, 843, 844
realissimum 最实在的 §190
receptivitas 接受性 §216, 218
    idealis 观念的接受性 §217

realis　实在的接受性　§217
recognoscere s. recordari　再次认知或回忆　§579
recordatio divina　神圣的回忆　§875
rectitudo actionis　活动的正当性　§901
reflexio　反思　§626，627
regimen animae in corpus　心灵对身体的统治　§733，735
regnum lucis　光明领域　§518
　tenebrarum　黑暗领域　§518
regressus in infinitum　无限倒退　§380
regula　规则　§837
regula comparationis　比较的规则　§627
　exspectationis casuum similium　对类似情况的期待的规则　§612
　facultatis fingendi　创作能力的规则　§590
　fagultatis praesumendi　预测能力的规则　§613
　libertatis　自由的规则　§726
　praescindendi　分离的规则　§629
　reflexionis　反思的规则　§627
　reminiscentiae　回忆的规则　§583
　sensationis externae　外感觉的规则　§541
　sensationis internae　内感觉的规则　§541

regulae motus　运动的规则　§432
relationes　关涉/关系　§37，195，262
religio　宗教　§947，949
remedium　手段/辅助手段　§341，342，884，886，887
　certum　§885　确定的手段
　consequens finem ex asse　充分达成目的的手段　§887
reminiscentia　回忆/回忆力　§582，583，609
reminisci　回忆　§582
remitti　降低　§247
remotiora　较远　§288
remuneratio　报酬正义　§907
repraesentatio sensitiva　感性表象　§521，522
repraesentationes debiliores　较弱的表象　§515
　fortiores　较强的表象　§515
repraesento pro positu corporis　根据身体的位置来表象　§512
reprobatio　抛弃　§981
res facti　事实　§298
resistentia　反抗　§222
resolvens　分解性的　§531
respectus　关系　§37
respectivae determinationes　关系性的规定性　§37
revelatio　启示　§982

strictissime dicta 最为狭义的启示 §989,991,992,995,998

strictius dicta 狭义的启示 §986-988,990-992,995,998

revocare aliquid in memoriam 把某事物召回到记忆中来 §582

rhetorica 修辞术 §622

robur cognitionis 认知的强度 §515

robur legis 法则的强度 §180

sagacitas rationis 理性的聪颖 §645

saltus absolutus 绝对的跳跃 §386,387

  respectivus 相对的跳跃 §386

sanctitas 神圣性 §828

sapientia 智慧 §882

sapor non publicus, delicatus 非同一般的口味、精细的品味 §608

satisfactio 满意 §682

scientia libera 自由认知 §875,881,893

  media 中间认知 §876

  simplicis intelligentiae 单纯智性的认知 §874

  visionis 视觉认知 §875

scopus 最终的 §343

scrutator cordium 心灵洞察者 §869

sedes animae humanae 人类心灵的处所 §745

Semiotica s. Semiologia 符号艺术或符号学 §349

semper-hilaris 永远快乐的 §698

semper-tristis 永远忧伤的 §698

sempiternitas 永恒的当下 §302

sensatio 感觉 §529,534,537,538,541,542,544,546,549-551,562,578,638,736,737,752,768

  externa 外感觉 §535,537,538,541,543

  interna 内感觉 §535,541

sensualia 可感觉的 §608

sensus 感官 §535,541

  acutus 敏锐的感官 §540

  externus 外感官 §535

  hebes 迟钝的感官 §540

  internus 内感官 §535

sentire 感觉 §534

separari 被分开 §72

servile 奴性的 §730

servitus moralis significatus malo 贬义的道德奴隶 §730

siccitas orationis et cogitt. 枯燥无味的说话和思维 §531

signatum 被标记物 §347

signigicatus 意义 §347

signum 标记 §347

  demonstrativum 演示性标记 §348

  essentiale 本质性标记 §349

mnemonicum s. rememorativum
回忆性或记忆性标记 §348
primitivum, prognosticon, derivativum 简单标记、预测性标记、衍生标记 §348, 349
similia 类似的 §70, 271, 275
similitudo 类似性 §265, 267, 749
　accidentalis 意外的类似性 §266
　essentialis 本质性的类似性 §266
simplex significatu malo 贬义的头脑简单的 §639
simultanea 同时性的 §238, 240, 282, 306
sinceritas 真诚 §919
singulare 单个物 §148, 152, 561
situs 处所 §284
socinianismus philosophicus 哲学上的苏塞纳斯主义 §875
socors 迟钝的 §698
soliditas 坚固性 §645
somniare 做梦 §593
somnium obiective sumptum 客观的梦想 §91, 120
　subiectie sumptum 主观的梦想 §593
somnus 睡眠 §556, 623
spatiosum 宽广的 §280
spatium 空间 §239, 240, 293
　replens 被充实的空间 §241
species 种 §150, 153

speculatio 思辨 §669
spectatum in abstracto 抽象而言的 §149
　in concreto 具体而言的 §149
　in se 就其自身而言的 §15
sphaera sensationis 感觉领域 §537
spes 希望 §683
spinozismus theologicus 神学上的斯宾诺莎主义 §855
spiritus 精神 §402, 404, 405, 476, 477, 755, 796, 797, 799, 858, 929, 974
　inferiores 较低级的精神 §796
　superiores 较高级的精神 §796, 798
Splendor orationis et cogitt. 思想和言说的光彩 §531
spontaneitas minima 最小的自发性 §706
status 状态 §205
　aequilibrii partialis 一定程度上的均衡状态 §661, 670, 673, 675, 694
　aequilibrii perfecti 完全均衡的状态 §670, 673
　aequilibrii totalis 完全均衡的状态 §656, 673, 675, 694
　externus 外在的状态 §207
　indifferentiae 漠然状态 §655, 675, 691, 694

internus 内在的状态 §206
moralis 道德状态 §723
mundi 世界的状态 §369
superpondii 压倒性状态 §674, 675
stimuli 刺激 §677, 695, 712, 726
strenuus 勤勉能干的 §699
suasiones 劝谏 §728
subiectum 题材/对象 §344
 occupationis 被占有的题材 §344
 relationis 关系的对象 §312
subsistentia 自存 §192
substantia 实体 §40, 191, 199, 200, 202, 205, 208, 209, 227, 228, 231, 234, 389, 390, 398, 710, 718, 719, 838, 854
 appetit pro lubitu 实体根据喜好来欲求 §712
 aversatur pro lubitu 实体根据喜好来厌恶 §712
 impenetrabilis 不可穿透的实体 §398
 libera 自由的实体 §719
 libera a coactione externa simpliciter tali 不受绝对的外在强制束缚的实体 §707
 libera a coactione interna et absoluta 不受绝对的内在强制束缚的实体 §707
 libera a coactione interna, tam absoluta, qua physica 不受内在的绝对强制和物理强制束缚的实体 §710
 potest aliquid 实体能做某事 §832
 praedicata 谓述化的实体 §200
substantiale 实体性的 §196, 928, 929
subtilitates 精微的 §576, 578
succedentia 前后相继 §124
successio 前后相继性 §124
successiva 前后相继的 §238, 240, 282, 306
summum bonum metaphysicum 形而上的至善 §190
superficies curva, plana 平面、曲面 §289, 292
superius 高级的 §148
suppositum 依自持存的 §200
supra rationem 在理性的上面 §644
 datum intellectum positum 超出了既定的理性 §633
symbolum 象征 §350
syncope 昏倒 §556
syntaxis 句法学 §622
systema assistentiae psychologicum 心理学上的神助体系 §763, 767
systema assistentiae universalis, cartesianum et causarum occasionalium latius 普遍的神助体系，笛卡尔的偶然原因体系和广义的偶然原

因体系 §452, 457, 490
harmoniae praestabilitae psychologicum 前定和谐心的理学体系 §763, 768
harmoniae praestabilitae universalis 普遍的前定和谐体系 §448, 449, 454, 455, 457, 459, 460
influxus physici psychologicum 物理影响的心理学体系 §763, 764, 766
influxus physici universalis 普遍的物理影响的体系 §450, 451, 454, 456, 457
systemata generalia explicandi substantiarum mundanarum commercium 世界的诸实体所构成的相互作用的解释体系 §448
 composita 复合的 §457, 458
 simplicia 简单的 §457, 458, 761
 psychologica 心理学上的 §761

tactus 触觉 §536
taedium 不愉快 §655, 657-659, 662, 712
 apparens 似是而非的不愉快 §655
 compositum 复合的不愉快 §656
 constans 持久的不愉快 §662
 dulce 甜蜜的不愉快 §661
 merum 单单的不愉快 §661, 669, 675, 694
 rationale 理性的不愉快 §656
 sensitivum 感性的不愉快 §656
 sensuum 感官的不愉快 §656
 simplex 简单的不愉快 §656
 transitorium 易逝的不愉快 §662
 verum 真正的不愉快 §655
teleologia 目的论 §946
 physica 物理目的论 §946
 pneumatica 精气目的论 §946
temperamentum animae 心灵气质 §732
tempestivitas 较有利的时间 §323
tempus 时间 §240, 325
 futurum 将来时间 §297
 praesens 当下时间 §297
 praeteritum 过去时间 §297
tentator ad malum 恶的诱导者 §941
terminus 边限/根据/表达 §248, 350
 relationis 关系的根据 §312
terror 恐怖 §686
theologia archetypa 原型神学 §866, 892
 moralis 道德神学 §723
 naturalis 自然神学 §800, 802, 983
 significatu latiori 广义的神学 §866
thnetopsychitae 灵魂朽灭论者 §781

timor 害怕 §686

torpescens ingenium 呆化的头脑 §648

totum 整体 §155, 157

traduciani 传承主义者 §771, 772

transformatio animalis 动物的变形 §779

tristitia 抑郁 §685

tumultuarium in cognitione 认知中杂乱无章的东西 §515

valor 价值 §337

vanitas 空无 §36

variabilis 变化不定的 §699

variatio 变化 §209

varius 变化着的 §699

vastitas cognitionis 知识的宽广 §515

vaticinium 预知 §616

vehemens 奋发过头的 §699

veracitas 诚实 §920

veritas metaphysica 形而上的真 §89, 92, 119, 184, 189,

 transcendentalis 先验的真 §89, 118, 132, 163

vertigo 眩晕 §554

verum 真正的 §12

via brevissima 最短的途径 §888

vigilare 清醒 §552

vilitas cognitionis 知识的无价值 §515

vis 力 §197, 198, 203, 220, 222, 391, 758, 832

 cognitionis probans, explicans, illustrans, resolvens, persuadens, convincens 知识的证明性的、解释性的、阐明性的、分解性的、说服性的、令人信服的力 §531

 inertiae 怠惰力 §294

 motrix 动力 §294

 movens complete et incomplete, viva et mortua 充分和不充分推动性的力，有生气的和死的力 §669, 671

visio 幻觉 §552, 557

visionarii 幻觉者 §594

visus 视觉 §536

vita animae humanae 人类心灵的生命 §780

 in genere 一般而言的生命 §430

vocabulum 词语 §350

volito 意愿 §690, 692, 720, 766

 antecedens, excitatoria, inclinatoria, praevia 先前的、刺激性的、倾向性的、之前的意愿 §695

 consequens, decisiva, decretoria, finalis 后来的、决定了的、裁定了的、最终的意愿 §695

 pura 纯粹的意愿 §692

voluntas 意愿/意愿力 §690, 691

 imperscrutabilis 不可探究的意

愿 §900
proportionalis 与……相适的意愿 §894
voluptas 愉快 §655, 657–659, 662, 712
 amara 痛苦的愉快 §661
 apparens 似是而非的愉快 §655
 composita 复合的愉快 §656
 constans 持久的愉快 §662
 pura 纯粹的愉快 §661, 669, 675, 694
 rationalis 理性的愉快 §656
 sensitive 感性的愉快 §656
 sensuum 感官的愉快 §656
 simplex 简单的愉快 §656
 transitoria 易逝的愉快 §662
 vera 真正的愉快 §655

ubertas cognitionis 知识的丰富 §515
unicum 独一无二的/唯一的 §77

unio 一体性/统一 §205, 739
 artissima 最紧密的统一 §739
unitas 整一性 §76, 132, 163, 173, 189
 categorica 范畴上的整一性 §74
 perfecta 完满的整一性 §230
unitio 合一/统一 §79
universale 普遍的 §148, 149
unum 整一物 §73, 77, 115
 transcendentaliter 先验的整一物 §73, 116
usus 使用/利用 §338, 888
 intellectus 理智的使用 §639
 rationis 理性的使用 §646
utile 有用的 §336, 337, 340
utilitas 有用性 §336
 activa 主动的有用性 §336
 passiva 被动的有用性 §336

zelotypia 爱的追慕者 §905

# 译 后 记

把鲍姆加通的《形而上学》首先翻译出来，基于两个原因：一是因为《形而上学》是鲍姆加通美学著作的基础，一是因为《形而上学》的篇幅较小——相对于其《美学》的篇幅而言。所以，译者在2018年停下了鲍姆加通《美学》的翻译工作而决定先翻译其《形而上学》。

在汉语学界对整个西方哲学的翻译当中，以"形而上学"命名的译著大概就只有亚里士多德的《形而上学》。如果我们把黑格尔哲学视为形而上学的完成或终结，那么，鲍姆加通的这本《形而上学》就可以说是形而上学终结之前的最后形态；它使我们对形而上学处理的基本问题、其内容章节的划分和论述的方式、方法有了基本的了解。形而上学关乎各种终极问题，关乎对世界的总体性解释，关乎人生在世的根本意义；其重要性，黑格尔喻之为庙里的神像。如果没有形而上学所代表的这种终极性的思考，在康德哲学中具有根本重要性的自由和目的论就是无法设想的，康德哲学也就无法成为哲学研究的典范，不会成为可以说我们人生在世的指路明灯。无论是有神论的形而上学还是没有神的形而上学，形而上学这座神像是必须要有的，否则，我们有什么理由处之泰然、安之若命地生活于世？所以，神乃至人已死之后的后现代哲学思潮，包括各种处理具体社会问题的实践哲学，除非能够重新建立起某种起着支撑作用的形而上学，否则，这些思想或理论就只具有走马灯式的短暂意义。这也是我对现当代哲学思潮中那种反基础主义的倾向一直保有警惕的原因，也是我一直对实践哲学提不起兴趣的原因。

译者虽然在德国攻读博士期间学习过四个学期的拉丁语课程并通过了拉丁语（latinum）的考试，但显然并不具有孤立地直接从拉丁原文翻译的能力。所以，该中译本虽然以1757年第四版的《形而上学》为底本，但在翻译过程中着重参照了伽里克（Günter Gawlick）和克莱门德（Lothar Kreimendahl）的德文译本（*Metaphysik*, Historisch-Kritische Ausgabe, Stuttgart-Bad Cannstatt: frommann-holzboog, 2011），同时也部分地对照了福格特（Courtney D. Fugate）与希莫斯（John Hymers）的英译本（*Metaphysics*, London[and others]: Bloomsbury, 2013）、鲍姆加通的学生迈耶（Georg Friedrich Meier）的德文节译本（*Metaphysik*, 1783, Jena: Dietrich Scheglmann Reprints, 2004）以及施外策（Hans Rudolf Schweizer）的德文节译本（*Texte zur Grundlegung der Ästhetik*, Hamburg: Felix Meiner, 1983）。

中译本脚注中所说的"德译注"，均指伽里克的德译本的注释，"英译注"指福格特的英译本中的注释。由于拉丁文原本中的"纲目"作为内容目录看起来十分繁琐，所以，译者按照拉丁文原本正文中的标题及其章节划分重新编排了"目录"，以便读者对内容一目了然。原文中大号的大写黑体在中译本中以加黑宋体替代，小号的大写字体以仿宋体代替，斜体以楷体代替。在拉丁文原本中，鲍姆加通对一些基本概念和词组给出了自己的德语翻译，中译本一并保留并予以翻译。个别术语，比如 actio 一词（分别译为"活动""主动""施动""行动"或"作用"），实难完全保持统一，而只能根据中文习惯分别译之。

中译本翻译初稿实际上完成于 2020 年夏，但由于重复地忙碌于同一件事情对我来说就像炒现饭那般无趣、无新意，所以，初稿在完成后的很长一段时间内被搁置案边。不过，这种长时间的弃置案边以及时不时地对个别词句的重新斟酌，于翻译的完善来说也并非一件坏事。对内容加以介绍的"中译本前言"未能赶在付印前完成，故只能待他日再版时补上。由于译者水平有限，对译文中仍可能出现的错误，我请求读者及诸位专家、师友们的谅解和不吝指正。

最后，感谢商务印书馆最初接纳了这本译著的计划，感谢陈小文总编辑对我翻译工作的认可，感谢李学梅编辑一直以来的支持和鼓励。当然，我尤为要感谢的是该中译本的编辑冷雪涵的辛勤付出以及周默白的校读工作。

贾红雨
2024 年夏于西安

图书在版编目（CIP）数据

形而上学 /（德）鲍姆加通著；贾红雨译.-- 北京：商务印书馆，2025.--ISBN 978-7-100-24713-9

Ⅰ. B081.1

中国国家版本馆CIP数据核字第202459MX57号

**权利保留，侵权必究。**

形而上学

〔德〕鲍姆加通 著
贾红雨 译

商 务 印 书 馆 出 版
（北京王府井大街36号 邮政编码100710）
商 务 印 书 馆 发 行
北京市十月印刷有限公司印刷
ISBN 978-7-100-24713-9

2025年3月第1版　　　　开本 850×1168　1/32
2025年3月北京第1次印刷　印张 14 3/4　插页 2

定价：75.00元